第 **1** 辑

袁书会 主编

同文学刊

上海古籍出版社

图书在版编目（CIP）数据

同文学刊. 第一辑 ／ 袁书会主编. —— 上海 ：上海
古籍出版社，2025. 5. —— ISBN 978－7－5732－1645－8

Ⅰ. K29-55

中国国家版本馆 CIP 数据核字第 20256467W6 号

同文学刊（第一辑）

袁书会　主编

上海古籍出版社出版发行

（上海市闵行区号景路 159 弄 1－5 号 A 座 5F　邮政编码 201101）

（1）网址：www.guji.com.cn

（2）E-mail：guji1@guji.com.cn

（3）易文网网址：www.ewen.co

上海商务联西印刷有限公司印刷

开本 787×1092　1/16　印张 12　插页 2　字数 190,000

2025 年 5 月第 1 版　2025 年 5 月第 1 次印刷

ISBN 978－7－5732－1645－8

K · 3879　定价：68.00 元

如有质量问题，请与承印公司联系

《同文学刊》编辑委员会

（以姓氏拼音为序）

《同文学刊》发刊辞

我国古代各族人民共同创造了璀璨夺目的中华文明，一部中国历史，就是各民族长期交往交流交融汇聚成多元一体的中华民族的历史。文化就是各民族间交流的纽带，《礼记·中庸》中就有："今天下，车同轨，书同文，行同伦。"共同的文化及文化交流对促进不同民族间交往交流交融具有深远的意义。

西藏民族大学地处陕西咸阳，是西藏和平解放后老一辈党和国家领导人基于民族团结、边疆稳固、国家振兴的政治远见做出的英明决策。学校建校伊始，就着力于边疆文献整理与研究，并将其作为重点研究方向，老一辈学人吴逢箴教授开创的唐代涉蕃诗文研究，顾祖成教授完成的明清实录西藏史料整理成果，奠定了该方向的研究基础和学术传承。

唐代诗人薛能有诗云："同文到乡尽，殊国共行连。"今创办《同文学刊》，设有文献整理、文献研究、前沿综述、会议纪要、项目动态、学术书评等栏目，即欲集结国内外这方面的研究同仁，开展科学研究，传承学术精神，进一步推动边疆文献整理与研究深入发展，为促进文化交流，铸牢中华民族共同体意识，做出我们理论研究者的贡献。

"嘤其鸣矣，求其友声。"我们热切期盼海内外同仁能够支持我们，积极赐稿给我们，使我们的刊物越办越好！

目　录

会议信息

文献研究

苏璋墓志所见唐蕃之战

薛　婧

　　摘要：《榆阳区古代碑刻艺术博物馆藏志》所收《苏璋墓志》，简要记载了折冲都尉苏璋的生平。梳理墓志，其所提及的怀化、安西等折冲府，可以弥补史书记载的不足。苏璋生前曾参加了大非川之役，并有战功，咸亨二年(671)病逝于安西府官舍也与此战不无关系。

　　关键词：新出土墓志；唐蕃关系；苏璋；大非川之役

　　基金项目：本文系国家社科基金项目"唐代涉蕃碑志文整理与研究"(项目编号：21BZW095)阶段性成果。

　　作者简介：薛婧，女，西藏民族大学中国古代文学专业硕士研究生。

　　唐蕃之战的研究是研究唐蕃关系、研究唐蕃间交流交往交融的重要途径之一。目前，学界对唐蕃之战的宏观研究已经非常全面，但在微观研究方面还有诸多可以发明的地方。同时，新出墓志的不断发现，也成为唐蕃之战微观研究的渊薮。《榆阳区古代碑刻艺术博物馆藏志》所新刊布的《苏璋墓志》①，为唐蕃之战的研究提供了新的素材，可以进一步发明。该墓志出土时地不详，石存陕西省榆林市榆阳区古代碑刻艺术博物馆。志石边长45.5厘米，厚10.5厘米。志文正书，30行，行30字。《榆阳区古代碑刻艺术博物馆藏志》收有拓片及录文，兹对照拓片，重新录文如下：

---

① 李浩主编《榆阳区古代碑刻艺术博物馆藏志》035《苏璋墓志》，中华书局2024年版，第70—71页。

大唐故洮州安西府折冲苏公墓志铭并序」

公讳璋,字整,京兆万年人也。自景电降祥,瑞云发庆。弘大道而」居极,照贞理而」代天。至德励于前期,克昌繁于后叶。故得瑰奇迭彩,英华接耀,焕乎史策,无假」一二言焉。曾祖衍,周泾州刺史、东阳郡开国公。器韵标举,风猷朗迈。岂直价重」十城,固亦光照千里。祖达,随朝请大夫、守庆州都督府长史、上护军。公①寓量渊」凝,襟神俊发。公才公望,播美于当年。父仁,随承议郎、松州都督府参军事。庆贻」后昆,弓冶不坠;赏延余绪,珪璋嗣兴。公器宇凝远,才包武略。进谋获算,智勇过人。不事雕虫,英声独秀。去贞观十八年,銮驾问罪东夷。公得亲承统领,挥」戈擐甲,特预前锋。壮志先登,攻城克敌。威振凶丑,功冠诸军。特赏恩荣,位」班通贵。授庆州乐蟠府右果毅都尉。居职清慎,干济有闻。统领兵戎,威恩兼举。」又除山泉府左果毅都尉。国家以百济叛逆,兴军讨罚。公以英略备闻,特蒙」诏遣。进谋帷幄,威勇兼施。阃外兵权,俄然电灭。尸遍原野,流血盈川。功效可扬,」特蒙褒厚。赏缯彩一千匹、金银五十两、奴婢一百人,勋加上柱国。复以强明有」著,镇守六周。劳效可嘉,特蒙升擢。又除代州怀化府折冲都尉。未逾旬日,」恩诏特授雍州长道府折冲都尉。任经岁序,声绩有闻。又除洮州安西府折冲」都尉。公以英才显著,委任边隅。西戎背叛,不宾臣妾。特诏发公征伐,运筹立」策。兵矢才交,凶徒溃散,波迸原野,尸填山谷,漂杵之血流川。擒获凶魁,殊功可」纪。赏口廿人,马牛羊三百头匹。展微诚于薄效,答洪恩而讵申。而福善无征,」沉疴已集。上天不吊,歼此良人。而泫露不停,隙光难驻。因兹遘疾,奄随川逝。以」咸亨二年四月十一日,薨于安西府舍,春秋五十有九。临终警悟,辞嘱妻孥。言」念昆兄,死生永诀。灵蛇可断,天伦之重难分;鹡鸰载飞,连形之情斯切。粤以其」年七月八日,归葬于雍州万年县霸城乡之北原。西维阙庭,威凤斯瞩。北瞻细」柳,南望五陵。木叶下而秋风悲,原野旷而霜云暮。青乌已卜,白马戒涂。咽号恸」于泉门,垂旌旐于陇路。凑黄肠其已毕,掩玄宫而永固。乃为铭曰:」

　　肃肃我祖,发系灵长。霸殷迭迹,相汉重光。前基垂裕,后胤克昌。赫奕轩冕,磊落」银黄。其一

---

① 公,或为衍字。

降神岱灵,构精济渎。厚均日观,潼高旸谷。飞宇□台,疏桢
蟠木。饬躬利」用,荣名干禄。其二

策勋饮至,进袟加荣。朝寄日重,宠章增峻。委授蕃戎,边隅
守镇。」机略宏举,风威傍振。英勇摧峰,遥奋掫轫。其三

贻班讵几,沉疴奄遘。运钟蹇剥,时」穷箭漏。良木摧柯,大
厦沦构。德有余烈,胤无遗胄。其四

素轩肃驾,丹旐遄征。幽堂」堲户,泉宫秘扃。云愁陇树,雾
苦佳城。刊兹铭勒,擅彼风声。其五」

一、苏 璋 世 系

该墓志在叙述墓主世系时,或许是出于墓主三代皆名位不显等原因,
在叙述籍贯时径言"京兆万年人",而没有攀附郡望;在追溯世德时,亦没有
像其他墓志那样言及姓氏缘由、历代名人贤士等,仅仅是笼统地说"瑰奇迭
彩,英华接耀,焕乎史策,无假一二言焉"。实际上,苏氏也是名门望族,代
有贤哲。《元和姓纂》卷三载苏氏为"颛顼、祝融之后。陆终生昆吾,封苏,
邺西苏城"①。《新唐书·宰相世系表》谓:"苏氏出自己姓……昆吾之子封
于苏,其地邺西苏城是也。苏忿生为周司寇,世居河内,后徙武功杜陵,至
汉代郡太守建,徙扶风平陵,封平陵侯。"②《苏永安墓志》载:"君讳永安,扶
风武功人。其先系发尧孙,枝分汉胤。"③《尉迟敬德夫人苏娬墓志》载:"夫
人讳娬,京兆始平人。疏天表庆,北正启其昌源;括地开基,南山竦其层构。
时经百代,事历三古,焄弈旗常之绪,蝉联钟鼎之盛。岂止陈留耆旧,多为
海内英贤,在楚则苏纵以忠烈闻,居周则苏秦以游说显。汉阁图庸,子卿预
名臣之列;魏简书事,文师非佞人之枕。"④追溯世系,罗列前贤,极尽夸张之
能事。与这些大肆追溯世德的墓志相比,《苏璋墓志》则要简洁、务实得多。

① 〔唐〕林宝撰,岑仲勉校记,郁贤皓、陶敏整理《元和姓纂》(附校记)卷三,中华书局1991年版,
第1册,第286页。
② 〔宋〕欧阳修、宋祁撰《新唐书》卷七四上《宰相世系表》四上,中华书局1975年版,第10册,第
3146页。
③ 吴钢主编《全唐文补遗》第3辑《大唐上开府贺兰宽长史故苏君(永安)之墓志》,三秦出版社
1996年版,第308页。
④ 周绍良主编《唐代墓志汇编》显庆〇九六,上海古籍出版社1992年版,上册,第288页。

苏璋祖上三代,虽有任职,但皆不见于史书。据墓志,苏璋曾祖父苏衍,周任泾州刺史,封东阳郡开国公;祖父苏达,隋(随)任朝请大夫、庆州都督府长史、上护军;父苏仁,隋(随)任承议郎、松州都督府参军事。

墓志中,对于苏璋的妻室子息也没有交代,亦与后来墓志中常见的叙事结构不尽相同。

二、苏 璋 生 平

苏璋,字整,京兆万年人。咸亨二年(671)四月十一日去世,享年五十九,则其生于隋大业九年(613)。

苏璋早年"不事雕虫,英声独秀"。所谓"雕虫",借指从事诗文辞赋等文学创作。扬雄《法言·吾子》:"或问'吾子少而好赋'。曰:'然。童子雕虫篆刻。'俄而曰:'壮夫不为也。'"①则苏璋不曾留心文艺,专心武艺,以武起家,且"英声独秀"。

贞观十八年(644),唐太宗李世民御驾亲征,兵指高句丽。《旧唐书·太宗纪》:"(十八年十月)甲寅,幸洛阳宫……十一月壬寅,车驾至洛阳宫。庚子,命太子詹事、英国公李勣为辽东道行军总管,出柳城,礼部尚书、江夏郡王道宗副之;刑部尚书、郧国公张亮为平壤道行军总管,以舟师出莱州,左领军常何、泸州都督左难当副之。发天下甲士,召募十万,并趣平壤,以伐高丽……十九年春二月庚戌,上亲统六军发洛阳……五月丁丑,车驾渡辽……六月丙辰,师至安市城……秋七月,李勣进军攻安市城,至九月不克,乃班师。"②苏璋随唐太宗李世民征高丽,因功授庆州乐蟠府右果毅都尉。苏璋在此役中立有何功,不可考。果毅都尉为折冲都尉的副职,只是唐代军队的基层军官,苏璋任右果毅都尉,并非超擢,想必军功亦不显赫,应是循例升迁。

高宗时,苏璋又随军征百济。《旧唐书·高宗纪》:"(显庆五年三月)辛亥,发神丘道军伐百济……八月庚辰,苏定方等讨平百济。"苏璋当是参与了此次征百济的战役,不过军职仅仅从右果毅都尉换为左果毅都尉。此

---

① 〔汉〕扬雄著,韩敬译注《法言》卷二《吾子》,中华书局 2012 年版,第 30 页。
② 〔后晋〕刘昫等撰《旧唐书》卷三《太宗纪》,中华书局 1975 年版,第 1 册,第 56—58 页。

后,累资至折冲都尉,咸亨二年(671)四月十一日,卒于安西府官舍。

《唐六典》:"诸府,折冲都尉各一人,上府正四品上,中府从四品上,下府正五品下……左、右果毅都尉一人。上府从五品下,中府正六品上,下府从六品下。"①若苏璋贞观十八年(644)初任为下府右果毅都尉,到显庆五年(660)调任上府左果毅都尉,参与远征百济,近二十年的时间,始由从六品下进阶至从五品下;此后,自下府折冲都尉调任至上府折冲都尉,官至正四品上,又是近十年时间。将近三十年,苏璋方才从右果毅都尉升至折冲都尉,仕途可谓平淡无奇。

三、墓志所见折冲府补论

苏璋初授庆州乐蟠府右果毅都尉,历任山泉府左果毅都尉、代州怀化府折冲都尉、雍州长道府折冲都尉、洮州安西府折冲都尉。乐蟠府,《新唐书·地理志》载庆州有乐蟠府在内的八个折冲府②。庆州又有乐蟠县,《元和郡县图志》:"乐蟠县,本汉略畔道地,今县理北五里略畔故城是也……后魏文帝于此置蔚州,周武帝置北地郡。隋开皇三年罢郡,以彭阳、襄乐二县属宁州。义宁元年,分合水县置乐蟠县,属弘化郡,取乐蟠城为名……略畔、乐蟠,皆指此城,方言讹舛,故不同耳。"③张沛谓乐蟠县治所即今甘肃省庆阳市合水县(西华池),乐蟠府疑因县得名④。据《苏璋墓志》,可知乐蟠府在贞观末已设立。

山泉府,设在岐州。《新唐书·地理志》载岐州有山泉府在内的十三个折冲府⑤。张翃《唐故银青光禄大夫司天监瞿县公墓志铭并序》载瞿县誤(712—776)"筮仕之首,以武举及第,授扶风郡山泉府别将"⑥。扶风郡即岐州,隋为扶风郡,武德元年改为岐州,天宝元年改为扶风郡,至德二年置凤翔府。张沛谓山泉府虽然《新唐书·地理志》有载但未得其实,于瞿县誤

---

① 〔唐〕李林甫等撰,陈仲夫点校《唐六典》卷二五,中华书局1992年版,第644页。

② 〔宋〕欧阳修、宋祁撰《新唐书》卷三七《地理志》,中华书局1975年版,第4册,第969页。

③ 〔唐〕李吉甫撰,贺次君点校《元和郡县图志》卷三《关内道·庆州》,中华书局1983年版,上册,第68页。

④ 张沛编著《唐折冲府汇考》,三秦出版社2003年版,第92页。

⑤ 〔宋〕欧阳修、宋祁撰《新唐书》卷三七《地理志》,中华书局1975年版,第4册,第966页。

⑥ 周绍良主编《唐代墓志汇编》大历〇四九,上海古籍出版社1992年版,下册,第1791页。

墓志得以证实①。《苏璋墓志》再为山泉府的设置添一新证,且证明在高宗初已设立山泉府。

怀化府,设在代州,为新见折冲府。《新唐书·地理志》载代州有五台、东冶、雁门等三个折冲府,未及怀化府。② 张沛《唐折冲府汇考》新补代州凤池府,附存清凉府③。据《苏璋墓志》,可补怀化府,代州设立折冲府达六个之多。姚腾《3—9世纪五台山信仰研究》引山西省原平市东社镇赵村资福院古寺所存《为金轮圣神皇帝修故伽蓝之碑》(武周长寿二年)碑阴功德主题名中,有金山府、同川府、东冶府、怀化府、清凉府等府名,军官职位也都是折冲府基层军官④。据此碑,可补怀化府,亦可证清凉府为折冲府而非佛寺。

长道府,设在京兆府。《新唐书·地理志》载京兆设折冲府131府,但存传着仅真化、匡道等十一府⑤。《唐折冲府考》据李邕《臧怀亮碑》"鸿州长道府左果毅"补入长道府,又见于开元十八年《臧怀亮墓志》⑥。《旧唐书·地理志》:"渭南,隋县。武德元年属华州,五年复隶雍州。天授二年置鸿州,分渭南置鸿门县,凡领渭南、庆山、高陵、栎阳、鸿门五县。寻废鸿门县,还入渭南。大足元年,废鸿州入雍州。"⑦则长道府当在京兆府东北方向,高宗显庆末已经设立。

安西府,设在洮州临潭县,隶属左屯卫。《元和郡县图志》载:"临潭县,本隋美相县,周保定元年置。贞观四年,移美相县于东北洪和城内,五年于州理改置临潭县。其城东西北三面并枕洮水……安西府,在县东四十里。周明帝武成元年,行军总管博陵公贺兰祥讨吐谷浑,筑此城以保据西土,后因置博陵郡。隋又为县,属洮州,贞观十二年省县入临潭,十三年于此置安西府。"⑧《新唐书·地理志》载洮州"有府一,曰安西"⑨。《隋故楼烦郡秀容

① 张沛编著《唐折冲府汇考》,三秦出版社2003年版,第74页。
② 〔宋〕欧阳修、宋祁撰《新唐书》卷三九《地理志》,中华书局1975年版,第1册,第1006页。
③ 张沛编著《唐折冲府汇考》,三秦出版社2003年版,第182页。
④ 姚腾《3—9世纪五台山信仰研究》第二章《五台山信仰的神圣空间》,西北大学博士学位论文,2021年,第67页。
⑤ 〔宋〕欧阳修、宋祁撰《新唐书》卷三七《地理志》,中华书局1975年版,第4册,第961—962页。
⑥ 张沛编著《唐折冲府汇考》,三秦出版社2003年版,第34页。
⑦ 〔后晋〕刘昫等撰《旧唐书》卷三八《地理志》,中华书局1975年版,第5册,第1396页。
⑧ 〔唐〕李吉甫撰,贺次君点校《元和郡县图志》卷三九《陇右道·洮州》,中华书局1983年版,下册,第997—998页。
⑨ 〔宋〕欧阳修、宋祁撰《新唐书》卷四〇《地理志》四,中华书局1975年版,第4册,第1043页。

县长侯府君墓志》："嗣子彦……武德之始,诏授上轻车左一步军车骑将军。贞观之初,诏授定远将军,仍宿卫丹墀。九年诏授左屯卫安西府左果毅都尉。羌夷詟伏,士卒怀恩。"①则唐代安西府的设立不会迟于贞观九年,比《元和郡县图志》所载略早。《唐故太府寺平准署明府公墓志铭并序》(天宝二年十月十九日)："公讳俊,字仁俊……调补殿中省尚辇局掌辇。属国家居安虑危,在理思乱,虽边丑贡款,而防闲每殷,远□扞圉之劳,思分府库之积,乃以库帛十万两,支送安西府焉。上顾谓殿中监王公曰:'彼安西者,近经汧陇,远出流沙,若不妙选使臣,曷能利有攸往?'"②《唐故河东节度右厢兵马使开府仪同三司试太常卿文安郡王张公墓志铭并序》(大历四年九月)："公讳奉璋……初,国家西蕃有事,大索戎车,公杖一剑之任,出千夫之特,驱除果决,应变如神。诏授鄯州柔远府左果毅。岁余,转洮州安西府折冲,兼摄本州别驾。公简而能宽,惠而能肃,稍迁右威卫中郎将。收黄河九曲,转授左司御率府率,充关西十将。"③安西府"近经汧陇,远出流沙",与洮州城隔水而置,互为表里,共同扼守洮水河谷,拱守洮州安全。洮州为陇右重镇,西接九曲,东连关陇,西南通巴蜀,西北达河湟,地理位置非常关键。严耕望谓"洮州莫门军与吐蕃所置大莫门城在命名意义上似有相当之关系,盖洮州至吐蕃大莫门城实一通道";开元十六年陇右节度使张忠亮率积石军、莫门军等大破吐蕃大莫门城时,"莫门军在洮州,盖即循洮河而上亦至九曲大莫门城"④。故侯彦戍守安西府时,"羌夷詟伏"。安西府在吐谷浑灭亡前,主要防御对象是吐谷浑;吐谷浑灭亡后,则成为遏制吐蕃东扩的前线。也缘此,唐玄宗方才"妙选使臣","以库帛十万两,支送安西府",犒劳戍边将士。

四、墓志所见唐蕃之战

　　墓志载:"除洮州安西府折冲都尉。公以英才显著,委任边隅。西戎背

① 周绍良主编《唐代墓志汇编》贞观一七六,上海古籍出版社 1992 年版,上册,第 121 页。
② 周绍良主编《唐代墓志汇编》天宝〇三二,上海古籍出版社 1992 年版,下册,第 1551 页。
③ 周绍良、赵超主编《唐代墓志汇编续集》大历〇一〇,上海古籍出版社 2001 年版,第 698 页。
④ 严耕望撰《唐代交通图考》篇一三《河湟青海地区交通网》,上海古籍出版社 2007 年版,第 2 册,第 550 页。

叛,不宾臣妾。特诏发公征伐,运筹立策。兵矢才交,凶徒溃散。波迸原野,尸填山谷,漂杵之血流川。擒获凶魁,殊功可纪。赏口廿人、马牛羊三百头匹⋯⋯因兹遭疾,奄随川逝。以咸亨二年四月十一日,薨于安西府舍,春秋五十有九。"墓志中所谓"西戎",当即吐蕃。龙朔三年(663),吐蕃全面进占吐谷浑故地,吐谷浑势力退走凉州。至此,唐与吐谷浑的对峙彻底终结,转而成为唐与吐蕃扩张的矛盾冲突。安西府控扼洮河谷地,是陇右军事体系中的重要一环,苏璋任安西府折冲都尉时,当参与了对吐蕃的防御作战。所谓"西戎背叛,不宾臣妾",当是谓唐与吐蕃为甥舅之国,吐蕃赞普受封驸马都尉、西海郡王,进封为宾王[1];如今吐蕃尽有吐谷浑,"岁入边,尽破有诸羌羁縻十二州"[2],故墓志称吐蕃"背叛,不宾臣妾"。

苏璋咸亨二年(671)四月十一日,卒于安西府官舍,享年五十九,则其所参与的唐蕃之战,当在咸亨二年或稍前。此时唐蕃间大战当即咸亨元年(670)大非川之役。《西藏通史·吐蕃卷》谓:"吐蕃于唐高宗龙朔三年(663)灭吐谷浑前后,施展欺敌策略,混淆唐朝视听,让唐朝误以为吐蕃和吐谷浑双方有所纠葛,不便干预。加诸唐朝君臣未察觉青海高原的战略意义,犹豫迁延,袖手任由吐蕃宰制。至咸亨元年(670)四月,吐蕃陷西域十八州及龟兹拨换城,唐朝为之罢龟兹、于阗、焉耆、疏勒等安西四镇,唐朝所控制的西域地区,为吐蕃所席卷,吐蕃占领青海以后的首波效应浮现,唐朝方意识到事态严重,在军机一再贻误的情况下,唐朝不得不放弃甫征服且仍待镇抚的辽东、高丽地区,由辽东调来薛仁贵,并以阿史那道真、郭待封为副,率军伐吐蕃并助吐谷浑复国。"[3]此对大非川之役的背景交代甚详,唯唐朝未必是被蒙蔽,而是将战略中心放在了东线而已,错判了西线局势发展。

是役,唐军先胜后败,死伤略尽,损失惨重。《资治通鉴》载:"(咸亨元年)夏,四月,吐蕃陷西域十八州,又与于阗袭龟兹拨换城,陷之。罢龟兹、于阗、焉耆、疏勒四镇。辛亥,以右卫大将军薛仁贵为逻娑道行军大总管,左卫员外大将军阿史那道真、左卫将军郭待封副之,以讨吐蕃,且援送吐谷

---

① 〔后晋〕刘昫等撰《旧唐书》卷一九六上《吐蕃传》上,中华书局1975年版,第16册,第5232页。

② 〔宋〕欧阳修、宋祁撰《新唐书》卷二一六上《吐蕃传》上,中华书局1975年版,第19册,第6074页。

③ 拉巴平措、陈庆英主编,张云、林冠群分册主编《西藏通史·吐蕃卷》第二章《吐蕃王朝的发展》,中国藏学出版社2016年版,第48页。

浑还故地……郭待封先与薛仁贵并列,及征吐蕃,耻居其下,仁贵所言,待封多违之。军至大非川,将趣乌海,仁贵曰:'乌海险远,军行甚难,辎重自随,难以趋利;宜留二万人,为两栅于大非岭上,辎重悉置栅内,吾属帅轻锐,倍道兼行,掩其未备,破之必矣。'仁贵帅所部前行,击吐蕃于河口,大破之,斩获甚众,进屯乌海以俟待封。待封不用仁贵策,将辎重徐进。未至乌海,遇吐蕃二十余万,待封军大败,还走,悉弃辎重。仁贵退屯大非川,吐蕃相论钦陵将兵四十余万就击之,唐兵大败,死伤略尽。仁贵、待封与阿史那道真并脱身免,与钦陵约和而还。敕大司宪乐彦玮即军按其败状,械送京师,三人皆免死除名。"①《旧唐书·陈子昂传》谓:"国家往以薛仁贵、郭待封为虓武之将,屠十一万众于大非之川,一甲不返。"②陈子昂说"屠十一万众","一甲不返",显系文学家的夸张手法,不可尽信;司马光谓"死伤略尽",则是比较符合事实,也比较中肯。

　　苏璋卒于咸亨二年,此前在安西府参与了战事,并"因兹遘疾",则其所参与的战事当是大非川之役,且疑其为薛仁贵所率之前锋军,取得河口之战的胜利。墓志谓"兵矢才交,凶徒溃散……擒获凶魁,殊功可纪"虽然是讳言兵败,不乏誉美,多有夸张,然"赏口廿人、马牛羊三百头匹"的奖赏当不至于凭空捏造,应该有事实依据。若此,苏璋随薛仁贵参加河口之战,"擒获凶魁,殊功可纪";退至大非川,为论钦陵所败,"死伤略尽","因兹遘疾",第二年去世于安西府官舍。战后,朝廷"敕大司宪乐彦玮即军按其败状",薛仁贵、郭待封、阿史那道真等主要责任人"械送京师","免死除名";苏璋等基层军官的军功,不应该被抹杀,故有"赏口廿人、马牛羊三百头匹"的奖赏。或许正是因为朝廷的赏罚分明,功过二分,唐朝虽有大非川"屠十一万众"的败绩,但很快便妥善善后,稳定防线,没有给吐蕃进一步扩大战果的机会。

小　结

　　《苏璋墓志》在叙事内容上,与当时流行的墓志略有不同,没有一味地

① 〔宋〕司马光编著,〔元〕胡三省音注《资治通鉴》卷二○一,中华书局1956年版,第7册,第6363—6364页。
② 〔后晋〕刘昫等撰《旧唐书》卷一九○中《文苑传》中,中华书局1975年版,第15册,第5022页。

夸耀祖德，主要原因在于墓主及其家世并不显赫，但也从中能看出墓志及其撰写者所具有的实录精神，材料可以有取舍，但不虚美，不浮夸。

墓主苏璋戍守洮州安西府，参与唐蕃间的征战，由此可见安西府扼守洮河谷地的战略意义，也可以看出洮河谷地是当时的重要交通通道，连接着唐与吐蕃。

大非川之役后，唐朝中央政府很快处理了薛仁贵、郭待封、阿史那道真等主要责任人，但也对苏璋等基层将士的战功也予以奖赏，这应该是唐朝军事失利后，能很快稳定防线，遏制吐蕃扩张的重要原因之一。魏元忠说"向使早诛薛仁贵、郭待封，则自余诸将岂敢失利于后"[1]，亦非虚言。

---

① 〔后晋〕刘昫等撰《旧唐书》卷九二《魏元忠传》，中华书局1975年版，第9册，第2950页。

碑志所见唐代政局变迁与
论氏家族的兴衰

薛晨光

摘要：吐蕃大论噶尔·禄东赞家族在政治斗争失败后，其子孙投奔唐朝并以论为姓，在唐朝繁衍生息。论氏家族入唐后，其兴衰发展又与唐朝的政局变迁息息相关。本文梳理了论氏家族随着唐朝社会变迁而带来的家族兴衰，以及在守卫疆土、平定叛乱等方面所作出的重大贡献，勾勒其逐渐融入唐代社会生活的基本历程。

关键词：论氏家族；唐蕃关系；民族交融

基金项目：本文系国家社科基金项目"唐代涉蕃碑志文整理与研究"（项目编号：21BZW095）阶段性成果。

作者简介：薛晨光，西藏民族大学招生就业工作处科员。曾发表论文《〈裴龙虔墓志〉所见武德政局》。

吐蕃赞普松赞干布与其大论噶尔·禄东赞携手开启了吐蕃王朝的崛起之路，完成了西藏高原的区域性统一，为中华民族的疆域开拓作出了重要贡献。松赞干布、禄东赞相继去世后，禄东赞之子论钦陵在政治斗争中接连失利，家族遭受清洗。在政治斗争失利后，论钦陵的兄弟子侄走投唐朝，以论为姓，在唐朝繁衍生息，成为唐蕃间交流交往交融的生动写照。本文以传世及新出土碑志文献为中心，结合唐代政局变迁，考察论氏家族在唐朝的兴衰，勾勒论氏家族逐渐融入唐代社会的进程。

一、论氏家族"始大于中华"

唐代论氏家族的前身为著名的吐蕃噶尔家族,该家族曾长期执掌吐蕃国政,禄东赞、论钦陵父子相继为大论,为吐蕃王朝所倚重。圣历二年(699),吐蕃赞普赤都松赞不满噶尔家族专断掌权,对其展开清洗,论钦陵被杀,其弟赞婆及儿子论弓仁投奔唐朝,得以保留血脉。赞婆在入唐不久后便去世,钦陵之子论弓仁在入唐之后的二十多年间,镇守朔方,外御突厥,内安降胡,勋绩颇多。论弓仁去世后,张说奉旨为其作《拨川郡王碑》,记事颇详。论弓仁成功地从对唐作战的吐蕃大相子弟转变为唐朝捍卫朔方的论氏蕃将,论氏家族"始大于中华"①。

论氏家族归附唐朝有其特定的背景。噶尔·禄东赞掌握吐蕃军政大权,其子相继掌权,担任吐蕃大相或者掌握军权,拓展疆域,为吐蕃王朝立下了汗马功劳。但另一方面,噶尔氏家族事实上威胁到了赞普王室的地位,给自身带来巨大的隐患。长期的战争还给吐蕃百姓的生命财产带来很大损害,赤都松赞在位期间,王室对噶尔家族长期掌权的极端不满已经凸显出来。圣历二年,赤都松赞采用武力方式,剪除了噶尔家族。当钦陵与赞婆试图发兵拒捕时,吐蕃兵士已不再听命于他们,而是遵从了赞普的召唤,钦陵师溃自杀,赞婆与论弓仁率部降唐②,成为唐朝诸多蕃将之一。

唐朝是我国统一多民族国家发展的重要时期,各民族与唐朝的交往十分频繁。在此期间涌现出族属来源诸多的少数民族将领,包括契丹、突厥、奚等。这一时期兼容并包的开明民族政策与蕃汉融合的社会大环境是论氏家族入仕唐朝的基础。吐蕃高层内讧、政治形势急剧恶化,为保存家族血脉,寻找更好的发展空间,是其降附唐朝的直接原因。

噶尔氏家族与赞普王室之间的矛盾由来已久,在禄东赞时期便已显现,论钦陵时期集中爆发。在家族政治斗争不利的时候,论钦陵之子、论弓仁之兄禄赞萨逻审时度势,率部归唐,成为论氏家族仕唐第一人。禄赞萨

① 齐运通、杨建锋编《洛阳新获墓志二〇一五》二三一《唐论惟贞墓志并盖》,中华书局 2017 年版,第 231 页。
② 〔后晋〕刘昫等撰《旧唐书》卷一九六上《吐蕃传》上,中华书局 1975 年版,第 16 册,第 5225—5226 页。

逦其人,史籍无载,近年刊布的《禄赞萨逦墓志》记载了禄赞萨逦生平①,学者李宗俊、李豪有专文对此篇墓志进行研究②。禄赞萨逦主要活跃于唐武后朝,垂拱四年(688)五月病逝,关于禄赞萨逦投唐的具体时间,志文无载,不易判断。墓志中所述禄赞征战经历,对于分析禄赞投唐时间与仕宦具有重要价值。墓志载:"顷以玁□背德,杂虏游魂,惩□□□,凭陵纵□;餐而旅拒。公亲承制旨,受钺专征,方陈百胜之谋,直扫三边之寇。""玁"在唐时多用于称呼突厥,通过考查距离垂拱四年最近的一次唐突冲突,应发生于唐高宗永淳元年(682)。《资治通鉴》"永淳元年条"载:"是岁,突厥余党阿史那骨笃禄、阿史德元珍等召集亡散,据黑沙城反。"③"垂拱元年条"载:"垂拱元年六月,同罗、仆固等诸部叛,遣左豹韬卫将军刘敬同发河西骑士出居延海以讨之,同罗、仆固等皆败散。"④此处垂拱元年应为垂拱二年,陈子昂在垂拱二年之时随刘敬同出征同罗⑤,岑仲勉先生以为是⑥。由此可知,禄赞萨逦应是在垂拱二年随刘敬同出征平定北陲叛乱,凯旋之际"沉疴张掖之郡",在张掖身染重疾,病入膏肓。"居延海"地处张掖北部,史与志合,史志互证。另外,按照唐代的民族政策,内附少数民族贵族及后代,需要入朝宿卫,有时也委以边任。禄赞萨逦在外征平叛前已担任游击将军,守左威卫洛沏府果毅长上,"参倍紫禁,爪牙之效遽申;侍卫丹阙,鹰鹄之诚遂展。矜勤一载,严整八屯。""紫禁""丹阙"均指代宫廷,可知禄赞曾供职府兵系统,出入丹墀,侍卫京师一年左右。综上可知,禄赞萨逦大概于垂拱元年(685)时入唐,开启了吐蕃将领入唐的先河,对唐蕃关系产生重要影响。

　　圣历二年(699),论钦陵兵败自杀,其弟赞婆与其子论弓仁率领部族军队归唐,唐朝待以上宾。关于此事,《旧唐书·吐蕃传》有详细记载⑦。赞婆

---

① 周绍良、赵超主编《唐代墓志汇编续集》天授〇〇三,上海古籍出版社 2001 年版,第 307—308 页。
② 李宗俊《唐禄赞萨逦墓志考释》,《民族研究》2010 年第 3 期,第 68—73 页。李豪《吐蕃论钦陵子禄赞入唐考》,《中国典籍与文化》2019 年第 4 期,第 101—106 页。
③ 〔宋〕司马光撰《资治通鉴》卷二〇三,中华书局 1956 年版,第 14 册,第 6412 页。
④ 〔宋〕司马光撰《资治通鉴》卷二〇三,中华书局 1956 年版,第 14 册,第 6435 页。
⑤ 〔唐〕陈子昂撰《陈子昂集》,中华书局 1960 年版,第 328—329 页。
⑥ 岑仲勉《突厥集史》,中华书局 1958 年版,上册,第 312 页。
⑦ 〔后晋〕刘昫等撰《旧唐书》卷一九六上《吐蕃传》上,中华书局 1975 年版,第 16 册,第 5225—5226 页。

长期在吐蕃东部与唐军对峙,永隆二年(681)良非川一役,黑齿常之曾大破赞婆所部。武周圣历年间,唐蕃关系正处紧张时期,用兵频繁,时有交战。赞婆进京之后,被武则天安置在凉州,率领其部众"守洪源谷"。洪源谷在凉州南山一带,昌松县界,是吐蕃进入凉州的主要通道。不久,赞婆病逝,朝廷追赠特进、安西大都护。

论氏家族在中原的威名声望自论弓仁起逐渐显赫,"始大于中华"。论弓仁去世后,赠拨川郡王,"大手笔"张说奉敕撰《拨川郡王碑》,详细记载了论弓仁一生功业。碑谓:

> 韩公之建三城也,公洗兵诺真之水,刷马草心之山,以为外斥,而版徒安堵;郑卿之和默啜也,公授馆李陵之台,致饔光禄之塞,以为内侯,而宾至如归。九姓之乱单于也,公四月度碛,过白桎林,收火拔部帐,纳多真种落,弥川满野,怀惠忘亡,漠南诸军,韪其计也。降户之叛河曲也,公千骑奋击,万虏奔走,戡翦略定,师旅方旋,而延陁跌跌复相啸聚,上军败于青刚岭,元帅没于赤柳涧。公越自新堡,奔命寇场,羸粮之徒,不满五百,凶丑四合,众寡万倍。公杀牛为垒,啖寇为饷,决命再宿,冲溃重围,连兵蹵踵,千里转战。合薛讷于河外,反知运于寇手,朔方诸军,壮其战矣。斫摩之奔也,邀于黑山口,覆其精锐;布思之背也,追至红桃帐,掩其辎重。乳泊之会,制兰池之狂胡;木盘之役,缫方渠之遗寇。凡前后大战数十,小战数百,算无遗策,兵有全胜。是以六狄逃遁,三垂乂宁,声暴露于天下,业光华于代载。①

所谓"韩公之建三城",即景龙二年(708)朔方道行军大总管、韩国公张仁愿,为防止东突厥默啜南下,在河套一线修建防御性工程"三受降城"事。此事中,论弓仁任朔方军前锋游奕使,"洗兵诺真之水,刷马草心之山,以为外斥",策应、保护张仁愿筑城。《资治通鉴》"景龙二年三月"条载:"三月,丙辰,朔方道大总管张仁愿筑三受降城于河上。初,朔方军与突厥以河为境,河北有拂云祠,突厥将入寇,必先诣祠祈祷,牧马料兵而后渡河。时默啜悉众西击突骑施,仁愿请乘虚夺取漠南地,于河北筑三受降城,首尾相

---

① 〔唐〕张说著,熊飞校注《张说集校注》卷一七《拨川郡王(神道)碑(铭并序)》,中华书局2013年版,第3册,第851页。

应,以绝其南寇之路……六旬而成。以拂云祠为中城,距东西两城各四百余里,皆据津要,拓地三百余里。于牛头朝那山北,置烽候千八百所,以左玉钤卫将军论弓仁为朔方军前锋游奕使,戍诺真水为逻卫。自是突厥不敢渡山畋牧,朔方无复寇掠,减镇兵数万人。"①《新唐书》本传亦载:"张仁愿筑三受降城,弓仁以兵出诺真水、草心山为逻卫。"②在筑城过程当中及筑城完成后,论弓仁统率前锋军游弋巡逻在外,以为策应;同年,论弓仁也进为左骁骑将军。

"郑卿之和默啜"事,史无明载,未知"郑卿"为谁;不过史书载有默啜请和之事,《旧唐书·突厥传》载:"睿宗践祚,默啜又遣使请和亲,制以宋王成器女为金山公主许嫁之。默啜乃遣其男杨我支特勤来朝,授右骁卫员外大将军。俄而睿宗传位,亲竟不成。"③"睿宗践祚"在唐隆元年六月(710,景龙四年六月改元唐隆,七月改元景云),"睿宗传位"在先天元年(712)。又,"授馆"即为宾客安排行馆,"致饔"即为天子派人向朝聘诸侯赠送食物,则在"郑卿"奉命出使突厥返回时,论弓仁以边将的身份有礼有节地接待了突厥使者,使其有"宾至如归"之感。则"郑卿之和默啜"或在"默啜又遣使请和亲"之前,郑卿出使,圆满完成任务,与突厥使者一同返回,拟与唐朝和亲。碑中所言李陵台、光禄塞皆为典故,当非实指。李陵台,《太平寰宇记》"振武军·金河县"条载:"李陵台,叠石为之,在府北。单于探骑,多候于此。"④光禄塞,《汉书·武帝纪》载:"(太初三年四月)遣光禄勋徐自为筑五原塞外列城,西北至卢朐。"⑤《匈奴传》亦载:"单于自请愿留居光禄塞下,有急保汉受降城。"颜师古注:"徐自为所筑者也。"⑥

"九姓之乱单于"事,当即开元二年(714)事。"九姓"即铁勒九姓,本为默啜的军事主力,但在默啜晚年时逐渐成为征讨目标,加之连年天灾,陆续抛弃默啜,归降唐朝,此即所谓"九姓之乱单于"。《新唐书》本传载:"开

---

① 〔宋〕司马光撰《资治通鉴》卷二〇九,中华书局1956年版,第14册,第6620—6621页。
② 〔宋〕欧阳修、宋祁撰《新唐书》卷一一〇《论弓仁传》,中华书局1975年版,第13册,第4126页。
③ 〔后晋〕刘昫等撰《旧唐书》卷一九四上《突厥传》上,中华书局1975年版,第16册,第5172页。
④ 〔宋〕乐史撰,王文楚等点校《太平寰宇记》卷三八《关西道·振武军》,中华书局2007年版,第2册,第806页。
⑤ 〔汉〕班固撰,〔唐〕颜师古注《汉书》卷六《武帝纪》,中华书局1962年版,第1册,第201页。
⑥ 〔汉〕班固撰,〔唐〕颜师古注《汉书》卷九四下《匈奴传》下,中华书局1962年版,第11册,第3798页。

元初,突厥九姓乱,弓仁引军度漠,逾白桱林,收火拔部喻多真种落,降之。"①《旧唐书·玄宗纪》:"(开元二年)二月,突厥默啜遣其子同俄特勤率众寇北庭都护府,右骁卫将军郭虔瓘击败之,斩同俄于城下。""(闰二月)己未,突厥默啜妹婿火拔颉利发石矢毕与其妻来奔,封燕山郡王,授左卫员外大将军。"②《突厥传》:"默啜既老,部落渐多逃散。开元二年,遣其子移涅可汗及同俄特勤、妹婿火拔颉利发石阿失毕率精骑围逼北庭。右骁卫将军郭虔瓘婴城固守,俄而出兵擒同俄特勤于城下,斩之。虏因退缩,火拔惧不敢归,携其妻来奔,制授左卫大将军,封燕北郡王……(三年)秋,默啜与九姓首领阿布思等战于碛北,九姓大溃,人畜多死,阿布思率众来降。"③开元二年,默啜派兵进攻北庭,郭虔瓘等防守反击,击退了同俄特勤的进攻;与此同时,朔方军一部也由论弓仁带领,渡过沙漠,袭扰牵制火拔部,促成了火拔及其帐下部落的归降。《资治通鉴》载:开元二年闰二月,以鸿胪少卿、朔方军副大总管王晙兼安北大都护、朔方道行军大总管,节制丰安、定远、三受降城及旁侧诸军,徙大都护府于中受降城,"置兵屯田"。唐朝中央的此次军事调整,显然是在积极经略突厥,配合北庭的军事行动。论弓仁当于此时北上,"四月度碛,过白桱林,收火拔部帐,纳多真种落",实现了预期战略目标。李宗俊称"在这一事件中献智献勇的论弓仁将军,其事迹功业理当彪炳史册"④。

"降户之叛河曲",事在开元四年(716)。惟碑文所载与史书所载略有出入,碑文载此事分为两个阶段,先是河曲之叛,论弓仁"千骑奋击,万虏奔走";"戡翦略定,师旅方旋,而延陁跌跌复相啸聚",于是论弓仁再次出征,始有"合薛讷于河外,反知运于寇手"之事。史书往往简略言之,重点在叙述"延陁跌跌复相啸聚"以后事。在"九姓之乱单于"时,一方面唐朝积极调兵遣将,"以讨突厥";另一方面,大批九姓之部族纷纷降唐。而在大兵云集,默啜衰败之际,唐朝对"降户"的管理也出现了反复,遂导致降户复叛,归于毗伽。《旧唐书·突厥传》在"降户阿悉烂、跌跌思泰等自河曲叛归"下补叙:"初,降户南至单于,左卫大将军单于副都护张知运尽收其器仗,令

① 〔宋〕欧阳修、宋祁撰《新唐书》卷一一〇《论弓仁传》,中华书局1975年版,第13册,第4126页。
② 〔后晋〕刘昫等撰《旧唐书》卷八《玄宗纪》上,中华书局1975年版,第1册,第172页。
③ 〔后晋〕刘昫等撰《旧唐书》卷一九四上《突厥传》上,中华书局1975年版,第16册,第5172—5173页。
④ 李宗俊著《唐前期西北军事地理问题研究》,中国社会科学出版社2015年版,第93页。

渡河而南,蕃人怨怒。御史中丞姜晦为巡边使,蕃人诉无弓矢,不得射猎,晦悉给还之,故有抗敌之具。"①并州长史王晙也曾上奏,称"此属徒以其国丧乱,故相帅来降;若彼安宁,必复叛去",建议将河曲降户"徙之内地"②。由于政策的随意调整,王晙的预判成为现实,毗伽可汗继位后,突厥逐渐稳定,河曲降户"复叛去"。河曲降户之叛,论弓仁奉命平叛,于是有了"千骑奋击,万虏奔走"的场景。四年冬,随着"延陁跌跌复相啸聚",河曲降户出现了大面积的反叛,而平叛大军也因准备不足吃了败仗,单于副都护被俘。当此之时,论弓仁率不足五百人的队伍,参与了追击战,转战千里,"合薛讷于河外,反知运于寇手"。此役中,论弓仁卓有建树,张说盛赞"柳涧亡师,一剑复之",朝廷嘉奖升任归德州都督。

碑称"斫摩之奔也,邀于黑山口,覆其精锐;布思之背也,追至红桃帐,掩其辎重","斫摩"不可考,当是河曲降户之一。"布思"当即阿布思,亦是河曲降户之一。《旧唐书·张说传》载:"八年秋,朔方大使王晙诛河曲降虏阿布思等千余人。"③沈琛认为两者应为同一事件④,所论甚是。同年,论弓仁迁左骁卫大将军、朔方节度副大使。

开元九年(721),论弓仁参与讨伐兰池州胡康待宾。《资治通鉴》载:"兰池州胡康待宾诱诸降户同反,夏,四月,攻陷六胡州,有众七万,进逼夏州,命朔方大总管王晙、陇右节度使郭知运共讨之……秋,七月,乙酉,王晙大破康待宾,生擒之,杀叛胡万五千人。"⑤

开元十年(722),论弓仁讨康待宾余党蓝池胡康愿子。《资治通鉴》载:"康待宾余党康愿子反,自称可汗;张说发兵追讨擒之,其党悉平。"⑥有一点值得关注,史载"(开元十年)九月,张说擒康愿子于木盘山"⑦,张说《拨川郡王碑》则谓论弓仁"木盘之役,缧方渠之捕寇",将生擒康愿子之功归于论弓仁,此二者并不矛盾,论弓仁作为张说下属,论弓仁之功亦即张说之功。论弓仁得张说的赏识,于此可见一斑。

---

① 〔后晋〕刘昫等撰《旧唐书》卷一九四上《突厥传》上,中华书局1975年版,第16册,第5173—5174页。
② 〔宋〕司马光撰《资治通鉴》卷二一一,中华书局1956年版,第14册,第6720—6721页。
③ 〔后晋〕刘昫等撰《旧唐书》卷九七《张说传》,中华书局1975年版,第9册,第3052页。
④ 沈琛《入唐吐蕃论氏家族新探——以〈论惟贞墓志〉为中心》,《文史》2017年第3辑,第89页。
⑤ 〔宋〕司马光撰《资治通鉴》卷二一二,中华书局1956年版,第14册,第6745—6746页。
⑥ 〔宋〕司马光撰《资治通鉴》卷二一二,中华书局1956年版,第14册,第6752页。
⑦ 〔后晋〕刘昫等撰《旧唐书》卷八《玄宗本纪》上,中华书局1975年版,第1册,第184页。

　　论弓仁历经武后、中宗、睿宗、玄宗四朝,屡次奉命征讨叛逆,将辖地治理良好,深得朝廷重用,也给予极高的礼遇,去世后更是赠拨川郡王。

　　如上所述,入唐之初的论氏家族凭借其在部族中的影响力,带领众吐谷浑部落归附唐朝并镇守边境,受到朝廷的优待与重用,这与当时边境地区争战不已的背景息息相关。禄赞萨逻、赞婆、论弓仁等长期生长、任职于边疆,通晓边情,熟悉唐朝,赞婆与论弓仁在家族命运飘摇之际做出的选择与表现出的政治眼光便是其受到汉文化影响的表现。他们驻守边境,抵抗外来侵扰,为论氏家族在唐王朝的崛起奠定了基础。同时,他们又与各部落之间有着千丝万缕的联系,也使其成为唐朝所倚靠的蕃将力量,用于边防也就成为自然之事。

二、"安史之乱"中论氏家族的再次崛起

　　"渔阳鼙鼓动地来,惊破霓裳羽衣曲",天宝十四载(755)十一月九日,身为三镇节度使的安禄山发动叛变,"发所部兵及同罗、奚、契丹、室韦凡十五万众,号二十万,反于范阳"①。"安史之乱"爆发后,唐王朝动荡不安,论氏家族及其所率领的吐谷浑部落在平叛过程中发挥了重要作用,以勠力勤王,效忠王室而再振家声。

　　安禄山自范阳举兵之后,势如破竹,新任范阳、平卢节度使封常清自洛阳战败退保陕郡,与高仙芝合军驻守潼关,但朝廷却以丧城失地之罪将二人处以死刑,由哥舒翰担任兵马副元帅。天宝十四载(755)十二月,哥舒翰出镇潼关,奉行"坚壁勿战以屈贼"的战略,坚守至天宝十五载(756)六月。最后,在唐玄宗所派中使督战的情况下,哥舒翰率军在六月初四出潼关,在六月初七的灵宝会战中大败。六月初九,潼关被破,哥舒翰被俘投降。不久,安禄山叛军占领了长安。哥舒翰出镇潼关时,论氏家族子弟便舍家救国,共赴国难,追随哥舒翰在潼关共抗敌军。吕元膺《骠骑大将军论公神道碑》载:"父诚节……天宝季年,安禄山作逆……帅子弟及家僮,以牧马千

---

① 〔宋〕司马光撰《资治通鉴》卷二一七,中华书局 1956 年版,第 15 册,第 6934 页。

驷,馨其财用,以奉禁旅……与元帅哥舒翰掎角扞寇。"①论诚节率家族子弟及仆从,自带战马千匹,参与了潼关防御战,为平叛作出了自己的努力。

潼关失守后,六月十三日,唐玄宗听从杨国忠建议仓皇西逃入蜀。行至马嵬坡,"六军不发",请诛国贼。唐玄宗不得不赐死杨国忠、杨贵妃等,并与太子李亨分道扬镳。唐玄宗继续入蜀,太子李亨则折而北上,收拢力量,以抗击叛军。行至平凉,听从朔方留后杜鸿渐建议,辗转北上至灵武。七月初九,李亨到达灵武;十二日,李亨在灵武登位,是为肃宗,改元至德,开始组织兵力反攻安史叛军。这时,论诚节、论怀义②、论惟贤、论惟贞等人率领部落军队追寻肃宗北至灵武。《论惟贞墓志》载:

> 公讳惟贞,字瑀,本名仙芝,至德元年特敕改名……大父弓仁,异气炳灵,全才拯义。庆祥初发于中土,正道自越于殊方。天后圣历中,乃以所部七千帐归于我,特授左玉钤卫大将军,封酒泉郡公。回戈外御,朝绝塞忧。由是论氏之门,始大于中华矣。开元十二年薨,赠拨川王,谥曰忠烈。考诚节,皇朝开府仪同三司、右金吾卫大将军、武威郡王,赠太傅。光膺宠册,继体为王。公诞袭纯英,显凝茂业。器艺综玄机之致,动静权物命之时。廓乎宏姿,应彩而生者矣。开元中,始以一子荫为左执戟。天宝八载,破蕃中、鱼海等五城,特加上柱国,寻授左武卫西河郡贾胡府左果毅。肃宗之巡右地也,劲自朔方持先将军表,于丰安迎觐。至灵武,参佐命勋,因兹赐名,迁中大夫、卫尉少卿、充绥银等州召募使。浃辰之内,得一千余人。有诏同关内节度副使扈跸至凤翔府,授光禄卿、充元帅先锋讨击使,屯于岐阳。与郭英义、王思礼等,分压东寇,破青渠阵,迁正议大夫、鸿胪卿。自是渥赉日融,累戳大敌。收西京,力战于涝水;复东夏,决命于陕郭。再清函洛,迁金紫光禄大夫、殿中监、充朔方节度左卅将。太尉李光弼旋军之守河阳也,逆贼周贽以铁骑十万掩迹来攻。疲军未宁,强寇四合,乃命公以五千劲甲出定众心。于是执律受旗,结诚叶气。出入交命,前无正锋。乘势纵师,大溃凶逆。戮尸获丑,全虏不遗。再坚河阳。由此一战,特授开

① 〔宋〕李昉等撰《文苑英华》卷九〇九吕元膺《骠骑大将军论公神道碑》,中华书局1966年版,第6册,第4784页。
② 即论诚节长子论惟清。

府仪同三司,封寿昌县开国伯。又下河内,授太常卿,进封县侯,食邑一千户。寻充副元帅都虞候,理兵夏县,军令如一。肃宗闻之,召至京师,亲加赏谕,将拜异姓王,以武威先封,让不敢齿。迁副元帅马军兵马使、同幽州节度副使、晋昌郡开国公、食邑二千户。时史朝义久围宋州,公以五百骑驰救。突报城下,以坚守心。败其枝军,断彼粮路。余孽披散,危城用安,特赐一子五品官。寻摄颍州刺史,兼知陈州行营兵马。又以精卒破逆贼」谢钦让、史忠勇等,数万众之围,因而瓦解。既斩钦让,又招忠勇等以降,获其家口士马万计已上。迁副元帅都知兵马使,加实封一百廿户,封萧国公,食邑三千户。永泰元年入朝,代宗以凤彰勋望,擢留禁列,拜右领军卫大将军、英武军使。①

据墓志,在肃宗北上灵武之时,论惟贞持论诚节上表书信至丰安,后扈从肃宗至灵武即位。论惟贞初名论仙芝,至德元年(756)以佐命之勋被肃宗赐名惟贞。《新唐书》本传载:“惟贞名瑀,以字行。志向恢大。开元末,为左武卫将军。肃宗在灵武,以卫尉少卿募兵绥、银,阅句,众数万。”②论惟贞担任绥、银等州召募使,负责募兵事宜,圆满完成任务,功绩出众。

至德二载(757)正月,安禄山之子安庆绪在洛阳杀安禄山,自立为帝,肃宗至凤翔郡,谋复两京。论惟贞兄弟“扈跸至凤翔府,授光禄卿、充元帅先锋讨击使,屯于岐阳”。《新唐书》本传载:“从还凤翔,迁光禄卿,为元帅前锋讨击使。”③吕元膺《骠骑大将军论公神道碑》亦载:“先时,代宗皇帝为天下元帅,求武勇之士。公与兄怀义、惟真同为先锋讨击使,又领部落数千人镇岐阳县。被坚执锐,一月三捷。泪除凶清乱。”④论氏兄弟率领部族军队屯兵岐阳,与郭英义、王思礼等“分压东寇”,抵抗叛军,并受其节制⑤。之后,论惟贤便长期在凤翔一带驻扎活动。

至德二载五月,关内、河东副元帅郭子仪追击叛军,与安太清、安守忠

① 齐运通、杨建锋编《洛阳新获墓志二〇一五》二三一《唐论惟贞墓志并盖》,中华书局2017年版,第231页。
② 〔宋〕欧阳修、宋祁撰《新唐书》卷一一〇《论惟贞传》,中华书局1975年版,第13册,第4127页。
③ 〔宋〕欧阳修、宋祁撰《新唐书》卷一一〇《论惟贞传》,中华书局1975年版,第13册,第4127页。
④ 〔宋〕李昉等撰《文苑英华》卷九〇九吕元膺《骠骑大将军论公神道碑》,中华书局1966年版,第6册,第4784页。
⑤ 此时郭英义为关西节度兵马使、凤翔太守,王思礼为关内节度使。

在清渠对战,唐军大败后退保武功①。论惟贞参与清渠之战,战后授予正议大夫、鸿胪卿。九月,广平王率主力唐军二十万收复长安,论惟贞随同出征,"力战于涝水"。十月,郭子仪、回纥叶护联军与叛军在陕州交战,论惟贞"决命于陕郭",并升为金紫光禄大夫、殿中监,充朔方节度左卅将。《新唐书》本传载:"战陕州,以功进殿中监。"②乾元元年(758)初,洛阳收复。在收复两京的过程中,论惟贞"渥赉日融,累戡大敌",也逐渐成长为军队高层将领。

乾元二年(759)三月,九节度战败后,郭子仪退居河阳。七月,肃宗召郭子仪还京,以李光弼为朔方节度使、兵马副元帅,据守河阳三城。十月,史思明再次进犯,周贽率军从河阳南城撤军,集中兵力进攻北城,李光弼、郝廷玉、仆固怀恩以少胜多,击败叛军,史称"河阳大捷"。墓志称:"太尉李光弼旋军之守河阳也,逆贼周贽以铁骑十万掩迹来攻。疲军未宁,强寇四合,乃命公以五千劲甲出定众心。于是执律受旗,结诚叶气,出入交命,前无正锋,乘势纵师,大溃凶逆,戮尸获丑,全虏不遗,再坚河阳。由此一战,特授开府仪同三司,封寿昌县开国伯。"《新唐书》本传载:"史思明攻李光弼于河阳,周挚以兵二十万阵城下,惟贞请锐卒数千,凿数门出,自旦及午,苦战破之。光弼表为开府仪同三司。"③《旧唐书·李光弼传》详细记载了河阳大捷的经过,是战中论惟贞领所部负责从东南方向冲击周挚,开战前论惟贞自称"贞,蕃将也,不知步战,请铁骑三百",李光弼仅能提供一百铁骑④。论惟贞率一百铁骑及"五千劲甲"自东南方向冲阵,与诸将合力,大破周挚,授开府仪同三司,封寿昌县开国伯。

乾元三年(760),李光弼进攻怀州,击败安太清。论惟贞以"下河内,授太常卿,进封县侯,食邑一千户";不久,"充副元帅都虞候,理兵夏县"。肃宗闻其事迹,召至京师觐见,亲自封赏,"特拜异姓王,以武威先封,让不敢齿,迁副元帅马军兵马使,同幽州节度副使、晋昌郡开国公,食邑二千户"。

宝应元年(762)五月,史朝义围攻宋州,论惟贞驰援,危城用安。《新唐书·代宗本纪》载:"宝应元年五月,丙申,李光弼及史朝义战于宋州,败

---

① 〔后晋〕刘昫等撰《旧唐书》卷一二〇《郭子仪传》,中华书局 1975 年版,第 11 册,第 3451 页。
② 〔宋〕欧阳修、宋祁撰《新唐书》卷一一〇《论惟贞传》,中华书局 1975 年版,第 13 册,第 4127 页。
③ 〔宋〕欧阳修、宋祁撰《新唐书》卷一一〇《论惟贞传》,中华书局 1975 年版,第 13 册,第 4127 页。
④ 〔后晋〕刘昫等撰《旧唐书》卷一一〇《李光弼传》,中华书局 1975 年版,第 10 册,第 3309 页。

之。"①墓志谓："时史朝义久围宋州，公以五百骑驰救，突报城下，以坚守心，败其枝军，断彼粮路，余孽披散，危城用安，特赐一子五品官。"

宋城之战后，论惟贞"寻摄颍州刺史，兼知陈州行营兵马。又以精卒破逆贼谢钦让、史忠勇等，数万众之围，因而瓦解。既斩钦让，又招忠勇等以降，获其家口士马万计已上"。《新唐书》本传载："光弼讨史朝义，以惟贞守徐州。贼将谢钦让据陈，乃假惟贞颍州刺史，斩贼将，降者万人。封萧国公，实封百户。"②郁贤皓据此认为论惟贞任颍州刺史时间应在宝应、广德之间③，则此战役亦在此时。

"安史之乱"始于天宝十四载（755）安禄山范阳起兵，终于宝应二年（763）正月史朝义首级被献至长安，历时七年有两月。此乱平定之后，论惟贞仕途可谓达到巅峰，迎来人生高光时刻，官至朔方副元帅，封萧国公，李光弼"表以自代"④。据现有材料可知，"安史之乱"后的一段时间，论氏家族成员中以论惟贞在历史政治舞台上最为活跃，他从天宝中崭露头角，后参与安史平叛，因忠勇义烈，深得李光弼信任，身为李光弼嫡系将领，在朔方军中地位甚高。论诚节扈从肃宗至灵武之后，便在史料中难见踪影，应是回到封地活动，于宝应年间去世。论惟贤在至德二载（757）率领吐谷浑部族军队出镇岐阳之后，便长期活动于凤翔一带，并于上元二年（761）起担任凤翔节度副使、马军兵马使。论氏父子在"安史之乱"中，凭借骑兵之利，建立赫赫战功，带来了家族的辉煌。

三、代宗、德宗时期论氏家族的式微

宝应元年（762）四月，玄宗、肃宗先后病逝，代宗即位。广德元年（763）七月，吐蕃大举进犯；十月，"吐蕃入寇京畿"，兵渡渭河，"京师震骇"⑤。仓皇之中的代宗出奔陕州并"诏征天下兵"，但河南副元帅李光弼畏惧鱼朝

---

① 〔宋〕欧阳修、宋祁撰《新唐书》卷六《代宗本纪》，中华书局1975年版，第1册，第167页。
② 〔宋〕欧阳修、宋祁撰《新唐书》卷一一〇《论惟贞传》，中华书局1975年版，第13册，第4127页。
③ 郁贤皓著《唐刺史考全编》（增订本）卷六二《颍州》，凤凰出版社2022年版，第2册，第864页。
④ 〔宋〕欧阳修、宋祁撰《新唐书》卷一一〇《论惟贞传》，中华书局1975年版，第13册，第4127页。
⑤ 〔宋〕司马光撰《资治通鉴》卷二二三，中华书局1956年版，第15册，第7150页。

恩、程元振的迫害,拒不入朝,史称"光弼与程元振不协,迁延不至"①。此事之后,李光弼与朝廷之间关系出现裂痕并不断加深。收复长安后,代宗"除光弼东都留守,以察其去就,光弼辞以就江、淮粮运,引兵归徐州"②。自此,李光弼在河南威信骤降,"诸将田神功等不复禀畏"③,田神功等部将与其离心,不受其节度,李光弼因此愧恨成疾,于广德二年(764)七月病逝于徐州。

李光弼在徐州病重之际,表举论惟贞自代,拟以同出朔方军的嫡系将领论惟贞为其继任者。《新唐书·论惟贞传》载:"光弼病,表以自代。"④此举引起朝廷高度戒备,此刻的代宗意在抹除李光弼在河南的势力,不想在河南留下李光弼的影响⑤。因此在永泰元年(765)将论惟贞征入朝中,名义上是犒赏军功,"以夙彰勋望,擢留禁列,拜右领军卫大将军、英武军使",实则体现了代宗对论惟贞的猜忌与提防,将其调往京师担任宿卫,实际上是剥夺了论惟贞的兵权⑥。英武军是肃宗为加强殿前警卫而增置的殿前射生左右厢,人数大约千人,经扩编整改之后称为左右英武军。入朝宿卫成为论惟贞的最终归宿,蹉跎京城十七年,直到建中二年(781)十月卒于永宁里之私第。生前落寞,死后哀荣,赠灵州都督。

论氏兄弟同气连枝,随着"安史之乱"和李光弼时代的结束,论惟贞被夺去兵权,论氏家族成员也受到牵连,论惟贞调回长安,论惟贤同样赋闲京城。论惟贤历任凤翔节度副使、剑南节度副使、渭州节度都知兵马使,"以从戎岁久,虽齿发未衰,而疾疢屡作,代宗宠其勋旧,诏许还京,仍全禄赐同大将军,俾其优闲"⑦。可知在平定"安史之乱"中屡有战功的论惟贤,在大历中也赋闲在京,而且大历年中未再起用。

论惟清在"安史之乱"中与论惟贞、论惟贤任先锋讨击使,后以军功升任银州刺史、银夏绥麟等四州兵马使,承袭父亲论诚节官爵,任朔方节度副使、开府仪同三司、武威郡王,曾任银州、隰州刺史,事见常衮广元二年之后

① 〔后晋〕刘昫等撰《旧唐书》卷一一〇《李光弼传》,中华书局1975年版,第10册,第3310页。
② 〔宋〕司马光撰《资治通鉴》卷二二三,中华书局1956年版,第15册,第7163页。
③ 〔宋〕司马光撰《资治通鉴》卷二二三,中华书局1956年版,第15册,第7166页。
④ 〔宋〕欧阳修、宋祁撰《新唐书》卷一一〇《论惟贞传》,中华书局1975年版,第13册,第4127页。
⑤ 李碧妍著《危机与重构——唐帝国及其地方诸侯》,北京师范大学出版社2015年版,第52页。
⑥ 沈琛《入唐吐蕃论氏家族新探——以〈论惟贞墓志〉为中心》,《文史》2017年第3期。
⑦ 〔宋〕李昉等撰《文苑英华》卷九〇九吕元膺《骠骑大将军论公神道碑》,中华书局1966年版,第6册,第4784页。

撰《授论惟清朔方节度副使制》①。不过，自此以后论惟清不再见于史书。

论氏兄弟在大历年间受到打压，不为代宗重用。及至德宗即位，境遇有所好转。特别是建中四年（783）爆发"泾师之变"后，论惟贤、论惟明兄弟均有不俗表现，赢得德宗的信任。吕元膺《骠骑大将军论公神道碑》载："建中末，德宗迁幸巴梁，公以所疾沉绵，不获扈跸。逆臣朱泚迫以凶威，不变其志。虽积年之疾，累日而瘳。贞元十五年，授骠骑大将军、行左武威卫将军、上柱国。"②"泾师之变"时，论惟明任庆州刺史，十月，与邠宁留后韩游瓌等"将兵三千拒泚于便桥，与泚遇于醴泉"③，遂退守奉天。在奉天，"贼日攻城，游瓌、惟明乘城拒守，躬当矢石，不暇寝息，赴难之功，游瓌首焉"④。德宗自奉天退至梁州，论惟明则一路扈从。贞元二年（786），论惟明出任鄜州刺史、鄜坊丹延等州都防御观察处置等使，陆贽在《授唐朝臣振武节度论惟明鄜坊观察使制》中盛赞论惟明："释位勤王，有越难之节；扞城御寇，有持危之功。奉主忘身，弃家从国。越自郊甸，载逾巴梁。险阻艰难，靡不陪扈。忠义所在，死生以之。"⑤三年，论惟明去世。

论氏家族入唐后，受朝廷倚重，再次崛起，有其自身原因：

其一，吐蕃望族，勇决习战。论氏家族成员在部族威望与地位极高，领军才能出众，通晓边情，身后蕴藏着巨大的社会力量。赞婆与论弓仁在圣历二年内附之时便带来所属的吐谷浑部众，朝廷给予其"抚其部落"的责任，战时则率本部蕃兵出征，"安史之乱"时，论诚节亲率所领部兵勤王，所率兵将即其管理的吐谷浑部落。

其二，世代游牧，擅长骑射。论氏家族世代游牧，擅长骑射，一直统领骑兵队伍，这也是唐朝最短缺的战略力量。"三受降城"建成前后，论弓仁作为朔方军前锋游奕使在诸真水一带巡卫，游奕使均为骑兵，皆取善骑射之人。河阳大捷时，论惟贞亦是率铁骑冲阵。

其三，部落兵制，寓兵于牧。陈寅恪《论唐代之蕃将与府兵》谓"太宗以

① 〔宋〕李昉等撰《文苑英华》卷四一二常衮《授论惟清朔方节度副使制》，中华书局1966年版，第3册，第2087页。

② 〔宋〕李昉等撰《文苑英华》卷九〇九吕元膺《骠骑大将军论公神道碑》，中华书局1966年版，第6册，第4784页。

③ 〔宋〕司马光撰《资治通鉴》卷二二八，中华书局1956年版，第16册，第7363页。

④ 〔后晋〕刘昫等撰《旧唐书》卷一四四《韩游瓌传》，中华书局1975年版，第12册，第3918页。

⑤ 〔宋〕李昉等撰《文苑英华》卷四五四陆贽《授唐朝臣振武节度论惟明鄜坊观察使制》，中华书局1966年版，第3册，第2303—2304页。

府兵不堪攻战,而以蕃将为其武力之重要部分"①。蕃兵强大的一个重要原因便是他们维持着部落的组织结构,在这种社会组织特性加持之下,兵马长期训练,保持备战,可随时进入战斗状态,来之即战。同时,部落兵制亦使将士生死与共,保持勇敢战斗的精神,战斗能力更胜府兵一筹。

其四,草场肥沃,战马强壮。入唐之初,论氏家族先被安置于凉州,后迁徙至银州。凉州南山一带水源、草场丰富,银州也具有上好牧场,论氏家族及其部族驻牧于此,后勤给养充足。故论惟贞"募兵绥、银,阅旬,众数万"。

其五,英勇忠诚,无有顾望。论氏家族长期任职朔方,他们生于斯地,长于军中,其家族与朔方军联为一体,以朔方军兴荣为旨归,甚至家族自身的命运也系于军中,故事君"皆一其志,无有顾望,用能功绩光明,为天子倚信"②。

四、唐末论氏家族的衰落

论惟明之后,论氏家族逐渐没落,论氏后人很少见诸史传。1995 年出土的《论博言墓志》③,补充了论氏家族在唐末时期的活动,具有重要价值。

《论博言墓志》首题称其"晋昌论公",按惯例,"晋昌"当是言其郡望。此可见论氏家族入唐以后,日居月诸,已经逐渐融入唐代社会。论博言在幽州的发展,得益于幽州节度李载义的赏识。据志文所载,论博言在大和初(828)"由咸镐抵关东",此处的"咸镐"即咸阳、镐京合称,借指长安;"关东"即"幽州"。"太保李公一见欣然",从事于幕府,此李公即李载义。志云:"咸通初,蛮陷交趾,兵凑海岭。"志文所指战争应是在咸通初年,唐廷与南诏政权之间的斗争。至于论博言参与的哪一次"交趾战事",陈康结合战事的发生时间以及朝廷征发各道兵马范围,认为论博言参与的大概率是咸通四年(863)到五年(864)战事④。鲁晓帆就此问题进行了详细的论证,认

---

① 陈寅恪《论唐代之蕃将与府兵》,《中山大学学报》1957 年第 1 期,第 165 页。
② 〔宋〕欧阳修、宋祁撰《新唐书》卷一一〇《诸夷蕃将·论赞》,中华书局 1975 年版,第 13 册,第 4130 页。
③ 吴钢主编《全唐文补遗》第 7 辑,三秦出版社 2005 年版,第 141—142 页。
④ 陈康《唐论博言墓志考释》,齐欣主编《北京文物与考古》第 5 辑,北京燕山出版社 2002 年版,第 202—209 页。

为论博言应是在咸通元年南诏军攻破交趾城,交趾被唐军收复之后受幽州卢龙节度使张允伸之命,携物资、钱粮前去交趾慰问①。

论博言堂弟论锷,时任宥州刺史,志称:"授兼御史中丞于輂下,时人荣之。"论锷与论博言一同任御史中丞之职。之后,论博言升任檀州刺史,最终在去东垣城通问回来的路上,因暑热而染重疾,时过不久,于秋分之时病逝于蓟城即幽州城南的析津坊里第。

论博言出身于显赫的蕃将世家,仕途能够达到此高度,门资背景不可忽视,但相比于父兄一辈,光芒已经暗淡。论博言北投河朔,出仕幽州,论博言夫妇墓地在妻家墓地之侧,未能归葬长安旧茔,家道中落、门荫衰微当是重要原因。特定的时代为论氏家族提供了优越的社会活动条件,他们在特定的时间,特定的历史环境中,涌现出诸多优秀的将领。朝局变换,时过境迁,虽然论氏家族的后裔可以享受前辈恩荫继续做官,但荫补入仕的官员一般品阶较低,升迁缓慢,作为蕃将家族不易在科举制度中取得较好成绩获得发展。另一方面,"安史之乱"给唐朝上层统治者与下层百姓带来了巨大的创伤,他们对少数民族群体不免产生一定的防备心理。鉴于种种原因,论氏家族不免走向衰落之路。

入唐之初,唐廷对赞婆、论弓仁的"优待"建基于"外来人"处置这一框架的同时,转授职官、安置收编部落军队亦赋予了他们驻防边境的角色,唐王朝的强势主掌也塑造了论氏家族的发展命运,论氏家族身份与文化的转型顺此而生发。论氏家族步入中原王朝统一格局,融入主流便成为他们的生存之道,也是审时度势、主动配合的结果。在"安史之乱"、"奉天之难"发生之际,论氏家族毅然勤王,对风雨飘摇的唐政权表示坚决的拥护。后期,随着"安史之乱"的平定,社会环境的逐渐改善,论氏家族所倚靠的军权优势逐步弱化,在剥离了蕃将的身份之后,地位不再,家族不可避免地走向了衰落。

---

① 鲁晓帆《唐〈论博言墓志〉续考》,首都博物馆编《首都博物馆论丛》第27辑,北京燕山出版社2013年版,第40—49页。

玄宗开元二年唐蕃关系及
六年往还文书笺释

袁书会

摘要： 据汉文史载,唐玄宗开元二年,唐蕃因河曲之地开战。而新、旧《唐书》及《资治通鉴》等史料因资料来源及后世对此认识的不同,对此事件的叙述详略不一,给人造成理解上的困难。本文通过仔细比对上述几种史料来源,结合吐蕃史料,认为开元二年的"洮河之战"有其深厚的政治历史背景,唐蕃双方对河曲之地均非常重视,在玄宗的强烈主战主张下,此战以唐军胜利而结束。此后双方亦因此开展了系列战事,至开元六年,吐蕃为维护利益,重拾和平,派遣史臣去长安请求盟会,并撰写章奏给唐宰相,表达其对此前双方战争及盟会的认识。本文在辨析史实的基础上,并对开元六年吐蕃此章奏文的文体及文学性进行分析,从中可以看出在当时唐文化影响下吐蕃汉文学的创作实际。

关键词： 吐蕃;开元;盟会;文书

基金项目： 本文系国家哲学社会科学基金项目"唐代涉蕃诏敕文整理与研究"(项目编号：20BZW058)阶段性成果。

作者简介： 袁书会,西藏民族大学文学院教授、硕士研究生导师,华东师范大学兼职教授、博士研究生导师。曾发表论文《对送金城公主出降事、诗及其相关问题的探析》。

作为宋代的史学家,欧阳修、宋祁等编者在其编撰的《新唐书》中,在对唐与周边民族国家关系问题的阐释上,有着与五代时《旧唐书》史臣不一样的认识。他们吸取了《旧唐书》史臣对中央王朝与周边民族国家高度重视这一历史认识，同时又由于新材料及新时代更为从容的修史环境①，他们的阐释显得更为详实。在《新唐书》共二百二十五卷的篇幅中，史学家们从卷二一五至卷二二二（有些"卷"下又分"上""下"等），先后用了十四卷的篇幅，"凡突厥、吐蕃、回鹘以盛衰先后为次；东夷、西域又次之，迹用兵之轻重也；终之以南蛮，记唐所繇亡云"②。在《新唐书》卷二一五《突厥传》上前有一段类似序文的文字中，宋代史臣集中记载了有唐近三百年时间里唐王朝与周边民族国家的发展互动关系，阐释了他们对于唐在处理民族关系方面的经验得失，记述了唐的历史发展及这些周边民族国家与唐的关系及对唐的影响。而在这些众多的关系中，唐与吐蕃的历史就是其中重要的一部分。

《新唐书》号称"其事则增于前，其文则省于旧"③，在撰写时，不仅借鉴了前次已经编撰成的五代后晋刘昫等编撰的《旧唐书》，还增添了当时所搜集见到的新材料。而新、旧《唐书》及后世司马光编撰的《资治通鉴》等史籍，均对给唐的发展影响巨大的吐蕃予以了强烈关注和详细记载。有关唐蕃关系前贤如陈寅恪、唐长孺、王仲荦等先生论之甚巨，发人深省。陈寅恪先生在《唐代政治史述论稿》之《外族盛衰之连环性及外患与内政之关系》一文中，对唐与突厥、回纥、吐蕃、南诏等外族关系的连环性影响有精彩的论述："唐代武功可称为吾民族空前盛业，然详究其所以与某甲外族竞争，卒致胜利之原因，实不仅由于吾民族自具之精神与物力，亦某甲外族本身之腐朽有以招致中国武力攻取之道，而为之先导者也。"④深刻揭示了唐与周边复杂的多边互动关系，也为我们今天研究唐代历史和文化提供了一个更为广阔的视野，那就是必须从更大的视域去分析探究历史事件的多维性。本文即以《新唐书》所载玄宗开元二年（714）年唐蕃往还表奏为中心，展现当时二者间的关系及相近又不同的文化。

---

① 《旧唐书》修撰始于五代时期后晋天福六年（941）二月，开运二年（945）六月全书修成，仅用五年时间。《新唐书》史臣认为后晋所修史"纪次无法，详略失中，文采不明，事实零落"，而《新唐书》的修撰则费时十七年之久（1044—1060）。

② 〔宋〕欧阳修、宋祁撰《新唐书》卷二一五《突厥传》上，中华书局 1975 年版，第 19 册，第 6027—6028 页。

③ 〔宋〕曾公亮《进唐书表》，〔宋〕欧阳修、宋祁撰《新唐书》"附录"，中华书局 1975 年版，第 20 册，第 6472 页。

④ 陈寅恪撰，唐振常导读《唐代政治史述论稿》，上海古籍出版社 1997 年版，第 126 页。

为研究方便,今将《新唐书》相关记载迻录如下:

玄宗开元二年,其相坌达延上书宰相,请载盟文,定境于河源,丐左散骑常侍解琬莅盟。帝令姚崇等报书,命琬持神龙誓往。吐蕃亦遣尚钦藏、御史名悉腊献载辞。未及定,坌达延将兵十万寇临洮,入攻兰、渭,掠监马。杨矩惧,自杀。有诏薛讷为陇右防御使,与王晙等并力击。帝怒,下诏自将讨之。会晙等战武阶,斩首万七千,获马羊无虑二十万。又战长子,丰安军使王海宾战死。乘之,虏大败,众奔突不能去,相枕藉死,洮水为不流。帝乃罢行。诏紫微舍人倪若水临按军实战功,且吊祭战亡士,敕州县并瘗吐蕃露胔。

宰相建言:"吐蕃本以河为境,以公主故,乃桥河筑城,置独山、九曲二军,距积石二百里。今既负约,请毁桥,复守河如约。"诏可。遣左骁卫郎将尉迟瓌使吐蕃,慰安公主。然小小入犯边无闲岁,于是郭知运、王君㚟相继节度陇右、河西,一以捍之。吐蕃遣宗俄因子到洮水祭战死士,且请和。然恃盛强,求与天子敌国,语悖傲。使者至临洮,诏不内。金城公主上书求听修好,且言赞普君臣欲与天子共署誓刻。吐蕃又遣使者上书言:"孝和皇帝尝赐盟,是时唐宰相豆卢钦望、魏元忠、李峤、纪处讷等凡二十二人及吐蕃君臣同誓。孝和皇帝崩,太上皇嗣位,修睦如旧。然唐宰相在誓刻者皆殁,今宰相不及前约,故须再盟。比使论乞力等前后七辈往,未蒙开许,且张玄表、李知古将兵侵暴甥国,故违誓而战。今舅许湔贷前恶,归于大和,甥既坚定,然不重盟为未信,要待新誓也。甥自总国事,不牵于下,欲使百姓久安。舅虽及和,而意不专,于言何益?"又言:"舅责乞力徐集兵,且兵以新故相代,非集也。往者疆埸自白水皆为闲壤,昨郭将军屯兵而城之,故甥亦城。假令二国和,以迎送;有如不通,因以守境。又疑与突厥骨咄禄善者,旧与通聘,即日舅甥如初,不与交矣。因奉宝瓶、杯以献。"帝谓昔已和亲,有成言,寻前盟可矣,不许复誓。礼其使而遣,且厚赐赞普,自是岁朝贡不犯边。[1]

---

[1]〔宋〕欧阳修、宋祁撰《新唐书》卷二一六上《吐蕃传》上,中华书局 1975 年版,第 19 册,第 6081—6083 页。

　　《新唐书》史臣虽然称其在编撰中坚持"其事增于前,其文省于旧",但亦多为后世诟病①。其中也有不少篇章,也因坚持"文省"而一味节文,使得很多事情的记载显得语焉不详。特别如上文叙述唐蕃开元二年之战,显得头绪颇为杂乱。而开元二年唐蕃之战,新、旧《唐书》两部正史相较,《新唐书》的相应记载还明显多于《旧唐书》相应部分。如玄宗开元二年唐蕃往还事,在《旧唐书》中仅寥寥数笔:

　　　　开元二年秋,吐蕃大将坌达延、乞力徐等率众十余万寇临洮军,又进寇兰、渭等州,掠监牧羊马而去。杨矩悔惧,饮药而死。玄宗令摄左羽林将军薛讷及太仆少卿王晙率兵邀击之。仍下诏将大举亲征,召募将士,克期进发。俄而晙等与贼相遇于渭源之武阶驿,前军王海宾力战死之,晙等率兵而进,大破吐蕃之众,杀数万人,尽收复所掠羊马。贼余党奔北,相枕藉而死,洮水为之不流。上遂罢亲征,命紫微舍人倪若水往按军实,仍吊祭王海宾而还。吐蕃遣其大臣宗俄因子至洮河祭其死亡之士,仍款塞请和,不上许之。自是连年犯边,郭知运、王君㚟相次为河西节度使以捍之。

　　　　吐蕃既自恃兵强,每通表疏,求敌国之礼,言词悖慢,上甚怒之。及封禅礼毕,中书令张说奏言:"吐蕃丑逆,诚负万诛,然又事征讨,实为劳弊。且十数年甘、凉、河、鄯征发不息,纵令属胜,亦不能补。闻其悔过请和,惟陛下遣使,许其稽颡内属,以息边境,则苍生幸甚。"上曰:"待吾与王君㚟筹之。"说出,谓源乾曜曰:"君㚟勇而无谋,常思侥幸,两国和好,何以为功? 若入陈谋,则吾计不遂矣。"寻而君㚟入朝奏事,遂请率兵深入以讨之。②

　　两相对照,《新唐书》记载更为详细,对事件的记载容量更大。而《旧唐书》则显得行文混乱,而且将唐蕃往还文书中吐蕃给唐廷的表奏这样重要的一手资料直接省略不录。除去这些表面的问题外,新、旧《唐书》该段记

---

① 《新唐书》颁行不久即引起不满。吴缜《新唐书纠谬》以及后来晁公武《郡斋读书志》、陈振孙《直斋书录解题》、王鸣盛《十七史商榷》、赵翼《廿二史札记》等均对其提出不同的看法。详见黄永年著《唐史史料学》,上海书店出版社 2002 年版,第 21—22 页。

② 〔后晋〕刘昫等撰《旧唐书》卷一九六上《吐蕃传》上,中华书局 1975 年版,第 16 册,第 5228—5229 页。

载中仍存在不少问题。为此,王忠先生《新唐书吐蕃传笺证》对这段历史有较为详细的笺证:

　　通鉴二一二开元六年(718)十一月条载此事,《册府元龟》九八一外臣部盟誓载赞普书全文,又同书九七九和亲第二开元五年(717)三月条载金城公主书略云:"此间宰相向奴奴道赞普甚欲得和好,亦宜亲署誓文。"是公主上书出于吐蕃朝臣之意。赞普书新唐书所录与册府元龟相异者略校如下:册府汉宰相等官入誓者……一十人。不作凡二十二人。"比使论乞力等前后七辈往",册府作"此处使人论乞力徐、尚奔时、宋俄等前后七回入汉。""舅虽及和而意不专,于言何益!"册府作"阿舅书上虽道和好,意中不专,知有何益!""舅虽及和","及"字或为"允"字之讹。此外有可以补充者,其一,册府云:"阿舅却报言舅甥亲自手署誓书及彼此宰相作呢,阿舅云大是好事,及至今日,阿舅手署不见,宰相作咒亦无。"是玄宗曾允再盟,疑即解琬"持神龙誓往"一事,败盟者为吐蕃。其二,册府云:"又以北突厥骨吐禄共吐蕃交通者,旧时使命实亦交通,中间舅甥和睦已来,准旧平章,其骨吐禄阿舅亦莫与交通,外甥亦不与交。今闻阿舅使人频与骨禄交通,在此亦知为不和。中间有突厥使到外甥处,既为国王,不可久留外国使人,遂却送归。即日两国和好,依旧断当,吐蕃不共突厥交通……"是唐亦与北突厥交通,骨吐禄,即骨咄禄,为东突厥,亦称北突厥,新唐书二一五上突厥传言骨咄禄死于天授初,天授为武后年号,即690—691,时代不合。当时东突厥可汗为麦棘连,同书二一五下云:"吐蕃以书约与连和钞边,默棘连不敢从,封上其书。"同书同卷突骑施可汗苏禄传云:"突骑施别种车鼻施啜苏禄……复雄西域。"又同书二一七下回鹘列传附葛逻禄传云:"本突厥诸族,在北廷西北,金山之西……与车鼻部接……当东、西突厥间。"似葛逻禄与突骑施即狭义之北突厥,上引通鉴开元五年七月条云:"突骑施引大食、吐蕃谋取四镇,围钵换及大石城,已发三姓葛逻禄兵与阿史那献击之。"是二部皆与吐蕃及唐有关。但此处之骨咄禄当指突骑施而言,如册命突骑施可汗皆有"骨咄禄毗伽"等字样。①

---

① 王忠著《新唐书吐蕃传笺证》,科学出版社1958年版,第65—66页。

　　王忠《新唐书吐蕃传笺证》是解读该部分内容的一部非常重要的论著，王著分析了当时唐、吐蕃及突骑施部间复杂的历史关系，为我们理解当时的东亚历史提供了细致的分析和注解。本文主要想通过对不同版本收录的吐蕃赞普给玄宗皇帝的表奏文的对照解读，探索其文学文本的意义，并求教于各位方家。

　　笔者按：王忠指出其中可以补充的《册府元龟》第一个材料有"阿舅却报言舅甥亲自手署誓书及彼此宰相作呢"，其中的"作呢"，应为"作咒"，呢与咒，乃字形之讹，今凤凰古籍出版社本已为"咒"，见下录文，应为王忠先生当时所见或印刷之误。

　　其中吐蕃写给唐廷的表文《册府元龟》卷九八一有详细收录①，为与《新唐书》相关部分比较方便，一并逐录如下：

　　　　(开元)六年十一月,吐蕃遣使奉表曰："仲冬极寒,伏惟皇帝舅万福。使典军马集并吐蕃使判悉猎等同至,其书共传语,并悉具委。所缘和事者,孝和帝在日,其国界并是逐便断当讫,彼此亦已盟誓。汉宰相等官入誓者：仆射豆卢钦望、魏元忠、中书令李峤、侍中纪处讷、萧至忠、侍郎李迥秀、尚书宗楚客、韦安石、杨矩等一十人；吐蕃宰相等亦同盟誓讫,遂迎公主入蕃,彼此安稳。於后太上皇登极,亲好并相和同,虽复如旧,其汉宰相入誓者并已殁。于后宰相不知已前要契,当令望重立盟誓,舅甥各亲署盟书,宰相依旧作誓,彼此相信,亦长安稳。此处使人论乞力徐、尚奔时、宋俄等,前后七回入汉,比论皇帝舅亲署誓书事。复遣宰相作誓,外甥亦亲署,宰相亦作咒,如此使七回来去,阿舅却报言：舅甥亲自手署誓书,及彼此宰相作咒,阿舅云大是好事。及至今日,阿舅手署不见,宰相作咒亦无。又西头张玄表将兵打外甥百姓,又李知古亦将兵打外甥百姓。既缘如此违誓失信,所以吐蕃遂发兵马。今奉阿舅书,以前所有嫌恶,并悉不论。自今以后,依前和睦,大是好事。在此,外甥亦同阿舅来意,阿舅必定和好,所以遣使人往

----

① 《册府元龟》是北宋初年王钦若、杨亿等奉宋真宗之命编纂而成的一部大型类书,前后历时九年,于大中祥符六年(1013)修成。《册府元龟》采撮众多,经史子集等材料,举凡"为将来典法,使开卷者动有资益"(宋真宗《〈册府元龟〉序》)均收录入内,特别是在编修唐五代事迹时,不仅采用了《旧唐书》和《旧五代史》,而且引用了大量今人不见的实录国史材料。很多正史记述较为简单,经过剪裁删削的,在《册府元龟》中则多为全文采录,因此有着较高的文献价值。

来,亦得文不须重盟誓者。缘孝和皇帝时,旧汉宰相人盟誓者并无,阿舅必以和好不重作盟誓,彼此不相信,要须新立盟誓。即日未知国事,亦不繇官寮,并皆自决。但是百姓拟遣安业,久长快活。阿舅书上虽道和好,意中不专,知有何益?今日必定和好,此处速却回,的实相报。来书云:乞力徐此集兵马者,准旧例。兵马新旧交替,若道别集兵马,并是虚言。又往者平论地界,白水已来,中间并合空闲。昨秋间郭将军率聚兵马於白水筑城。既缘如此。吐蕃遂於界内道亦筑一城。其两国和同,亦须迎送使命;必若不和,其城彼此守捉边境。又以北突厥骨吐禄,共吐蕃交通者,旧时使命,实亦交通,中间舅甥和睦已来,准旧平章,其骨吐禄,阿舅亦莫与交通,外甥亦不与交。今闻阿舅使人频与骨禄交通,在此亦知为不和。中间有突厥使到外甥处,既为国王,不可久留外国,使人遂却送归。即日两国和好,依旧断当吐蕃不共突厥交通。如舅不和,自外诸使命何入蕃任伊去来?阿舅所附信物,并悉领。外甥今奉金胡瓶一、玛瑙杯一,伏惟受纳。"①

《新唐书》成书于宋仁宗嘉祐五年(1060)六月,晚于《册府元龟》(成书于大中祥符六年,即1013年)成书。欧阳修、宋祁等史学家在编修《新唐书》时,囿于史书体例及修史风格,他们明显对此前修成的集史书大成之作《册府元龟》相关内容进行了删削和重新编撰。而今天为了解当时历史全貌,特别是为了分析吐蕃赞普给玄宗皇帝的表奏文的文学文体特点,应以采用《册府元龟》相关原始记载为妥。如史所载,玄宗开元二年(714)前,吐蕃幼主赞普弃隶蹜赞②与唐中宗就唐蕃关系签订神龙合约③,并于景龙四年(710)迎娶金城公主。吐蕃后又趁机贿赂鄯州都督杨矩将河西九曲之地请赐为公主汤沐之地,并遣军进驻河西,使吐蕃得以跨越黄河进入河西之地,自是吐蕃终于占领这一此前多年争夺的战略要地。《册府元龟》更明确记

---

① 〔宋〕王钦若等编纂,周勋初等校订《册府元龟》(校订本)卷九八一《外臣部·盟誓》,凤凰出版社2006年版,第11册,第11359—11360页。〔清〕董诰等编《全唐文》卷九九九收录为署名吐蕃赞普弃隶蹜赞《请修好表》,应为引录自《册府》,见上海古籍出版社1990年版,第10册,第4587页。

② 即藏文史料中的赤(墀)德祖赞,生于704年,706年(神龙二年)与唐和盟,史称"神龙盟誓"。此后,吐蕃多次请婚,赤德祖赞七岁时(710年),在太后没庐·墀玛类提议下迎娶了金城公主。

③ 神龙本为武则天年号,不久唐中宗李显复辟,仍沿该年号,共二年九个月,史载至神龙三年九月改元景龙,应为705年1月至707年9月。

载割让河曲之地为金城公主汤沐之地,乃玄宗父亲睿宗所为,"中宗初,突厥愈强盛,寇边,而吐蕃贡献请和亲。睿宗即位,乃以河西九曲地赐吐蕃,以其地肥饶,堪顿兵,于是复畔"①。

金城公主出降吐蕃在景龙四年正月,于同年夏抵达逻些②。而中宗皇帝于景龙四年"六月壬午,帝遇毒,崩于神龙殿,年五十五"③。中宗虽与吐蕃有"神龙合约",但河西之地因缮州都督杨矩受吐蕃贿赂请为金城公主汤沐之地并纳入吐蕃版图,并未明文写入此前中宗时所签订的神龙界约,恰恰是玄宗皇帝的父亲睿宗皇帝答应了吐蕃的请求,将河曲之地赐予吐蕃的。而吐蕃为了使这一事实占有成为两国的共识,希望通过盟约的方式坐实此事,因此派遣使者想趁玄宗在刚刚历经激烈的宫廷高层变乱尚未坐稳皇位之际,以为年轻的玄宗皇帝会像前次两位君主(中宗、睿宗),无力应对强大的吐蕃的索求而轻易签订合约。但历史证明,此事并不为年轻而雄心勃勃欲有大作为的玄宗皇帝所承认。玄宗皇帝应该是对割让河曲之地进行了追究,杨矩也因此事件而自杀④。而弃隶蹜赞朝内主战派强硬人物坌达延和大相乞力徐辅政,继续奉行向东拓进,力图使河曲之地合法化。因此吐蕃一方面提出与唐重新修订盟约,企图通过政治手段使占领河曲之地成为既定事实,"玄宗开元二年,其相坌达延上书宰相,请载盟文,定境于河源,丐左散骑常侍解琬莅盟。帝令姚崇等报书,命琬持神龙誓往。吐蕃亦遣尚钦藏、御史名悉腊献载辞"。另一方面又积极陈兵河西,意欲以战促谈,以强硬的战争手段占领河西九曲之地,"坌达延将兵十万寇临洮,入攻兰、渭,掠监马"。而此时年轻英武的玄宗李隆基登基不久,正欲通过强硬治政来树立自神龙政变及唐隆政变后新君主的权威。面对吐蕃在消灭吐谷浑之后,又在西北以咄咄逼人的态势占领原唐的河曲之地,玄宗皇帝自是不可能如前此中宗、睿宗皇帝那样采取苟安退缩政策。他积极调兵遣将与吐蕃采取军事对垒,并在唐军初期失利的关头,玄宗皇帝曾一度要御驾

---

① 〔宋〕王钦若等编纂,周勋初等校订《册府元龟》(校订本)卷九五六《外臣部·总序》,凤凰出版社 2006 年版,第 11 册,第 11065—11606 页。
② 王尧著《敦煌本吐蕃历史文书·大事记》,王尧编著《王尧藏学文集》卷一,中国藏学出版社 2011 年版,第 201 页。
③ 〔后晋〕刘昫等撰《旧唐书》卷七《中宗本纪》,中华书局 1975 年版,第 1 册,第 150 页。
④ 〔后晋〕刘昫等撰《旧唐书》卷一九六上《吐蕃传》上载:"开元二年秋,吐蕃大将坌达延焉、乞力徐等率众十余万寇临洮军,又进寇兰、渭等州,掠监牧羊马而去。杨矩悔惧,饮药而死。"(中华书局 1975 年版,第 16 册,第 5228 页)

亲征,只不过当后来前线又获胜才作罢。因此从唐代史家的记述看来,开元二年的唐蕃之战纯粹是因吐蕃图谋河西之地而挑起,双方在历经激烈战争后,以唐的胜利而告终。

公元七至九世纪,唐、蕃间时战时和,双方均以当时复杂的外部形势、各自利益为出发点。而开元二年间的"洮水之战"①,据唐史载以唐的胜利结束。在两国交战的前后,使臣间文书的往还,不仅使我们得以了解当时的历史实况,更可以看到当时吐蕃的汉文化影响及使用情况。而吐蕃遣使上书的内容在《新唐书》中被分为两个部分来记述,并被修史者作了删节。相对而言,《册府元龟》的记载则更为完整。王忠先生的《新唐书吐蕃传笺证》中对部分内容作了笺证,其补充的内容也分为两部分。其实,有关开元二年的唐蕃关系,《唐会要》卷九十七《吐蕃》中亦有载:

> 开元二年五月,吐蕃宰相坌达延陀献书于宰相曰:"两国地界,事资早定,界定之后,然后立盟。"其月,吐蕃使其宰相尚钦藏及御史名悉猎来献盟书。玄宗御承天门楼,命有司引见,置酒于内殿,宴遣之。其月,坌达延陀率众侵我渭源,帝下制亲征,会薛讷遇贼数万众,战于武阶驿,大破之,乃罢。②

可以看到,《新唐书》相关内容其实就是继承了《唐会要》中的相关记载。不过,相较于《唐会要》和《新唐书》的记载,《册府元龟》的记载更为详实。《册府元龟》卷第九八一《外臣部·盟誓》载:

> 玄宗开元二年五月,吐蕃宰相坌达延献书于宰臣曰:"两国地界,事资早定。界定之后,然后立盟书。大夫解琬,昔在安西界,望使会于河源。相与展议,蕃之愿也。"帝闻之,命左散骑常侍解琬使于河源,宰臣魏知古、姚崇、卢怀慎等致书报达延曰:"承屯聚兵马,初不知者,颇亦为疑。但以彼国君臣,素敦信义,况立盟誓,又结婚姻,悠悠之谈,复何足信? 若见利忘义,破亲负约,神道不远,何以逃殃? 自见来书,果

---

① 田昭林著《中国战争史》第二卷,江苏人民出版社 2019 年版,第 461—463 页。
② 〔宋〕王溥撰《唐会要》卷九七《吐蕃》,上海古籍出版社 2006 年版,下册,第 2053 页。唐史所载时间乃吐蕃使者到达长安献书宰相的时间,而吐蕃有关河西的谋划应该早于此时间。根据唐时出使从长安出发至逻些须费时三至五个月来判断,吐蕃制定此策略应为开元二年年初。

符意揣,两国和好,百姓安宁,永绝边患,岂非好事? 所论分界,先有盟书,今奉敕令左散骑常侍解琬往河源,与公平章。解琬,国之重臣,素有德行,言无二诺,众所共推,昔尝充使安西,备谙彼之境土。今遣将命,实惟命焉。"琬既行,敕琬赍神龙二年吐蕃誓文与达延定界。(臣钦若等曰:神龙二年盟誓事,史缺。)①

因此可以说,《新唐书》史官明显是在借鉴了《唐会要》《册府元龟》相关材料基础上进行了删改。而通过对这些材料的分析,我们亦可以得知事件的详细过程:吐蕃于开元二年初,经贿赂杨矩而占领河曲后,遂谋划唐蕃再次缔结盟约确定两国新界,欲将河曲之地正式纳入吐蕃版图,即派遣使者从逻些出发,于五月抵达长安,献书于宰相。如前所述,玄宗皇帝作为一个新即位帝王,他对于河西之地对于唐的重要性认识是清楚的,对于前代中宗对吐蕃的苟合以及父亲睿宗将河西九曲之地送给吐蕃明显是不满的,因此对于吐蕃提出的重新签订新界约一事,明显是消极不满的。但出于对维护唐蕃关系,还有金城公主此前已出降吐蕃赞普的现实,他明面上答应了吐蕃表文中请求派遣旧臣解琬去与吐蕃谈判盟约的请求,但是解琬盟誓时所赍持的依然是神龙二年中宗时与吐蕃赞普所签订的旧合约,也就是河曲之地依然是大唐领土的旧盟约,可以看出玄宗君臣是不同意现在吐蕃占领河曲之地后并欲长期战略而提出的新界约。玄宗君臣对吐蕃在唐认为的"边境"(也就是河曲之地)上屯聚兵马,借宰相的回复提出了委婉的抗议。而且此次玄宗所派遣的谈判老臣解琬凭借多年的临边经验,也对吐蕃借结盟而阴图河西看得非常清楚,认为"吐蕃必阴怀叛计,请预屯兵十万于秦、渭等州以备之"②。通过对多方历史记载的细读,我们大致能够恢复开

---

① 〔宋〕王钦若等编纂,周勋初等校订《册府元龟》(校订本)卷九八一《外臣部·盟誓》,凤凰出版社 2006 年版,第 11 册,第 11359 页。其实,如王忠先生笺注所谈,在唐蕃此次使节往还中,金城公主也多次上表玄宗皇帝,希望促成此次会盟。如《全唐文》卷一百署名金城公主的《乞许赞普请和表》,其中有云:"此间宰相向奴奴道,赞普甚欲得和好,亦宜亲署誓文。往者皇帝兄不许亲署誓文。奴奴降番,事缘和好。今乃骚动,实将不安和。矜怜奴奴远在他国,皇帝兄亲署誓文,亦非常事,即得两国久长安稳,伏惟念之。"(上海古籍出版社 1990 年版,第 1 册,第 451 页)因此,王忠也说金城公主的来信明显是吐蕃君臣怂恿金城公主所为。《全唐文》将回复坌达延的文章署名为魏知古的《报吐蕃宰相坌达延书》(上海古籍出版社 1990 年版,第 2 册,第 1059 页)。

② 〔宋〕司马光编著,〔元〕胡三省音注《资治通鉴》卷二一一,中华书局 1956 年版,第 7 册,第 6700 页。

元二年之战开展前双方的外交情况作出如此判断。

而事件的发展如前所述,由于双方既然对谈判的目的不一样,又都不愿示弱,因此战争的发生也就不可避免了。战争也颇为惨烈,起初的战争唐军不利,玄宗皇帝曾一度准备御驾亲征,而很快唐军又取得大捷,最后以唐的胜利而结束①。唐重新夺回九曲之地,并毁坏了吐蕃在九曲建造的城堡和跨河大桥。此后,双方使节互有往还,但吐蕃对于河曲之地的得而复失明显是不甘的,此后两国间的战事不断。《资治通鉴》载:"(开元二年,十月)乙酉,命左骁卫郎将尉迟瓌使于吐蕃,宣慰金城公主。吐蕃遣其大臣宗俄因矛至洮水请和,用敌国礼;上不许。自是连岁犯边。"②而唐加强了陇右的防御军力,"十二月甲子,置陇右节度大使,领鄯、奉、河、渭、兰、临、武、洮、岷、郭、叠、宕十二州,以陇右防御副使郭知运为之"③。此后,唐蕃间冲突不断,《资治通鉴》载:开元三年九月,"西南蛮寇边,遣右骁卫将军李玄道发戎、泸、夔、巴、梁、凤等州兵三万人并旧屯兵讨之"④。而西南蛮之所以与唐发生冲突,与后面吐蕃的怂恿与支持是分不开。

吐蕃在河西与唐战争失败后,并未就此罢休,而是又联合西南蛮,即后面的南诏、西域诸小国等,给唐制造麻烦。而开元四年(716)二月丙辰,"吐蕃围松州","癸酉,松州都督孙仁献袭击吐蕃于城下,大破之";八月,"吐蕃

---

① 如前所述,《新唐书》记载此事只说此事发生在"玄宗开元二年",而《旧唐书》亦仅载为"开元二年秋"。对事件的具体发生发展记载太过于简略。结合《唐会要》《资治通鉴》等的记载,大致可以复盘此事,即在开元二年初,吐蕃即谋划占有河曲之地,即派使者去长安寻求重新结盟。"五月己酉,吐蕃相坌达延遣宰相书,请先遣解琬至河源正二国封疆,然后结盟……六月,丙寅,吐蕃使其宰相尚钦藏来献盟书……八月,乙亥,吐蕃将坌达延、乞力徐帅众十万寇临洮,军兰州,至于河源,掠取牧马,命薛讷白衣摄左羽林将军,为陇右防御使,以右骁卫将军常乐郭知运为副使,与太仆少卿王晙帅兵击之。辛巳,大募勇士,诣河、陇就讷教习……冬,十月,吐蕃复寇河源。丙辰,上下诏欲亲征,发兵十余万人,马四万匹……甲子,薛讷与吐蕃战于武街,大破之……丰安军使王海宾战死。戊辰,姚崇、卢怀慎等奏:'顷者吐蕃以河为境,神龙中尚公主,遂逾河筑城,置独山、九曲两军,去积石三百里,又于河上造桥。今吐蕃既叛,宜毁桥拔城。'从之。"(见《资治通鉴》卷二一一,中华书局1956年版,第7册,第6699—6706页)

② 〔宋〕司马光编著,〔元〕胡三省音注《资治通鉴》卷二一一,中华书局1956年版,第7册,第6706页。

③ 〔宋〕司马光编著,〔元〕胡三省音注《资治通鉴》卷二一一,中华书局1956年版,第7册,第6706—6707页。

④ 〔宋〕司马光编著,〔元〕胡三省音注《资治通鉴》卷二一一,中华书局1956年版,第7册,第6712页。

复请和,上许之"①。开元五年(717)七月,"壬寅,陇右节度使郭知运大破吐蕃于九曲。安西副大都护汤嘉惠奏突骑施引大食、吐蕃,谋取四镇,围钵换及大石城,已发三姓葛逻禄兵与阿史那献击之"②。

从以上记载可以看出,开元二年后,吐蕃采取了一系列措施军事与唐在河西、西南及西域一带周旋,与唐争夺在此地的领导权。而在一系列战事不利,特别是前文所引吐蕃发现唐与当时安西之突骑施又积极联手对付自己,使己方在战略上处于被夹击的不利处境时,于是吐蕃改变策略,放低姿态,和此前因战事失败而并不服气的"求敌国礼"不同,开元六年(718)十一月"戊辰,吐蕃奉表请和,乞舅甥亲署誓文;及令彼此宰相皆著名于其上"③。又在金城公主的协调下,与唐讲和。如前文所引《册府元龟》卷九八一《外臣部·盟誓》所载"开元六年十一月,吐蕃遣使奉表"文,后为《新唐书》所删节。

吐蕃与唐有战有和,结合新、旧《唐书》及《唐会要》《资治通鉴》等相关记载,经过仔细比对,抽丝剥茧,看出开元二年前后唐蕃关系的详细情况。而从开元二年和六年前后两篇唐蕃间外交表奏文,结合前面对两篇文章创作的历史背景分析,我们还可以通过对两篇表奏的文学文化分析,真切观察汉文化影响下的吐蕃君臣的汉文学使用情况。唐时,与吐蕃关系密切,两国间不仅有战争,更有两国密切的文化交流。唐作为当时的亚洲核心,吐蕃不仅学习了唐朝先进的文化,而且其与唐的文书,也都有来自大唐的文士进行润色。《旧唐书·吐蕃传》:"自亦释毡裘,袭纨绮,渐慕华风。仍遣酋豪子弟,请入国学以习《诗》《书》。又请中国识文之人典其表疏。"④因此,吐蕃给唐的文书往往都带有唐代当时流行文学的色彩,尽得优美、华赡。而开元六年十一月吐蕃赞普亲自给玄宗皇帝的表文,一如唐代公牍文特点,其中还带有吐蕃赞普强烈的口语化色彩,与前次章奏风格不太一致,

---

① 〔宋〕司马光编著、〔元〕胡三省音注《资治通鉴》卷二一一,中华书局1956年版,第7册,第6716、6720页。

② 〔宋〕司马光编著、〔元〕胡三省音注《资治通鉴》卷二一一,中华书局1956年版,第7册,第6728页。

③ 〔宋〕司马光编著、〔元〕胡三省音注《资治通鉴》卷二一一,中华书局1956年版,第7册,第6734页。

④ 〔后晋〕刘昫等撰《旧唐书》卷一九六上《吐蕃传》上,中华书局1975年版,第16册,第5222页。《新唐书·吐蕃传》亦载:"自褫毡罽,袭纨绡,为华风。遣诸豪子弟入国学,习《诗》《书》。又请儒者典书疏。"(中华书局1975年版,第19册,第6074页)

虽经内地儒者的修饰润色，但文中吐蕃赞普的口语化依然强烈，更能显示当时吐蕃学习使用汉文学的实际状况。

吐蕃赞普于开元六年给唐王室的奏章，其实主要向唐玄宗汇报了两件事情：第一，就是有关希望唐蕃重新结盟的事情；第二件事情，向玄宗皇帝解释为什么吐蕃派军驻守敏感区域，以及希望唐廷能够断绝与突厥（王忠先生所辩证的应为突骑施）的来往。既然两国间为了和好而进行外交往还，在当时环境下，必定存在因唐蕃地位问题的纠葛而在外交礼仪上的矛盾。因为在此之前，《资治通鉴》载："（开元二年，十月）乙酉，命左骁卫郎将尉迟璟使于吐蕃，宣慰金城公主。吐蕃遣其大臣宗俄因矛至洮水请和，用敌国礼；上不许。"①当时唐蕃关系因洮水之战而恶化，而吐蕃与唐讲和，竟用"敌国礼"而引起玄宗皇帝的恶感，直接破坏了唐蕃在此之前所营造的"甥舅"关系，进一步恶化"洮水之战"后两国间的关系。而开元六年，吐蕃在与唐一系列战事失败后，唐又与突骑施等密切联合，使得吐蕃不得不再次寻求与唐和好，希望再次盟誓——当然河曲问题能在盟誓中解决最好了。因此，在吐蕃给唐的第二封章表的开头，赞普主动恢复使用了让唐廷满意的"甥舅礼仪"，亲切向玄宗皇帝道万福："仲冬极寒，伏惟皇帝舅万福。"放低身段，主动用时令及亲戚间的问候一下子拉近了与皇帝的关系，为与玄宗的交流打下了良好的感情基调。然后接着深情回忆了当年吐蕃与中宗皇帝所签订的"神龙盟誓"，并且迎娶金城公主入藏，然后是玄宗皇帝的父亲先皇睿宗在位时，两国依然保持和好的关系。通过一系列往昔事件的回顾，希望双方再次恢复友谊。并且说当年参加盟誓的老臣都已经去世，今天唐廷的宰相们都不太明白当年中宗、睿宗时的盟誓情况。因此根据吐蕃的习俗，有必要再进行盟誓确定两国的关系。"望重立盟誓，舅甥各亲署盟书，宰相依旧作誓，彼此相信，亦长安稳。"弃隶蹜赞其实都是在复述自己在给唐宰相的那封信的内容。双方此前为再次盟誓进行了反复的磋商，"此处使人论乞力徐、尚奔时、宋俄等，前后七回入汉"，而玄宗皇帝虽然称赞双方和好是一件大好事，但是对于重新盟誓这件事，不仅在形式上消极对待，应该关键如前所分析，不认同吐蕃在表奏中提出的以河西之地划界，而坚持认为中宗神龙年间已签署了和约，认为没必要再签订新的盟誓。

①〔宋〕司马光编著，〔元〕胡三省音注《资治通鉴》卷二一一，中华书局1956年版，第7册，第6706页。

但为了尊重吐蕃盟誓的传统,玄宗皇帝消极对待吐蕃的提议,"及至今日,阿舅手署不见,宰相作咒亦无"。又在表文写作之前发生了张玄表、李知古所率军队与吐蕃参与军队的冲突,赞普在文中也借此就怪罪唐廷没有约束自己的军队,而指责唐廷。

从表奏文的语言上可以看出,此文中多转述赞普语言,虽然因此显得表文语言质朴,纯用口语,但基本表达了吐蕃寻求盟誓的思想。通过表文的叙述,我们可以得知:在此之前,吐蕃曾派遣多人次去长安沟通,寻求和解,而此次又通过给唐宰相去信,表达了希望和好而重新盟誓的愿望。玄宗皇帝应该也给了吐蕃赞普回复,玄宗在回信里也大度地表达了摒弃前嫌、重归于好的愿景。"今奉阿舅书,以前所有嫌恶,并悉不论。自今以后,依前和睦,大是好事。"但玄宗皇帝明确表达了不用重新盟誓、直接沿用旧的神龙盟誓即可的意思。而吐蕃人有重盟誓的习俗,认为既然和好,而且神龙盟誓是中宗及中宗时宰相所为,现在是新皇帝,就要重新盟誓。由于双方习俗不同,对盟誓的理解不同,因此在盟誓一事上明显存在分歧①。而吐蕃根据自己的习俗,希望与玄宗皇帝及宰相重新盟誓。这是这封信前一部分的重要内容。

吐蕃赞普给玄宗皇帝的这封表奏的第二个内容就是向唐解释为什么吐蕃重臣乞力徐等率军驻扎敏感边境的问题。赞普解释这是吐蕃正常的军队换防,不存在重新在唐蕃边境集结军队的问题,那些传言吐蕃在双方边境集结部队的都是虚妄之言。而且,吐蕃认为既然唐蕃恢复和好,唐就应该断绝与突骑施骨吐禄的关系。不应该唐既与吐蕃和好,又与吐蕃的敌人关系密切。其实,如前所分析的那样,这又何尝不是唐廷的外交策略,即在西域之地加强与骨吐禄的联系来牵制吐蕃,使其无法全力与唐对抗。当然,作为外交斗争,吐蕃在表奏中提出来也是很正常的。

吐蕃在给唐玄宗的表奏文章中对唐蕃关系的和平缓和有期望,又有抱怨,最后还是礼节性地表达了对玄宗赐予自己信物的感谢,并将自己对玄宗的礼物奉上,"阿舅所附信物,并悉领。外甥今奉金胡瓶一、玛瑙杯一,伏惟受纳"。

---

① 有关唐蕃时期双方会盟的仪式,《旧唐书》《册府元龟》等史书记载了穆宗长庆会盟的详细过程,从双方盟前的使者繁复的交流往还,到两地(长安、逻些)会盟的繁冗而正式的礼仪,以及盟文的篆刻、宣扬等。法国汉学家石泰安在《8 至 9 世纪唐蕃会盟条约的盟誓仪式》,对此有精深研究。见郑炳林主编 耿升译《法国藏学精粹》,甘肃人民出版社 2011 年版,第 360—380 页。

如前分析,这篇章奏是唐蕃在开元二年大战及四年、五年冲突后,双方再次和好的一次历史、外交见证文。在文章中,吐蕃赞普较为娴熟地运用汉语,表达了自己对玄宗皇帝的问候,并对再次盟誓的期望。表文中有对唐蕃神龙盟誓历史的回忆,又有对唐蕃未来和好的期许。有如实表达,也有不少抱怨之言。其中口语表达较多,很多语言读起来并不太符合当时汉文学的表达方式,似乎有很多不好理解和重复啰唆的地方,与盛唐时代内地纯熟的汉文学相比,似乎问题很多,并算不得一篇高质量的文章。如反复诉说前代的盟誓,又重复唐蕃间的矛盾等,都显得似乎思路不畅。其实,所有这些文字上的问题,更明白地显示了当时吐蕃人学习汉文学,以及他们使用汉语表达的真实水平,与我们在唐史中所见到能够纯熟运用汉文的明悉列(腊)①及仲琮②等相比,似乎赞普的汉语水平明显不高。如前所述,吐蕃给唐的文书都是经过了内地文士的修饰改定,但我们今天再读该表奏的时候,依然读起来疙疙瘩瘩,并不好读。从中我们也可以大致认识到当时汉文在吐蕃传播的真实情况,即:有很少一部分吐蕃人,如明悉列、仲琮等,因为他们都到过长安等地学习,长时间接受了汉文学的熏陶,他们的汉语已达到了和内地汉文学基本同样的水平,而大量的吐蕃人,就连吐蕃赞普这样社会地位非常高的贵族,他们的汉语依然处在学习的初级阶段。

---

① 见袁书会《吐蕃诗人明悉列——从一次场合大会说起》,《文史知识》2018 年第 4 期。
② 〔宋〕王钦若等编纂,周勋初等校订《册府元龟》卷九六二《外臣部·才智》,凤凰出版社 2006 年版,第 11 册,第 11150 页。

新见柳伉撰回纥二王子墓志札记

查屏球

摘要： 唐代宗广德元年（763），柳伉直谏，请诛程元振，在唐史上颇有影响，但传世文献中对柳伉其人载记甚少。新见两方回纥王子墓志，均为柳伉大历八年（773）奉敕所撰，时任兵部员外郎、翰林学士，此可见柳伉在直谏之后并未受到打击，反而有所重用。同时，新见回纥王子墓志亦可补充大历初回纥之乱的一些细节材料，两位回纥王子之死与回纥之乱，当有关联。

关键词： 柳伉；回纥；新出墓志

作者简介： 查屏球，安徽铜陵人，复旦大学教授。出版《从游士到儒士——汉唐士风与文风论稿》等专著。

柳伉直谏是唐史上一件很有影响的政治事件，拉开了中晚唐朝官与宦官的对决序幕。《旧唐书·代宗纪》："（广德元年）十一月辛丑朔，太常博士柳伉上疏，以蕃寇犯京师，罪由程元振，请斩之以谢天下。上甚嘉纳，以元振有保护之功，削在身官爵，放归田里。"①在唐史中，柳伉仅是灵光一闪的人物，正史上仅出现过这一次，但是，这一次冒死直谏却有惊天动地的影响。囿于史料之限，我们对于柳伉了解甚少，尤其是对他直谏之后的情况，更是无从了解。新近出土的石刻文献提供了一些新信息，弥足珍贵。

---

① 〔后晋〕刘昫等撰《旧唐书》卷一一《代宗纪》，中华书局 1975 年版，第 2 册，第 274 页。

一、柳伉其人其事

关于柳伉直谏事,正史有详记,与宦官程元振专权有关。《新唐书·程元振传》:

> 程元振,京兆三原人。少以宦人直内侍省,迁内射生使、飞龙厩副使。张皇后谋立越王,元振见太子,发其奸,与李辅国助讨难,立太子,是为代宗。拜右监门卫将军,知内侍省事。帝以药子昂判元帅行军司马,固辞,乃以命元振,封保定县侯。再迁骠骑大将军、邠国公,尽总禁兵。不逾岁,权震天下,在辅国右,凶决又过之,军中呼十郎。①

程元振靠着辅助唐代宗登基而得到宦官最高权,因为他掌控禁内军权,首先就与朝廷军事长官产生冲突,唐王室在平定"安史之乱"后,对军权势力上升存有戒心,总想以分权方式收回军权的控制,程元振蛮横操纵,制造了将领与朝廷的对立,瓦解了唐朝在平定"安史之乱"中聚集起来的军力,给唐王朝带来了空前危机:

> 王仲升者,初为淮西节度使,与襄州张维瑾部将战申州,被执。贼平,元振荐为右羽林大将军兼御史大夫。将军兼大夫由仲升始。裴冕与元振忤,乃搆韩颖等罪贬施州。来瑱守襄、汉有功,元振尝诿属,不应,因仲升共诬杀瑱。同华节度使李怀让被构,忧甚自杀。素恶李光弼,数媒蘖以疑之。瑱等上将,冕、光弼元勋,既诛斥,或不自省,方帅觿是携解。广德初,吐蕃、党项内侵,诏集天下兵,无一士奔命者。虏扣便桥,帝仓黄出居陕,京师陷,贼剽府库,焚闾衖,萧然为空。②

来瑱在守襄阳时固然强横,但无反心,程元振听信降将王仲升谗言,将这位

---

① 〔宋〕欧阳修、宋祁撰《新唐书》卷二〇七《宦者传·程元振传》,中华书局1975年版,第19册,第5861页。

② 〔宋〕欧阳修、宋祁撰《新唐书》卷二〇七《宦者传·程元振传》,中华书局1975年版,第19册,第5861页。

平叛功臣，先升后杀，令天下将士寒心，直接刺激了梁崇义占城反朝。等到吐蕃入侵时，边防无兵可调，敌军长驱直入。距上次玄宗逃离长安不足十年，唐皇帝再次弃京而走。虽然一个月后即返回，但确为"安史之乱"后又一次空前的危机。柳伉的直谏就是在这一背景下产生的。《新唐书·程元振传》记：

> 于是太常博士、翰林待诏柳伉上疏曰："犬戎以数万众犯关度陇，历秦、渭，掠邠、泾，不血刃而入京师，谋臣不奋一言，武士不力一战，提卒叫呼，劫宫闱，焚陵寝，此将帅叛陛下也。自朝义之灭，陛下以为智力所能，故疏元功，委近习，日引月长以成大祸，群臣在廷无一犯颜回虑者，此公卿叛陛下也。陛下始出都，百姓填然夺府库，相杀戮，此三辅叛陛下也。自十月朔召诸道兵，尽四十日，无只轮入关者，此四方叛陛下也。内外离叛，虽一鱼朝恩以陕郡勠力，陛下独能以此守社稷乎？陛下以今日势为安耶？危耶？若以为危，岂得高枕不为天下计？臣闻良医疗疾，当病饮药，药不当疾，犹无益也。陛下视今日病何繇至此乎？天下之心，乃恨陛下远贤良，任宦竖，离间将相而几于亡。必欲存宗庙社稷，独斩元振首，驰告天下，悉出内使隶诸州，独留朝恩备左右，陛下持神策兵付大臣，然后削尊号，下诏引咎，率德励行，屏嫔妃，任将相。若曰'天下其许朕自新改过乎，宜即募士西与朝廷会；若以朕恶未悛耶，则帝王大器，敢妨圣贤，其听天下所往'。如此而兵不至，人不感，天下不服，请赤臣族以谢。"①

柳伉之论慷慨激昂，言辞急切，颇有西汉贾谊《治安策》之风："臣窃惟事势，可为痛哭者一，可为流涕者二，可为长太息者六，若其它背理而伤道者，难遍以疏举。进言者皆曰天下已安已治矣，臣独以为未也。曰安且治者，非愚则谀，皆非事实知治乱之体者也。夫抱火厝之积薪之下而寝其上，火未及燃，因谓之安，方今之势，何以异此！本末舛逆，首尾衡决，国制抢攘，非

---

① 〔宋〕欧阳修、宋祁撰《新唐书》卷二〇七《宦者传·程元振传》，中华书局1975年版，第19册，第5861—5862页。

甚有纪,胡可谓治!"①柳文直接指出将师、公卿、三辅、四方叛君之危机,再揭示危机根源是"远贤良,任宦竖,离间将相",提出解决办法:"独斩元振首""下诏引咎"。一气贯之,气盛言激。在表达方式上,柳显然汲取了贾谊为文的经验。据此可以说,柳伉拉开了中唐韩柳古文运动的序曲。其时,柳伉的职务是太常博士、翰林待诏,辞臣身份说明其文章之才在当时是得到认可的。作为翰林待诏,他也属近臣之列,对程元振乱政内幕了解较多,所以能直揭祸源。

虽然,代宗没有完全接受柳伉之谏,但是,对他这一态度还是容忍了。《新唐书·程元振传》记:"(柳伉)疏闻,帝顾公议不与,乃下诏尽削元振官爵,放归田里。帝还,元振自三原衣妇衣私入京师,舍司农卿陈景诠家,图不轨。御史劾按,长流溱州,景诠贬新兴尉。元振行至江陵死。"②《旧唐书·代宗纪》:"(广德元年十二月)丁亥(十九日),车驾发陕郡还京。""程元振自三原县衣妇人服入京城,京兆府擒之以闻,乃下御史台鞠问。""广德二年春正月己亥朔。壬寅,御史台以程元振狱状闻,配流溱州。既行,追念旧勋,特矜遐裔,令于江陵府安置。"③于贬途中处死宦官,原本是代宗手法。《新唐书·李辅国传》:"自辅国徙太上皇,天下疾之,帝在东宫积不平。既嗣位,不欲显戮,遣侠者夜刺杀之,年五十九,抵其首溷中,殊右臂,告泰陵。然犹秘其事,刻木代首以葬,赠太傅,谥曰醜。后梓州刺史杜济以武人为牙门将,自言刺辅国者。"④程元振之死与此相似,这表明代宗明里没有同意柳伉之议,但暗里还是采纳了柳伉的建议。

这事在唐就产生了很大影响,如裴度《论元稹魏宏简奸状疏》:

> 臣闻主圣臣直。今既遇圣主,辄为直臣,上答殊私,下塞群谤,誓除国蠹,无以家为。苟献替之可行,何性命之足惜!伏惟文武孝德皇帝陛下恭承丕业,光启雄图,方殄顽人之风,以立太平之事。而逆竖构乱,震惊山东;奸臣作朋,挠乱国政。陛下欲扫荡幽镇,先宜肃清朝廷。

---

① 〔汉〕班固著,〔唐〕颜师古注《汉书》卷四八《贾谊传》,中华书局1962年版,第8册,第2230页。
② 〔宋〕欧阳修、宋祁撰《新唐书》卷二〇七《宦者传·程元振传》,中华书局1975年版,第19册,第5862页。
③ 〔后晋〕刘昫等撰《旧唐书》卷一一《代宗纪》,中华书局1975年版,第2册,第274页。
④ 〔宋〕欧阳修、宋祁撰《新唐书》卷二〇八《宦者传·李辅国传》,中华书局1975年版,第19册,第5882页。

何者？为患有大小，议事有先后。河朔逆贼，只乱山东；禁闱奸臣，必乱天下。是则河朔患小，禁闱患大。小者臣等与诸道戎臣，必能翦灭；大者非陛下制断，非陛下觉悟，无计驱除。今文武百察，中外万品，有心者无不愤怨，有口者无不咨嗟。直以威权方重，奖用方深，有所畏避，不敢抵独，恐事未行，而祸已及，不为国计，且为身计耳。臣比者犹思隐忍，不愿发明。一则以罪恶如山，怨谤如雷，伏料圣明，自必诛殛。一则以四方无事，万枢且过，虽纪纲潜坏，贿赂公行，待其贯盈，必自颠覆。今属凶徒扰攘，宸衷忧轸，凡有制命，系于安危。痛此奸邪，恣其欺罔，干乱圣略，非止一途。又与翰苑近臣，结为朋党。陛下听其所说，则必访于近臣，不知近臣已先私相计会，更唱迭和，蔽惑聪明。所以臣自兵兴以来，所陈章疏，事皆切要，所奉书诏，多有参差。蒙陛下委寄之意不轻，被奸臣抑损之事不少。臣与佞幸，亦无仇嫌，只是昨者臣请乘传诣阙，面陈戎事，奸臣之党，最所畏惧。知臣若到御座之前，必能悉数其罪，以此百计，止臣此行。臣又请领兵齐进，逐便讨贼，奸臣之党，曲加阻碍。恐臣统率诸道，或有成功，进退皆受羁牵，意见悉遭蔽塞。复与一二憸狡，同辞合力。或令两道招抚，逗留旬时；或遣他州行营，拖曳日月。但欲令臣失所，使臣无成，则天下理乱，山东胜负，悉不顾矣。为臣事君，一至于此。且陛下前后左右，忠良至多，亦有熟会典章，亦有饱谙师旅，足以任使，何独斯人？以臣愚见，若朝中奸臣尽去，则河朔逆贼，不讨而自平；若朝中奸臣尚在，则河朔逆贼，虽平无益。臣伏读国史，见代宗之朝，蕃戎侵轶，直犯都城。代宗不知，盖被程元振壅蔽，几危社稷。当时柳伉，乃太常一博士耳，犹能抗表归罪，为国除害。今臣所任，兼总将相，岂可坐观凶邪，有瞳日月！臣不胜感愤嫉恶之至。谨附中使赵奉国奉表以闻。倘陛下未甚信臣，犹惑奸党，伏乞出臣此表，令三事大夫与百察集议。彼不受责，臣合伏辜，天鉴孔明，照臣肝血。但得天下之人，知臣不负陛下，则臣虽死之日，犹生之年。①

事隔五十年，裴度仍言于国史见有记载，表明柳伉其人其事已载入国史之中。

---

① 〔清〕董诰等编《全唐文》卷五三七，中华书局 1983 年版，第 6 册，第 5457—5458 页。

二、新见柳伉所撰墓志笺释

新出二方由柳伉所撰墓志,都是关于回纥王子的,原文见下:

故回纥会宁郡王移建勿墓志铭并序

太中大夫行兵部员外郎翰林学士臣柳伉奉敕撰
朝议郎守同州司马翰林待诏臣张楚昭奉敕书

　　维唐大历八年岁次癸丑二月景午朔四日己酉,故回纥会宁郡王移建勿终于上都鸿胪之邸舍,春秋三十。王之祖关裴罗可汗,父阿萨啜特勤。王即今英义建功毗伽可汗之季弟也,性颇武毅,工于弧矢,淳直劲正,居有古风。皇上以今可汗有战伐之勋,结婚姻之好,其子弟将帅来朝会者,皆厚礼之。王充质朝天,已更再叶,遇疾而殁,呜呼哀哉。主上旌其向方,宠以嘉绩,命有司具礼迁窆于万年县之凤栖原,所以致殊俗而远声教也。时四月景午朔廿五日庚午,词臣受简,敢作颂曰:
　　　　阴山之裔,厥有淳德。以功受封,以勤率职。殁有余眷,开兹兆域。于其志之,永用刊刻。①

故回纥王子骠骑大将军试太仆卿
赠咸宁郡王移禄啜墓志铭并序

太中大夫守尚书兵部员外郎翰林学士柱国臣柳伉奉敕撰
正议大夫行将作少监翰林学士上柱国赐紫金鱼袋臣挚绍宗奉敕书

　　维唐大历八年岁次癸丑五月乙亥朔六日庚辰,故回纥王子骠骑大将军试太仆卿赠咸宁郡王移禄啜终于上都鸿胪之邸舍,春秋廿有五。王之曾祖曰阙毗伽可汗,祖曰颉突蜜施合毗伽可汗,父曰毗伽啜特勤,兄今英义建功慕羽毗伽可汗也。王志力精果,武艺优长,资性纯一,立

---

① 李浩主编《榆阳区古代碑刻艺术博物馆藏志》095《移勿建墓志》,中华书局2024年版,第190页。

言信厚。主上与今可汗有婚姻之好，有战伐之勤，子弟入朝，礼异加等。潼关之战，王之先父毗伽啜特勤，终于王事，两京克复。王亦领本国士马，陷敌立功，兼定河北。充质阙下，再叶于兹。婴于沉疾，及此永逝，呜呼哀哉。国家优以茂功，旌其向化，卤簿监护，申命有司，祭给太官赗，自王府于以远声教而致殊俗也。乃卜七月甲戌朔廿九日壬寅迁窆于万年县之栖凤原，礼也。询烈考行志之幽泉，其词曰：

骠骑能军，武毅有闻。向方入质，制敌书勋。身殁华风，魂驰朔云。载刊沉碧，永识高坟。①

两则墓志，初次发现者已有基本说明，笔者还想补充二事：

（一）二王子之死与回纥乱京

《旧唐书·代宗纪》："七年春正月癸未朔……乙未，月犯轩辕……甲辰，回纥使出鸿胪寺劫坊市，吏不能禁止，复三百骑犯金光、朱雀等门。是日皇城诸门皆闭，慰谕之方止。""夏四月甲寅，回纥王子李秉义卒，归国宿卫赐名也。""秋七月癸巳，回纥蕃客夺长安县令邵说所乘马，人吏不能禁。八月庚戌，赐北庭都护曹令忠姓名曰李元忠。"②

《旧唐书·回纥传》："大历六年正月，回纥于鸿胪寺擅出坊市，掠人子女，所在官夺返，殴怒，以三百骑犯金光门、朱雀门。是日，皇城诸门尽闭，上使中使刘清潭宣慰，乃止。七年七月，回纥出鸿胪寺，入坊市强暴，逐长安令邵说于含光门之街，夺说所乘马将去。说脱身避走，有司不能禁……十年九月，回纥白昼刺人于东市，市人执之，拘于万年县。其首领赤心闻之，自鸿胪寺驰入县狱，劫囚而出，斫伤狱吏。"③

《册府元龟·外臣部·悖慢》："回纥以大历六年正月于鸿胪寺擅出坊市，掠人子女，所繇官禁止，反怒殴；以三百骑犯含光门、朱雀门。是日，皇城诸门尽闭，帝使中使刘清潭宣慰，乃止。七年七月癸巳，擅出鸿胪寺，入坊市，强逐长安县令邵说于含光门之街，夺说所乘马去，而说脱身避走，所繇不能禁。九年九月壬寅鸿胪寺，回纥擅出寺，白昼杀人，所繇禽之，特诏

① 于西北大学中国文化研究中心会议中见西安碑林新近公布之拓片。
② 〔后晋〕刘昫等撰《旧唐书》卷一一《代宗纪》，中华书局1975年版，第2册，第299—300页。
③ 〔后晋〕刘昫等撰《旧唐书》卷一九五《回纥传》，中华书局1975年版，第16册，第5207页。

免罪。又十年九月戊申,回纥白昼刺人于东市,人执之,拘于万年县,其首领赤心闻之,自鸿胪寺驰入县狱,劫囚而出,砍伤狱吏。"①

《资治通鉴》"大历七年":"春,正月,甲辰,回纥使者擅出鸿胪寺,掠人子女;所司禁之,殴击所司,以三百骑犯金光、朱雀门。是日,宫门皆闭,上遣中使刘清潭谕之,乃止……秋,七月,癸巳,回纥又擅出鸿胪寺,逐长安令邵说至含光门街,夺其马;说乘他马而去,弗敢争。"②

诸家所记,基本相同。二王子死在同年,一个死于大历八年二月,一死在五月,史书所记回纥京城作乱事发生在大历七年正月、七月,而以正月那次规模较大,回纥以"三百骑犯金光门、朱雀门。是日,皇城诸门尽闭"。二位年轻的王子死于这一事件发生后的次年,当与此事有关。史书记当时回纥另一王子李秉义也死于大历七年四月,《册府元龟》卷九七六:"七年四月甲寅,回纥王子左武卫员外大将军李秉义卒,赠天水郡王,葬事官给,令京兆尹充使监护。秉义归国宿卫,因以赐姓,及卒,帝悼之,乃加礼优宠……九年二月甲午,许莲华寺尼悟空似先氏还俗,封沂国夫人,并赐实封一百户,似先氏回纥可汗之妻母,故特宠之也。"③应都不是偶然。李秉义墓志近出,全文见下:

唐故回纥赠天水郡王李府君墓志铭并序

国子博士翰林学士皇太子郑王等侍读侍文臣张涉奉敕撰
元从殿中少监翰林学士上柱国赐紫金鱼袋臣吴宰臣奉敕书

君讳秉义,字末阿波,回纥登里颉咄登蜜施合俱录英义建功毗伽可汗之堂弟也。父移建啜,玄宗朝尝瞻风入觐,竭节为臣,嗣休屠之令猷,继日磾之茂绩。或命衣玄甲,远扫边陲。或宠侍轩墀,荣参警夜。愿留捧日,绝望寒乡,因封为崇义王,仍赐姓李。公即王之第四子也,武出天性,忠禀父风。弓弯六钧,矢洞七札。肃宗朝,以痛贼臣之负

---

① 〔宋〕王钦若等编纂,周勋初等校订《册府元龟》(校订本)卷九九七《外臣部·悖慢》,凤凰出版社 2006 年版,第 11 册,第 11541 页。
② 〔宋〕司马光编著,〔元〕胡三省音注《资治通鉴》卷二二四"大历七年"条,中华书局 1956 年版,第 8 册,第 7218—7219 页。
③ 〔宋〕王钦若等编纂,周勋初等校订《册府元龟》(校订本)卷九七六《外臣部·褒异》,凤凰出版社 2006 年版,第 11 册,第 11294 页。

国,思夏后之配天,遂翼翦鲸鲵,佐清区寓。名书彝鼎,勋列太常。今
上往居蕃邸之日,奉词伐叛,杖节专征。公又率己棣华,先锋霆击。每
登雁阵,势疾风趋。搴旗于万敌之中,取馘于百群之下。故入则参侍
帷幄,出则羽卫戎麾。未尝不命中惬心,指踪如意。皇上握图御极,论
旧录功,授左武卫将军,特加茅土之封,用锡河山之庆。降年未永,奄
逐逝川。以大历七年三月五日,薨于长安静恭里之私邸,春秋廿五。
越以其年四月十日,葬于京兆凤栖原,礼也。皇上以公可汗金支,于国
有婚姻之亲;禁掖芮臣,念旧为勋庸之最。叹惜尤切,轸悼殊深,遂赠
公天水郡王,赙绢一百匹、布五十端。丧葬所须,并皆官给。仍令尚食
致祭,京少尹监护。生则输忠七萃,殁乃铭勋九原。冢象祁连,茔封马
鬣。君恩昭著,臣节益彰。爰命侍臣,式刊贞石。铭曰:

> 天子武臣,可汗棣萼。百战为欢,七擒取乐。纵横奋击,驰突
> 如飞。气摧万刃,勇决重围。恩眷特深,藏舟不固。悲逐隙骑,哀
> 缠薤露。父画云阁,子铭景钟。荣标国姓,宠表嘉庸。礼备饰终,
> 赠光幽壤。徽音永茂,营魄长往。①

史称李秉义亡于四月,墓志则言死于三月初,史官当是将葬时当成死日记
录了。移禄啜死时二十五岁,是回纥可汗之弟,移建勿死时三十岁,是回纥
可汗之侄,都是卒于鸿胪寺传舍中,李秉义是回纥可汗堂弟,卒时二十五
岁。这些青年王子在同一时间,死于同一地方,应不是偶然的事,当是回
纥乱京事件的结果,当时,回纥不仅伤人,而且还出动三百人冲击宫门、城
门、皇宫北门禁军、城内护卫军队不能不有所回击。这些王子很有可能就
是在冲突事件中受伤而死的。因为回纥与唐室联姻,平叛有功,史书多讳
言实情,这几方墓志提供了重要的历史信息,表明当时冲突还是相当严
重的。

(二)"此辈少为贵"之"少"为"年少"之"少"。

大历八年(773),回纥两王子,一人三十岁,一人二十五岁,据此逆推,
至德二年(757),一为二十四岁,一为十九岁。杜甫《北征》诗中称:"此辈

---

① 李宗俊《唐回纥人李秉义与移建勿二墓志跋》,碑林博物馆编《碑志考释与文化解读》(《碑林集
刊》第27辑),三秦出版社2022年版,第88—94页。

少为贵，四方服勇决。"①前人释"少"，有"年少"与"较少"之别，取后一说法
者认为杜甫当时已见出借兵回纥属引狼入室之举，建议肃宗少借为宜。但
由墓志所记三人年龄看，作"年少"之"少"解更合理。

三、关于柳伉生平的补正

柳伉在正史中只出现了前面引用的那一次，之后情况少见记载。唯于
宋洪遵编《翰苑群书》有记，其卷四"韦执谊《翰林院故事》·宝应以后"：
"柳伉，自校书郎充，出鄠县尉，改太博，又充，兵外又充，大谏又充，寻丁
忧。"卷六"丁居晦《重修承旨学士壁记》·宝应后六人"："柳伉，秘书省校
书郎充，累加太常博士、谏议大夫，依前充。"②

由上所述看，柳伉仕宦经历是：释褐为秘书省校书郎，并选充翰林学士
院，后为鄠县尉，再入朝为太常博士，又入翰林学士院，这应是柳伉广德元
年上书前的仕宦经历，以正常迁转时间看，校书郎（九品）三年，畿县尉（八
品）三年，太常博士（七品）三年，已入仕近十年，若以三十岁释褐计，至其冒
死直谏时，他约有四十岁了。后又为兵部员外郎（六品）充翰林学士，后又
为谏议大夫（五品），仍充翰林学士。如此看来，柳伉保持着正常迁转节奏，
亦步亦趋。犯死直谏一事，虽没有让他得到超擢机会，也没有因此被罢职
贬谪，而且后来被授为谏议大夫一职，也当是对他直谏一事的肯定。可见，
代宗朝政治还是比较宽松的，对直谏批评也是能够容忍的。朝官与宦官的
斗争中，朝官也能占上风。

奉敕撰写两方回纥王子墓志时是大历八年（773），距他广德元年（763）
直谏已经十年，他才由太常博士（从七品上）升任到兵部员外郎（从六品
上），十年四级，虽有惊人之举，仍少不了官场的磨勘。新出的两方回纥王
子墓志所署均是"大中大夫守尚书兵部员外郎翰林学士杜国臣柳伉"，这对
上述推定提供了重要的佐证，可让人真切感受到大历一朝政治气象。唯因
如此，柳伉一事已成为流行典故而为后世文人不断援用，如苏轼兄弟都曾

① 萧涤非主编《杜甫全集校注》卷四，人民文学出版社 2013 年版，第 2 册，第 945 页。
② 傅璇琮、施纯德编《翰学三书》（一）《翰苑群书》卷四、卷六，辽宁教育出版社 2003 年版，第 17、
   30 页。

引用这个典故,苏轼《御试制科策一道并策问》言:"虽唐代宗之庸,程元振之用事,柳伉之贱且疏,而一言以入之,不终朝而去其腹心之疾。"①苏辙《乞选用执政状》:"臣闻唐柳伉一太常博士耳,犹以能上疏乞斩程元振;郝谠一布衣耳,犹能哭市以论元载。今臣备位谏省,逢时艰危,若隐忍不言,实负天下。谨冒斧钺之诛,以论其大者,惟陛下哀怜,财幸。今皇帝陛下富于春秋,太皇太后陛下以女主称制,四夷未服,积弊如麻。陛下以为此何时也,贾谊有言抱火措之积薪之下而卧其上,火未及然,因谓之安,正今日之谓也。"②苏轼不仅肯定柳伉的勇气,也肯定了唐代宗纳谏的气度,苏辙也指出柳伉一文在精神上与贾谊《治安策》相通之处。凡此足可证明此事之影响。

---

① 〔宋〕苏轼著,孔凡礼点校《苏轼文集》卷九《御试制科策一道并策问》,中华书局 1986 年版,第 1 册,第 290 页。
② 〔宋〕苏辙著,曾枣庄、马德富点校《栾城集》卷三六《乞选用执政状》,上海古籍出版社 1987 年版,中册,第 793 页。

唐第五玄昱墓志考释

李舒晴

摘要：宦官监军向来为史家所诟责，监军与主将之间多有龃龉。新出土第五玄昱墓志则为考察宦官监军提供了新材料，第五玄昱长期担任李抱玉监军，主将与监军相处较为融洽，这是为数不多的特例。"安史之乱"后，第五玄昱与李抱玉驻防凤翔，成为扼制吐蕃东扩的中坚力量，并与吐蕃形成了对峙。

关键词：新出墓志；第五玄昱；唐蕃关系

基金项目：本文系国家社科基金项目"唐代涉蕃碑志文整理与研究"（项目编号：21BZW095）阶段性成果。

作者简介：李舒晴，女，山东省广饶县花官镇科员。

《大唐故河西陇右副元帅并怀泽潞监军使元从镇军大将军行左监门卫大将军上柱国扶风县开国侯食邑二千户第五府君墓志铭并序》出土于陕西省三原县，目前藏于三原县博物馆。志、盖均为正方形，边长 90 厘米，志石厚 14 厘米，盖厚 16 厘米。盖顶四周以花卉装饰，四刹以青龙、白虎、朱雀、玄武四大神兽装点。志文共 31 行，行 30 字，共 859 字。《隋唐五代墓志汇编》①《中国西北地区历代石刻汇编》②等收有拓片，《新中国出土墓志》③

---

① 吴钢主编《隋唐五代墓志汇编·陕西卷》第 4 册《第五玄昱墓志》，天津古籍出版社 1991 年版，第 42 页。

② 赵平编辑《中国西北地区历代石刻汇编》第 4 册《第五玄昱墓志》，天津古籍出版社 2000 年版，第 62、67 页。

③ 中国文物研究所、陕西省古籍整理办公室编《新中国出土墓志·陕西〔壹〕》一三八《大唐故河西陇右副元帅并怀泽潞监军使元从镇军大将军行左监门卫大将军上柱国扶风县开国侯食邑二千户第五府君（玄昱）墓志铭》，文物出版社 2000 年版，上册第 127 页，下册第 134—135 页。

《陕西碑刻文献萃编》①收有拓片及录文,《唐代墓志汇编续集》②《全唐文补遗》③等收有录文。《浅谈咸阳地区近年出土的唐代墓志》有研究④,但还有讨论的必要。兹先录志文如下:

大唐故河西陇右副元帅并怀泽潞监军使元从镇军
大将军行左监门卫大将军上柱国
扶风县开国侯食邑二千户第五府君墓志铭并序

章敬寺沙门有则述
沙门道秀书

大历十有二祀,岁在大荒落,律中太蔟,草木萌动之二日,有唐功臣左监门卫大将军扶风县侯第五府君卒,享年一甲子矣。府君讳玄昱,其先汉丞相伦之裔。王父、皇考,皆养素丘园,耦耕畎亩。遁代无闷,卫生有术。府君怀道处厚,抱谦牧卑。俭而中礼,仁而能断。初筮仕之渐,入寺人之职。手捧日月,口含丝纶。官践朝议郎、行内侍省宫闱丞。暨贼臣安禄山称兵天阙,凭凌巩洛,涂炭黎氓。圣皇南幸于巴梁,储后北巡于河朔。则谋士展用,忠臣见节焉。先是申命武臣,侠之中贵。分守郡国,以备侵轶。于显南阳,是称雄蕃。势限荆楚,地临肘腋。诏命府君监司徒凉国公李抱玉居之。墨翟之守,田单之策。贼徒蚁聚,戎马云屯。皆摧其梁丽,挫彼锋镝。孤城坚守,三月不拔。迁内侍省宫闱令,赐绯鱼袋。俄而克复关东,抚宁河北。皆府君与凉公左提右挈,前唱后和。举无遗策,动必中规。累迁内谒者监,赐紫金鱼袋。寻授云麾将军、左监门卫将军、扶风县开国子,食邑五百户。顷岁,西戎国仇,闻我军后,陷我内地,俘我边人。豳岐之郊,植作榛莽;河陇之土,剪为丘墟。诏命府君与凉公备焉。避实击虚,临事制变。

---

① 吴敏霞等编著《陕西碑刻文献萃编·唐五代卷》中 328.777《第五玄昱墓志》,中华书局 2022 年版,中册,第 768—769 页。
② 周绍良、赵超主编《唐代墓志汇编续集》大历〇三三,上海古籍出版社 2001 年版,第 714—715 页。
③ 吴钢主编《全唐文补遗》第 3 辑,三秦出版社 1996 年版,第 112—113 页。
④ 李慧《浅谈咸阳地区近年出土的唐代墓志》,胡厚宣等编著《出土文献研究》第 3 辑,中华书局 1998 年版,第 299—304 页。

习斗不警,烽燧无虞。城复隍而更筑,人丧家而皆至。蕃丑畏威,士卒佚乐。迁镇军大将军,行左监门卫大将军,进爵开国侯,食邑如故。天道福谦,吾其感焉。呜呼!府君曾莫中寿,既疾病,启手足,终于长安大宁里之私第。天子悼惜,使吊赠束帛二百段。是岁十月廿八,筮地于渭北清谷之东原。诏给卤部鼓吹,以嘉茂绩,礼也。夫人彭城郡夫人刘氏,当昼而哭。嗣子太子左赞善大夫国进等,号天以哀。原旌厥美,以纪幽邃。铭曰:

> 天有四星,星有上将。挺生扶风,为国堡墇。堡墇伊何,邦家克宁。蜂虿潜毒,蛮夷来庭。秉节南阳,人用其康。使车河北,无思不服。西戎孔炽,我用是亟。扶风出征,以匡王国。天子命我,城于周岐。赫赫扶风,犬戎于夷。檀车惮惮,我马瘏矣。忧心悄悄,我躬痛矣。厥疾不瘳,呜呼曷归。邦丧其良,家人靡依。形归于地,名且不朽。茂勋贞石,庶以永久。

特敕:存有艰劳,赞兹戎重;殁加法赠,列在王章。信厚而和,柔毅而立。端诚不校,直谅多闻。既三命而益恭,每一心而自穆。入参省署,尝扶义以纳忠;出佐军权,亦宣恩而广泽。秩同户将,职傅边臣。嘉稔之有成,悼降年之不永。式彰恤礼,追列仪台。可赠开府仪同三司。

大历十二年十月十日

程用之刻字

一、第五玄昱其人

复姓第五,出自妫姓,为田齐之后。《后汉书·第五伦传》:"第五伦字伯鱼,京兆长陵人也。其先齐诸田,诸田徙园陵者多,故以次第为氏。"[1]《元和姓纂》卷八"第五"条载:"出自齐诸田之后。田氏汉初徙奉园陵者故多以次第为氏。"[2]《新唐书·宰相世系表》载:"第五氏出自妫姓。齐诸田,汉初

---

① 〔南朝宋〕范晔撰《后汉书》卷四一《第五伦传》,中华书局1965年版,第5册,第1395页。

② 〔唐〕林宝撰,岑仲勉校记,郁贤皓、陶敏整理《元和姓纂》卷八,中华书局1994年版,第2册,第1242页。

多徙奉园陵者，故以次第为氏。"①妫姓是中国上古八大姓氏之一，东周时期妫姓诸侯国有陈国、遂国和齐国。在刘邦统一汉朝以后，将这些旧王族势力迁出原籍，其中田齐就分为第一到第八共八支迁徙关中，故后人多以次第为姓，第五氏就是其中一支。第五氏自齐入秦，以奉卫园陵，或即长陵。《元和姓纂》卷八第五氏有"京兆长陵"条，除第五伦外，又言"护羌校尉第五访，亦京兆人"②，可知第五氏世居京兆。《第五玄昱墓志》载第五玄昱"汉丞相伦之裔"，又封"扶风县开国侯"，则其为第五伦后裔，京兆扶风人。

墓志载"大历十有二祀，岁在大荒落，律中太蔟，草木萌动之二日，有唐功臣左监门卫大将军扶风县侯第五府君卒，享年一甲子矣"，"岁在大荒落"即"岁阴在巳"，也即巳年，大历十二年（777）恰是丁巳年；太蔟为古代十二音律之一，对应十二月之一月，"律中太蔟"即一月；"草木萌动之二日"即初二日，则第五玄昱卒于大历十二年正月初二，享年六十，其生于开元六年（718）。

第五玄昱初仕"入寺人之职"，寺人即宫中的近侍小臣，也即宦官。有唐一代，特别是玄宗时期，宦官是颇有权势的群体。《旧唐书·宦官传》载："玄宗在位既久，崇重宫禁，中官稍称旨者，即授三品左右监门将军，得门施棨戟……乃至守三公，封王爵。"③宦官群体简单快捷的成功之路，成为不少中下层社会人士的终南捷径。杜文玉考察唐代宦官来源，除进献和宦官养子外，另一重要来源便是"良胄入侍"，且京畿周边便于选征而居多④。第五玄昱为扶风人，父祖"皆养素丘园，耦耕畎亩"，与世无闻，其得以征选，或属于"良胄入侍"。此亦可见唐代社会上对宦官的另类认同。

第五玄昱入宫后，"官践朝议郎，行内侍省宫闱丞"。朝议郎为正六品上文散官，为文官第十四阶。内侍省是天子的近侍机构，掌"在内侍奉，出入宫掖，宣传制令"，"总掖庭、宫闱、奚官、内仆、内府五局之官属"；宫闱局设"令二人，从七品下；丞二人，从八品下。内阍人二十人。内掌扇十六人。

---

① 〔宋〕欧阳修、宋祁撰《新唐书》卷七五上《宰相世系表》，中华书局1975年版，第11册，第3374页。

② 〔唐〕林宝撰，岑仲勉校记，郁贤皓、陶敏整理《元和姓纂》卷八，中华书局1994年版，第2册，第1242页。

③ 〔五代〕刘昫等撰《旧唐书》卷一八四《宦官传》，中华书局1975年版，第15册，第4754页。

④ 杜文玉《唐代宦官的籍贯分布》，《中国历史地理论丛》1998年第1期，第161—164页。

内给使,无常员。宫闱令掌侍奉宫闱,出入管钥……丞掌判局事"①。"凡注官阶卑而拟高则曰'守',阶高而拟卑则曰'行'。"②第五玄昱以正六品散阶担任从八品下的执事官,故称"行内侍省宫闱丞",也可见玄宗时期宦官待遇之优厚。第五玄昱"掌判局事",负责宫闱局的日常事务,相当于宫闱局的办公室主任。

第五玄昱的人生巅峰便是出任监军,长期担任李抱玉的监军使。杜佑《通典》卷二十九"监军"条载:"周代齐景公使穰苴将兵捍燕晋之师,穰苴愿得君之宠臣以监军,公使庄贾往。贾不时至,苴斩之,是其始也。汉武帝置监军使者,光武以来歆监诸将,后汉末刘焉以监军使者领益州牧。魏晋皆有之……后代多不置。至隋末,或以御史监军事。大唐亦然。时有其职,非常官也。开元二十年后,并以中官为之,谓之监军使。"③监军始于周,盛于唐,玄宗以来多用宦官监军,且往往"权过节度"④,这为中晚唐的宦官专权酿成祸端。第五玄昱自"安史之乱"中出任监军,直到大历十二年去世,从八品宫闱丞官至镇军大将军、行左监门卫大将军、上柱国、扶风县开国侯,去世后更是赠开府仪同三司,可谓荣耀之至。

唐代宦官婆妻养子成风,并由此发展为权宦世家,世代把持内外廷要职,成为宦官专权的又一基础。第五玄昱虽然没有形成权宦世家,但其婆妻养子,荫及子孙。第五玄昱妻子刘氏,封彭城郡夫人;养子第五国进,任太子左赞善大夫,正五品上。又,贞元间有宦官第五守进,与第五国进名字相连,颇疑为第五玄昱之养子。第五守进为内侍省内常侍,贞元九年(793)为宫闱令,十年(794)昭义节度使李抱真去世后奉使昭义,十四年(798)为右神策军护军中尉,赐名守亮。

二、第五玄昱与李抱玉的默契

监军作为皇帝的特派员,具有奏察弹劾的大权⑤,其地位与节度使并驾

---

① 〔唐〕李林甫等撰,陈仲夫校点《唐六典》卷一二,中华书局 1992 年版,第 356、358—359 页。
② 〔唐〕李林甫等撰,陈仲夫校点《唐六典》卷二,中华书局 1992 年版,第 28 页。
③ 〔唐〕杜佑撰《通典》卷二九《职官·武官》,中华书局 1984 年版,第 168 页。
④ 〔五代〕刘昫等撰《旧唐书》卷一八四《高力士传》,中华书局 1975 年版,第 15 册,第 4757 页。
⑤ 张国刚《唐代监军制度考论》,《南开史学》1980 年第 2 期,第 289 页。

齐驱,其作用在于钳制节帅,因此监军与节帅之间的龃龉在所难免。但第五玄昱自"安史之乱"中任李抱玉监军以来,直至大历十二年去世,二人共事二十余年,殊为难得。

墓志称:"暨贼臣安禄山称兵天阙,凭凌巩洛,涂炭黎氓。圣皇南幸于巴梁,储后北巡于河朔。则谋士展用,忠臣见节焉。先是申命武臣,侠中之贵。分守郡国,以备侵轶。于显南阳,是称雄蕃。势限荆楚,地临肘腋。诏命府君监司徒凉国公李抱玉居之。"《新唐书·李抱玉传》谓:"李光弼引为裨校。天宝末,玄宗以其战河西有功,为改今名。禄山乱,守南阳,斩贼使。至德二载……赐之姓,因徙籍京兆……进至右羽林大将军,知军事,擢陈郑颍亳节度使。"[1]南阳即南阳郡(治所在今河南邓州),属山南东道,与都畿道、河南道接壤,是山南东西两道的门户。"安史之乱"时,安禄山派兵经略,为鲁炅所阻。《旧唐书·鲁炅传》载:"禄山之乱,选任将帅。十五载正月,拜炅上洛太守,未行,迁南阳太守、本郡守捉,仍充防御使。寻兼御史大夫,充南阳节度使,以岭南、黔中、山南东道子弟五万人屯叶县北,滍水之南,筑栅,四面掘壕以自固。至五月,贼将武令珣、毕思琛等来击之……炅与中使薛道等挺身遁走,余众尽没……炅收合残卒,保南阳郡,为贼所围。寻而潼关失守,贼使哥舒翰招之,不从。又使伪将豫州刺史武令珣等攻之,累月不能克。武令珣死,又令田承嗣攻之……炅在围中一年,救兵不至,昼夜苦战,人相食。至德二年五月十五日,率众持满傅矢突围而出南阳,投襄阳……朝廷因除御史大夫、襄阳节度使。时贼志欲南侵江、汉,赖炅奋命扼其冲要,南夏所以保全。"[2]鲁炅主导的南阳保卫战与张巡等主导的睢阳之战一样,为遏制安禄山南下经略江淮,保障唐朝经济命脉作出了重要贡献。第五玄昱监军李抱玉,驻守南阳,墓志誉美其"墨翟之守,田单之策。贼徒蚁聚,戎马云屯。皆摧其梁丽,挫彼锋镝。孤城坚守,三月不拔",与南阳保卫战相吻合,则第五玄昱出任监军当在天宝十五载(756,七月改元至德)。

至德二载(757)十月,唐朝收复二京,平定"安史之乱"取得阶段性胜利,唐肃宗大肆犒赏有功之臣。《旧唐书·鲁炅传》称:"十月,王师收两京……十二月,策勋行赏,诏曰:'特进、太仆卿、南阳郡守兼御史大夫、权知

---

① 〔宋〕欧阳修、宋祁撰《新唐书》卷一三八《李抱玉传》,中华书局 1975 年版,第 15 册,第 4619 页。
② 〔五代〕刘昫等撰《旧唐书》卷一一四《鲁炅传》,中华书局 1975 年版,第 10 册,第 3361—3363 页。

襄阳节度事、上柱国、金乡县公鲁炅……可开府仪同三司、兼御史大夫,封岐国公,食实封二百户,兼京兆尹。'"①当在此时,第五玄昱"迁内侍省宫闱令,赐绯鱼袋";李抱玉亦有褒赏,赐姓李氏,徙籍京兆,进至"右羽林大将军,知军事"②。监军负有监察职能,"连帅有奇勋殊绩,忠国利人之大节,皆得以上闻"③,李抱玉的褒赏,或许与第五玄昱的"上闻"有莫大关系。

收复两京后,唐肃宗却未能乘胜追击,以致逃到邺城(今河南安阳)的安庆绪得以纠集兵力,渐成声势。及至乾元元年(758)九月,始派郭子仪、李光弼、鲁炅等九节度进讨安庆绪;二年(759)三月,九节度大败,溃归本镇。嗣后,重新调整军事部署,以李光弼代郭子仪为朔方节度使、天下兵马副元帅,退守河阳;李抱玉自右羽林将军擢为郑州刺史、郑陈颍亳四州节度使,协助李光弼镇守河阳,大败史思明。《旧唐书·李抱玉传》载:"乾元初,太尉李光弼引为偏裨,屡建勋绩,由是知名。二年,自特进、右羽林军大将军、知军事,迁鸿胪卿员外置同正员、持节郑州诸军事兼郑州刺史、摄御史中丞、郑陈颍亳四州节度。时史思明陷洛阳,光弼守河阳,贼兵锋方盛……抱玉出奇兵,表里夹攻,杀伤甚众……固河阳,复怀州,皆功居第一,迁泽州刺史、兼御史中丞。"④《新唐书·李抱玉传》谓:"史思明已破东都,凶焰勃然,鼓而行,自谓无前。光弼壁河阳拒之,使抱玉守南城。贼急攻,抱玉纵奇兵出,表里俘杀甚众。贼乃舍去,从光弼战大败,因不能西。差功第一,封栾城县公。代宗立,兼泽潞节度使,统相、卫、仪、邢十一州兵。"⑤《第五玄昱墓志》称:"克复关东,抚宁河北,皆府君与凉公左提右挈,前唱后和,举无遗策,动必中规。""克复关东,抚宁河北",当是指在李光弼的统帅下,李抱玉在平定"安史之乱"时,收复河南,镇抚河北等军事行动。李抱玉在一系列战斗中"皆功居第一""差功第一",这离不开监军第五玄昱的大力支持和默契配合。

李抱玉宝应元年(762)擢为泽潞节度使、潞州大都督府长史,永泰元年(765)正月复兼凤翔、陇右节度使,后又任河西等道副元帅,长期镇守泽潞、

---

① 〔五代〕刘昫等撰《旧唐书》卷一一四《鲁炅传》,中华书局1975年版,第10册,第3363页。

② 〔宋〕欧阳修、宋祁撰《新唐书》卷一三八《李抱玉传》,中华书局1975年版,第15册,第4619页。

③ 〔清〕董诰等撰《全唐文》卷八二一吴蜕《镇东军监军使院记》,中华书局1983年版,第9册,第8652页。

④ 〔五代〕刘昫等撰《旧唐书》卷一三二《李抱玉传》,中华书局1975年版,第11册,第3645—3646页。

⑤ 〔宋〕欧阳修、宋祁撰《新唐书》卷一三八《李抱玉传》,中华书局1975年版,第15册,第4619页。

凤翔等地,直到大历十二年(777)去世。《第五玄昱墓志》称"顷岁,西戎国仇,闻我军后,陷我内地,俘我边人……诏命府君与凉公备焉……蕃丑畏威,士卒佚乐,迁镇军大将军、行左监门卫大将军,进爵开国侯,食邑如故",署第五玄昱临终职官为"河西陇右副元帅并怀泽潞监军使元从镇军大将军行左监门卫大将军上柱国扶风县开国侯",可知永泰元年李抱玉以泽潞节度使兼任凤翔、陇右节度使时,第五玄昱依然是监军,一直到大历十二年正月病逝。巧合的是,第五玄昱十二年正月去世,而李抱玉同年三月去世。

自天宝十四载南阳保卫战开始,第五玄昱任李抱玉监军二十余年,从南阳到河阳,从河阳到潞州,从潞州到凤翔,书写了监军与节帅的传奇。墓志言第五玄昱在边时"刁斗不警,烽燧无虞。城复隍而更筑,人丧家而皆至。蕃丑畏威,士卒佚乐",《新唐书》称李抱玉"在镇十余年,虽无破虏功,而禁暴安人,为将臣之良",信非虚言。

三、墓志所见"安史之乱"后唐蕃关系

"安史之乱"是唐朝盛衰的转折,同样也是唐蕃关系变化的关键。为平定"安史之乱",唐朝将河西、陇右等地区的边防军尽数内调,吐蕃则趁机东进,尽有河西陇右之地。《旧唐书·吐蕃传》:"及潼关失守,河洛阻兵,于是尽征河陇、朔方之将镇兵入靖国难,谓之行营。曩时军营边州无备预矣。乾元之后,吐蕃乘我间隙,日蹙边城,或为虏掠伤杀,或转死沟壑。数年之后,凤翔之西,邠州之北,尽蕃戎之境,湮没者数十州。"①广德元年(763),"安史之乱"刚刚平定,吐蕃突破泾州防线,直入长安。唐代宗不得不向东撤退,并着手调整军事部署,抽调精兵名将,收复长安,防守泾州、凤翔一线。

李抱玉作为在平定"安史之乱"中崛起的名将,被抽调到凤翔一带驻防。墓志中载:"西戎国雠,闻我军后,陷我内地,俘我边人。幽岐之郊,植作榛莽;河陇之土,剪为丘墟。诏命府君与凉公备焉。"《旧唐书·李抱玉传》称:"广德元年冬,吐蕃寇京师,乘舆幸陕,诸军溃卒及村闾亡命相聚为盗,京城南面子午等五谷群盗颇害居人,朝廷遣薛景仙领兵为五谷使招讨,

---

①〔五代〕刘昫等撰《旧唐书》卷一九六上《吐蕃传》上,中华书局1975年版,第16册,第5236页。

连月不捷,乃诏抱玉兼凤翔节度使讨之……旬日内五谷平。以功迁司空,余并如故。时吐蕃每岁犯境,上以岐阳国之西门,寄在抱玉,恩宠无比,迁同中书门下平章事,又兼山南西道节度使、河西陇右山南西道副元帅、判梁州事,连统三道节制,兼领凤翔、潞、梁三大府。"①《旧唐书·代宗纪》:永泰元年(765)正月"戊申,泽潞李抱玉兼凤翔、陇右节度使,兼南道通和吐蕃、凤翔秦陇临洮已东观察处置等使";大历五年正月辛卯,"凤翔节度使李抱玉判梁州事,充山南西道节度使"②。可知,自永泰元年正月起,第五玄昱与李抱玉自潞州调任凤翔,以遏制吐蕃自凤翔东进。二人镇守凤翔十多年,吐蕃屡屡进犯,但难有寸功。主观方面在于二人"禁暴安人"的戍边之策发挥了积极作用,客观方面则在于唐朝平定"安史之乱"后,调整对吐蕃策略,双方形成了对峙。

　　第五玄昱作为平民出身的一名宦官,很短时间内便官至左监门卫大将军、镇军大将军,卒后褒赠开府仪同三司,其升迁之快速,其官爵之尊崇,远非一般世家子弟所能企及,唐代宦官在朝廷中的特殊地位,由此可见一斑。第五玄昱作为监军,且长期在李抱玉军中,第五玄昱从监军到监军使、再到副元帅,李抱玉则从裨将到三镇节度、开国公,二人在战斗中不断成长,这是监军与节帅配合默契的典范,也说明监军制度之设计无可厚非,只是监军遴选上缺乏制度约束,容易所托非人,因人废事。

① 〔五代〕刘昫等撰《旧唐书》卷一三二《李抱玉传》,中华书局1975年版,第11册,第3646页。
② 〔五代〕刘昫等撰《旧唐书》卷一一《代宗纪》,中华书局1975年版,第2册,第278、294页。

唐崔汉衡墓志补释

严寅春

摘要：崔汉衡是唐代著名使臣，多次出使吐蕃，促成了唐蕃清水会盟。其墓志的出土，更详尽地揭示了其不平凡的人生经历。本文以墓志为基础，结合其他传世文献，梳理了崔汉衡历次出使的背景、经过以及产生的影响，补正了历史细节，还原了崔汉衡的人生际遇。

关键词：崔汉衡；杜确；墓志；唐蕃关系

基金项目：本文系国家社科基金项目"唐代涉蕃碑志文整理与研究"（项目编号：21BZW095）阶段性成果。

作者简介：严寅春，西藏民族大学文学院副院长、教授、硕士研究生导师，边疆文献整理与研究中心主任。出版专著《唐五代涉蕃小说整理与研究》。

《崔汉衡墓志》出土于河南省洛阳市，志石边长 86 厘米，厚 18.5 厘米。志文正书，38 行，行 38 字；志盖篆书，5 行，行 4 字。《洛阳流散唐代墓志汇编》收有拓片及录文①，《秦晋豫新出墓志蒐佚续编》收有拓片②，《新见唐崔汉衡墓志与唐蕃关系考论》③《和蕃使崔汉衡考——以新出土〈崔汉衡墓

---

① 毛阳光、余扶危主编《洛阳流散唐代墓志汇编》二三四《唐故银青光禄大夫检校吏部尚书兼晋州刺史御史大夫充晋慈隰等州观察处置都防御等使上柱国博陵郡开国公赠尚书左仆射崔府君（汉衡）墓志铭》，国家图书馆出版社 2013 年版，下册，第 470—471 页。
② 赵文成、赵君平编《秦晋豫新出墓志蒐佚续编》七〇〇《唐崔汉衡墓志》，国家图书馆出版社 2015 年版，第 4 册，第 957 页。
③ 王庆昱《新见唐崔汉衡墓志与唐蕃关系考论》，《青海民族大学学报》（社会科学版）2017 年第 4 期，第 81—85 页。

志〉为中心》①《法藏敦煌文书 P.2942 相关问题再考》②《唐朝入蕃副使论略》③等有研究,但还有些地方没有深入,需要进一步讨论。先录其墓志如下:

【盖】唐故吏部「尚书博陵」郡开国公「赠左仆射」崔公墓铭」
唐故银青光禄大夫检校吏部尚书兼晋州刺史御史大夫充晋
慈隰等州观察处置都防御等」使上柱国博陵郡开国公
赠尚书左仆射崔府君墓志铭并序」

故吏中大夫行给事中京兆杜確纂
处士张惟静书」

公讳汉衡,字汉衡,博陵人也。家声祖德,贻庆济美。河朔著姓,独为冠族。五代祖士谦,后周陈郑等」十四州大总管,《周书》有传。曾祖孝祐,邠州司马。祖思安,梓川玄武县主簿,赠宣州刺史。皇考」健,遂州长江县尉,赠刑部尚书。谋孙翼子,垂范后昆。裕蛊克家,光昭前烈矣。公体度弘博,志气沉」定。能断大事,尤精远图。早游翰场,声振时辈。垂登甲乙,俄属艰难。春官卿尚衡总戎河右,一见殊礼,」接为上宾。愿自试长理人,请先宰邑。不夺其志,授沂之费令。莅职期岁,大扬休声。尚公方欲」升闻,荐于密近。尚寻罢镇,公亦去官。方涉江南浮,慕彭泽之事。吏部侍郎李季卿衔宣抚,多」举滞淹。表授大理丞,举贤俊也。滑之连率、仆射令狐彰钦悦高风,奏授监察御史。久转殿中,荐归」天朝,奖成绩也。迁检校礼部员外、兼侍御史,副和吐蕃使、谏议大夫吴损。损殁列馆,公专奉词。戎狄无」厌,贪求有素。忘虏庭之危险,凭汉主之威灵。捐躯且轻,辱命为耻。竟挫酋长,毕恢封疆也。伏奏,」迁朝散大夫、右司郎中。董正六联,厘举百度。寻以京县剧甚,总领才难,由是改万年县令。政成化洽,」雷动风靡。建中之治,西戎请盟。诏以公为殿中少监、兼御史中丞,充答蕃使。寻兼大

① 吴炯炯《和蕃使崔汉衡考——以新出土〈崔汉衡墓志〉为中心》,《中国藏学》2018 年第 2 期,第 113—125 页。
② 李宗俊《法藏敦煌文书 P.2942 相关问题再考》,《敦煌研究》2014 年第 4 期,第 54—64 页。
③ 胡晓兵《唐朝入蕃副使论略》,《西藏民族大学学报》(哲学社会科学版)2018 年第 6 期,第 58—65 页。

夫。复命称」旨,迁银青光禄大夫、鸿胪卿。四年,加检校工部尚书,依前兼御史大夫。又使蕃中,报朝贡也。兴元」元年,驾在奉天,转检校兵部尚书、兼秘书监,封博陵郡公,食邑三千户,充西京留守、京西权宜」处置宣慰吐蕃等使。表授戴休颜、韩游瓌等节度,并建殊勋,以平大盗。俄罢图书之任,真领兵戎」之重。仍进上柱国,寻充东都、淄青、魏博赈给宣慰等使。明年,又充幽州宣慰使。溥畅渥恩,惠」恤凋瘵。犷悍低首,携离宅心。东夏之人,遂获宁处矣。时贞元四祀秋七月,改检校吏部尚书、晋州刺」史、兼御史大夫、充晋慈隰等三州观察处置都防御等使。实沉遗墟,陶唐故宅。华夷杂处,师旅频加。」田莱卒荒,廛里散逸。沐我仁政,泰然熙春。尔来八年,俗用一变。贞元十有一祀夏六月九日甲辰,寝疾薨」于位,正也。享年六十有六。邑人涕洟,皇情震悼。爰降中使,且吊且伤。赗赙之数,有加恒典。」诏赠尚书左仆射,旌勋焉。以其年十有一月甲午九日壬寅,安神于河南府颍阳县内川乡万安之」原,从龟筮也。夫人吴郡张氏,有唐闻人封丘尉从长之女也。妇道载备,母仪有光。迈文姬之贤,加敬」姜之德。佐辅保清白之节,柔明睦中外之姻。如蕣之华,先公而落。建中辛酉岁,捐馆于万年县廨,享」年卅六。比则权窆,今兹合祔。公端洁固躬,明诚格物。恩洽戎狄,化孚豚鱼。清水之盟也,公约言」一就,蕃人不爽。西裔彻警,逮逾六年。朱玼之难也,公能以蕃徒来助天讨,首挫凶逆,尽殪贼锋。制」胜武亭,实公之力。及使山东也,反侧之人,疑惧顿释。申画封略,悉如诏旨。往年平凉会戎,期继」前好。他使定约,不察奸谋。命公莅焉,衅已结矣。朝服见止,皆成狄俘〔俘〕。受礼而归,惟公而已。恩信素畜,」兹焉益彰。长子助,将仕郎、前守郑州司功。次子励,宣义郎、前守少府监丞。季子勖,乡贡明经。并孝友」淳深,文行修练。早奉严训,终承洪烈。女适广平刘氏曰从一,圣朝之元辅也。光赞大伦,实惟内」助。才封石窌,俄叹柏舟。及兹茶苦,倍深毁顿。以碻往在郎位,获参使车。承命勒铭,多愧才劣。词曰:」

博陵仁人,圣朝名臣。端洁忠纯,明亮清真。大信不约,至诚可亲。夷白体道,中和立德。志学弘通,」属词丽则。特立公器,频更右职。文昌起草,京县推雄。升台弄印,出塞和戎。俾兹丑类,罔不推衷。巡问」齐鲁,抚临幽蓟。通道河壖,宣风海裔。咸布德泽,无遗巨细。内掌邦政,出为州牧。我武惟扬,所部以」肃。

四人按堵，三壤和熟。匪懈致理，竟薨于位。邦人罢市，将校掩
泪。明诏褒赠，哀荣斯备。松槚有｜族，实惟洛中。今也合祔，复
归于东。闭此玄壤，凛然清风。令子孝女，扶赢送终。承休不替，
贻庆攸同。」

　　河东屈贲刻字并篆盖。」

　　据墓志可知，崔汉衡（730—795），字汉衡，博陵人。科举及第，入节度
使尚衡幕，授沂州费县令。复入李季卿、令狐彰幕，入为礼部员外兼侍御
史。副和吐蕃使、谏议大夫吴损入吐蕃。使回，迁朝散大夫、右司郎中。建
中二年（781），改万年县令。建中中，吐蕃请盟，充答蕃使。复命称旨，迁银
青光禄大夫、鸿胪卿。四年（783），加检校工部尚书，又使吐蕃。兴元元年
（784），检校兵部尚书兼秘书监，封博陵郡公，充西京留守、京西权宜处置
宣慰吐蕃等使。寻充东都、淄青、魏博赈给宣慰等使，又充幽州宣慰使。
贞元四年（788）七月，改检校吏部尚书、晋州刺史、兼御史大夫、充晋慈隰
等三州观察处置都防御等使。十一年（795）六月九日，卒于晋州，年六十
六。新旧《唐书》有传，与墓志基本吻合。《全唐文》有小传，收《莲花峰铭》
一篇①。

一、崔汉衡任费县令补考

　　墓志载："垂登甲乙，俄属艰难。春官卿尚衡总戎河右，一见殊礼，接为
上宾。愿自试长理人，请先宰邑。不夺其志，授沂之费令。莅职期岁，大扬
休声。尚公方欲升闻，荐于密近。尚寻罢镇，公亦去官。"崔汉衡此段经历，
《旧唐书》谓"释褐，授沂州费令"②，《新唐书》则载"始为费令，滑州节度使
令狐彰表掌书记"③，李宗俊、吴炯炯都有考察，并谓墓志有含混、扞格不通
之处。之所以含混，是因为将"总戎河右"理解为总戎河西、陇右，并系于广
德二年至大历元年间。实际上，墓志逻辑正常，此"河右"并非指黄河上游

---

①〔清〕董诰等编《全唐文》卷六一九，中华书局 1983 年版，第 6 册，第 6247 页。
②〔后晋〕刘昫等撰《旧唐书》卷一二二《崔汉衡传》，中华书局 1975 年版，第 11 册，第 3502 页。
③〔宋〕欧阳修、宋祁撰《新唐书》卷一四三《崔汉衡传》，中华书局 1975 年版，第 15 册，第 4690 页。

的"河右",而是指黄河下游的"河右"。如江淹称"自非西京上绩,东都名勋,河右群贤,江左诸彦",注谓"河右群贤"乃河右世族"竹林七贤"①。显然这里所言"河右"不是黄河上游,而恰恰是黄河下游。若此,则墓志逻辑清晰,并无含混。崔汉衡科举及第,正遇"安史之乱",即墓志所谓"俄属艰难";尚衡在"安史之乱"中发迹,很快成为节度使,转战河南、河北,所以崔汉衡得入尚衡幕,并自试县令,遂有沂州费县令之任;尚衡转任他处,崔汉衡也离开了费县,复入李季卿、令狐彰幕。《旧唐书·肃宗纪》载:乾元二年(759)四月甲辰,以徐州刺史尚衡为青州刺史,充青、淄、密、登、莱、沂、海等州节度使;上元元年(760),尚衡为青州刺史,青、登等州节度使②。《资治通鉴》宝应元年(762)条载:"先是田神功既克刘展,留连扬州未还,太子宾客尚衡与左羽林大将军殷仲卿相攻于兖、郓,闻光弼至,惮其威名,神功遽还河南,衡、仲卿相继入朝。"《考异》曰:"衡上元元年为淄青节度使,此年五月,田神功自淄青移兖郓,六月,衡自宾客为常侍,七月,仲卿自左羽林大将军为光禄卿,而得相攻于兖、郓者,盖衡犹未离淄青,仲卿亦在彼,虽有新除官,皆未肯入朝也。"③则崔汉衡得尚衡青睐当在乾元二年四月以后;而离开费县,或在宝应元年。又,墓志言"吏部侍郎李季卿衔宣抚,多举滞淹",事在广德中。《旧唐书·孔巢父传》:"广德中,李季卿为江淮宣抚使,荐巢父,授左卫兵曹参军。"④另,令狐彰上元二年(761)至大历八年(773)任滑州刺史⑤,其荐拔崔汉衡,当在这期间。

二、崔汉衡五次出使吐蕃补释

综合墓志和其他传世文献,崔汉衡先后五次奉使吐蕃,促成了清水会盟,参与了平凉会盟,是往返吐蕃最为频繁的使者。其第一次出使吐蕃在

---

① 〔南朝〕江淹著,〔明〕胡之骥注,李长路、赵威点校《江文通集汇注》卷六《萧骠骑让封第三表》,中华书局1984年版,第236、237页。

② 〔后晋〕刘昫等撰《旧唐书》卷一○《肃宗纪》,中华书局1975年版,第1册,第256、260页。

③ 〔宋〕司马光编著,〔元〕胡三省音注《资治通鉴》卷二二二,中华书局1956年版,第8册,第7127页。

④ 〔后晋〕刘昫等撰《旧唐书》卷一五四《孔巢父传》,中华书局1975年版,第13册,第4095页。

⑤ 郁贤皓著《唐刺史考全编》(增订本)卷五七《滑州(灵昌郡)》,凤凰出版社2022年版,第2册,第767—768页。

大历六年(771),"副和吐蕃使、谏议大夫吴损"。《旧唐书·崔汉衡传》载:"大历六年,拜检校礼部员外郎,为和吐蕃副使。"①《资治通鉴》大历六年四月条载:"吐蕃请和;庚辰,遣兼御史大夫吴损使于吐蕃。"九年(773)二月条复载:"谏议大夫吴损使吐蕃,留之累年,竟病死虏中。"②吴损病死后,崔汉衡承担起了主使的责任,完成了出使任务,即墓志所谓:"损殁列馆,公专奉词。戎狄无厌,贪求有素。忘虏庭之危险,凭汉主之威灵。捐躯且轻,辱命为耻。竟挫酋长,毕恢封疆也。"《新唐书·吐蕃传》则载"(大历)九年,帝遣谏议大夫吴损修好,虏亦使使者入朝"③,《新唐书吐蕃传笺证》谓"本传似误据得吴损死讯之年为其出使之年"④。吴损出使,"留之累年",则九年当是其死讯传回长安,甚至是遗骸归都之日,故《资治通鉴》追记在九年二月。而"虏亦使使者入朝"之际,亦当是崔汉衡出使归来"伏奏"之时,则崔汉衡自大历六年四月出使,"留之累年",九年二月使回,历时两年十个月。

建中二年(781)三月,崔汉衡第二次出使吐蕃,"充答蕃使"。《唐会要》:"二年三月,以万年县令崔汉衡为殿中少监,持节使西戎。初吐蕃遣使求沙门之善讲者,至是遣僧良琇、文素二人行,每人岁一更之。其年十二月,入蕃使判官、监察御史常鲁与吐蕃使论悉罗等至自蕃中,奏请改敕书,以贡献为进,以赐为赏,以领取为领之,优诏降谕曰:'前相杨炎不循故事,致此误耳。'并从之。三年九月,崔汉衡与蕃使区颊赞至自吐蕃,乃约灵州以贺兰,泾州以弹筝峡西口,陇州以清水为汉界,皆建碑以志之,期以是年十月十五日相与同盟于境上。其年十月,以都官员外郎樊泽兼御史中丞,充吐蕃计会使,约以来年正月十日会盟于清水。"⑤《册府元龟》载:"三年十月,以都官员外郎樊泽兼御史中丞入吐蕃计会使。初汉衡与吐蕃约以十月十五日定界盟誓。汉衡到,商度未决,已过其期,遂命泽诣结赞,复定盟会期,且告遣陇右节度使、中书侍郎、平章事张镒与之同盟。泽至故原州西,与结赞相见,约以来年正月十五日会盟于

① 〔后晋〕刘昫等撰《旧唐书》卷一二二《崔汉衡传》,中华书局1975年版,第11册,第3502页。
② 〔宋〕司马光编著、〔元〕胡三省音注《资治通鉴》卷二二四、二二五,中华书局1956年版,第8册,第7217、7225页。
③ 〔宋〕欧阳修、宋祁撰《新唐书》卷二一六下《吐蕃传》下,中华书局1975年版,第19册,第6092页。
④ 王忠著《新唐书吐蕃传笺证》,科学出版社1958年版,第94页。
⑤ 〔宋〕王溥撰《唐会要》卷九七《吐蕃》,上海古籍出版社2006年版,第2055页。

清水西。"①《旧唐书》本传:"建中三年,为殿中少监、兼御史大夫,充和蕃使,与吐蕃使区颊赞至自蕃中。时吐蕃大相尚结息忍而好杀,以常覆败于剑南,思刷其耻,不肯约和。其次相尚结赞有材略,因言于赞普,请定界明约以息边人,赞普然之,竟以结赞代结息为大相,约和好,期以十月十五日会盟于境上。"②此次出使,历时一年半,促成了唐蕃清水会盟,崔汉衡也缘此迁银青光禄大夫、鸿胪卿。

建中四年(783)正月,崔汉衡第三次出使,参与清水会盟。《唐会要》载:"四年正月,诏陇右节度使张镒与吐蕃使尚结赞盟于清水。会盟官崔汉衡等七人,与结赞及宰相等七人,俱升坛为盟。"③墓志谓:"清水之盟也,公约言一就,蕃人不爽。西裔彻警,逮逾六年。"这里的"六年"当是建中三年(782)开始约和至贞元三年(787)平凉结盟,此期间唐蕃关系相对缓和,未发生大规模的战争,也即"西裔彻警"。

建中四年三月,崔汉衡第四次出使吐蕃。墓志谓"四年,加检校工部尚书,依前兼御史大夫,又使蕃中,报朝贡也。"《册府元龟》载:"四年正月,诏陇右节度使张镒与吐蕃相尚结赞等盟于清水……四月,加答蕃使崔汉衡检校工部尚书。帝初令宰相、尚书与蕃相区颊赞盟于丰邑里坛所。将盟,以清水之约,疆场不定,遂罢,因留颊赞未遣,复令汉衡决于赞普。七月,以国子祭酒李揆为礼部尚书、御史大夫、入蕃会盟使。壬辰,命宰相李忠臣、卢杞、关播、右仆射崔宁、工部尚书乔琳、御史大夫于頔、太府卿张宪恭、司农卿段秀实、少府监李昌夔、京兆尹王翃、左金吾卫大将军浑瑊等,与吐蕃宰相区颊赞等会盟于坛所。初,于頔至自蕃中,与尚结赞约:疆场既定,请归其使,从之。以丰邑坊盟坛在京城之内,非便,请卜坛于京城之西,其礼如清水之仪……朝服升坛,宰相关播跪读盟文。盟毕,宴赐而遣之。甲午,以李揆为右仆射,兼官充使如故。"④则清水会盟完毕,四月,崔汉衡再次入蕃,将清水盟约送赞普审定;七月,李揆充会盟使,当是唐蕃议定,清水盟约生

---

① 〔宋〕王钦若等编纂,周勋初等校订《册府元龟》卷九八一《外臣部·盟誓》,凤凰出版社 2006 年版,第 11 册,第 11361 页。

② 〔后晋〕刘昫等撰《旧唐书》卷一二二《崔汉衡传》,中华书局 1975 年版,第 11 册,第 3502—3503 页。

③ 〔宋〕王溥撰《唐会要》卷九七《吐蕃》,上海古籍出版社 2006 年版,第 2055 页。

④ 〔宋〕王钦若等编纂,周勋初等校订《册府元龟》卷九八一《外臣部·盟誓》,凤凰出版社 2006 年版,第 11 册,第 11361—11362 页。

效,双方在长安、逻些分别举行盟誓,李揆则是逻些盟誓时唐朝主盟官。

兴元元年(784)正月,崔汉衡第五次出使吐蕃,借兵平乱。墓志谓:"兴元元年,驾在奉天,转检校兵部尚书兼秘书监,封博陵郡公,食邑三千户,充西京留守、京西权宜处置宣慰吐蕃等使。""朱泚之难也,公能以蕃徒来助天讨,首挫凶逆,尽殪贼锋。制胜武亭,实公之力。"《资治通鉴》:"(兴元元年正月)吐蕃尚结赞请出兵助唐收京城。庚子,遣秘书监崔汉衡使吐蕃,发其兵。"①但借兵并不顺利,《旧唐书·李怀光传》:"初,诏遣崔汉衡使于吐蕃,出兵佐收京城,蕃相尚结赞曰:'蕃法,进军以统兵大臣为信。今奉制书,无怀光名署,故不敢前。'上闻之,遣翰林学士陆贽诣怀光议用蕃军,怀光坚执言不可者三,不肯署制,词慢,且谓贽曰:'尔何所能?'"②《资治通鉴》补充了"不可者三"的具体内容:"上命陆贽谕怀光,怀光固执以为不可,曰:'若克京城,吐蕃必纵兵焚掠,谁能遏之!此一害也。前有敕旨,募士卒克城者人赏百缗,彼发兵五万,若援敕求赏,五百万缗何从可得!此二害也。虏骑虽来,必不先进,勒兵自固,观我兵势,胜则从而分功,败则从而图变,谲诈多端,不可亲信。此三害也。'竟不肯署敕;尚结赞亦不进军。陆贽自咸阳还,上言:'贼泚稽诛,保聚宫苑,势穷援绝,引日偷生。怀光总仗顺之师,乘制胜之气,鼓行芟夷,易若摧枯,而乃寇奔不追,师老不用,诸帅每欲进取,怀光辄沮其谋。据兹事情,殊不可解。'"注曰:"李怀光虽欲养寇以自资,然其陈用吐蕃三害,其言亦各有理。"③可知唐朝欲向吐蕃借兵五万之多,而且是向正在唐蕃对峙一线的尚结赞借兵。李怀光反对借兵固然是"养寇以自资",但尚结赞借口必须李怀光在制书上署名则恐怕是出兵前的待价而沽、漫天要价。

尽管李怀光不肯署名,但尚结赞还是出兵了,想必是崔汉衡居间讨价还价,最终达成了一致;而李怀光的不肯署名和陆贽的奏言,恐怕是促使德宗答应尚结赞要价的最后一根稻草。君臣相疑,德宗出奔梁州,李怀光拟退保河中,朱泚已称帝长安,而尚结赞终于出兵。《旧唐书·吐蕃传》:"兴元元年二月,以右散骑常侍兼御史大夫于颀往泾州已来宣慰吐蕃,仍与州

① 〔宋〕司马光编著,〔元〕胡三省音注《资治通鉴》卷二二九,中华书局1956年版,第8册,第7399页。

② 〔后晋〕刘昫等撰《旧唐书》卷一二一《李怀光传》,中华书局1975年版,第11册,第3493页。

③ 〔宋〕司马光编著,〔元〕胡三省音注《资治通鉴》卷二三〇,中华书局1956年版,第8册,第7403页。

府计会顿递。时吐蕃款塞请以兵助平国难,故遣使焉。"①于颀"与州府计会顿递",当是已经与吐蕃谈好出兵条件,做好吐蕃入关后的安置配合事宜。《资治通鉴》载:"怀光遣使诣邠州,令留后张昕悉发所留兵万余人及行营将士家属会泾阳,仍遣其将刘礼等将三千余骑胁迁之。韩游瓖说昕曰:'李太尉功高,自蹈祸机;中丞今日可以自求富贵,游瓖请帅麾下以从。'昕曰:'昕微贱,赖李太尉得至此,不忍负也!'游瓖乃谢病不出,阴与诸将高固、杨怀宾等相结。时崔汉衡以吐蕃兵营于邠南,高固曰:'昕以众去,则邠城空矣。'乃诈为浑瑊书,召吐蕃使稍逼邠城。昕等惧,竟不敢出。昕等谋杀诸将之不从者,游瓖知之,先与高固等举兵杀昕,遣杨怀宾奉表以闻,且遣人告崔汉衡。汉衡矫诏以游瓖知军府事,军中大喜。"②"崔汉衡以吐蕃兵营于邠南",且可以"召吐蕃使稍逼邠城",显见此时崔汉衡已经完成了借兵任务,并与吐蕃借兵一道抵达邠州城下,协助韩游瓖控制了邠州局势。

吐蕃得以出兵,唐朝所付出的代价便是割地,"得长安,以泾、灵四州界之"③,"许成功以伊西、北庭之地与之"④。这也正是"四月,命太常少卿兼御史中丞沈房为入蕃计会及安西、北庭宣慰使"的原因⑤,做好交割的准备工作。陆贽《慰问四镇北庭将史敕书》安排更为清晰,已进入到实际操作阶段,谓:"近以贼臣朱泚背恩,惊犯宫阙,赞普又遣师旅助讨奸凶……共西蕃定议,兼立誓约,应在彼将士、官吏、僧道、耆寿、百姓等并放归汉界,仍累路置顿,供拟发遣。待卿等进发,然后土地隶属西蕃。今故遣太常少卿、兼御史大夫沈房及中使韩朝彩等往彼宣谕,仍便与西蕃交割。卿等宜递相慰勉,叶力同心,互相提携,速图进路,复归乡井,重见宗亲,生人之情,莫重于此。一劳永逸,固不合辞。卿等诚节昭宣,勋阀茂著,到此之后,当特甄升,仍给田园,以赡生业,必令优厚,用答忠劳。如有资产已成,不愿归此,亦任

① 〔后晋〕刘昫等撰《旧唐书》卷一九六下《吐蕃传》下,中华书局1975年版,第16册,第5428—5249页。
② 〔宋〕司马光编著,〔元〕胡三省音注《资治通鉴》卷二三〇,中华书局1956年版,第8册,第7415—7416页。
③ 〔宋〕欧阳修、宋祁撰《新唐书》卷二一六下《吐蕃传》下,中华书局1975年版,第19册,第6094页。
④ 〔宋〕司马光编著,〔元〕胡三省音注《资治通鉴》卷二三一,中华书局1956年版,第8册,第7442页。
⑤ 〔后晋〕刘昫等撰《旧唐书》卷一九六下《吐蕃传》下,中华书局1975年版,第16册,第5249页。

便住,各遂所安。"①

崔汉衡之所以能"矫诏以游瓌知军府事",或是因为此时已经奉命"充西京留守、京西权宜处置宣慰吐蕃等使"的缘故。墓志谓"表授戴休颜、韩游瓌等节度,并建殊勋,以平大盗",此亦即"矫诏以游瓌知军府事"的另一种表述。《旧唐书·戴休颜传》:"车驾再幸梁、洋,留守奉天。及李怀光叛据咸阳,使诱休颜,休颜集三军斩其使,婴城自守。怀光大骇,遂自泾阳夜遁。其月,拜检校工部尚书、奉天行营节度使。"②据墓志,则戴休颜之奉天行营节度使,当亦是崔汉衡"权宜处置"的结果,甚至是再次"矫诏"的结果。到四月,唐朝正式任命韩、戴二人,"壬寅,以邠宁兵马使韩游瓌为邠宁节度使。癸卯,以奉天行营兵马使戴休颜为奉天行营节度使"③。所幸,戴休颜、韩游瓌都是真心平叛的将领。

唐朝付出代价,吐蕃终于出兵,但诚如李怀光所料,吐蕃兵并不好用。《资治通鉴》载:"浑瑊帅诸军出斜谷,崔汉衡劝吐蕃出兵助之,尚结赞曰:'邠军不出,将袭我后。'韩游瓌闻之,遣其将曹子达将兵三千往会瑊军,吐蕃遣其将论莽罗依将兵二万从之。"④可知,吐蕃出兵后,不受唐军主帅的调遣,需要崔汉衡居中协调;而且,吐蕃出兵还有诸多前提条件。同时,"韩游瓌闻之,遣其将曹子达将兵三千往会瑊军",亦可看出其与崔汉衡联系密切,且支持崔汉衡的工作,当有投桃报李的意图在里面。

墓志谓:"公能以蕃徒来助天讨,首挫凶逆,尽殪贼锋。制胜武亭,实公之力。"《旧唐书·浑瑊传》:"(三月)瑊将诸军赴京畿,贼将韩旻、张廷芝、宋归朝等拒我师于武功。瑊与吐蕃将论莽罗之众大破贼于武亭川,斩首万余级。瑊便赴奉天应接李晟,抗京城西面。"⑤《资治通鉴》:"李楚琳遣其将石锽将卒七百从瑊拔武功。(四月)庚戌,朱泚遣其将韩旻攻武功,锽以其众迎降。瑊战不利,收兵登西原。会曹子达以吐蕃至,击旻,大破之于武亭川,斩首万余级,旻仅以身免。瑊遂引兵屯奉天,与李晟东西相应,

① 〔清〕董浩等编《全唐文》卷四六四陆贽《慰问四镇北庭将吏书》,中华书局 1983 年版,第 5 册,第 4783—4784 页。
② 〔后晋〕刘昫等撰《旧唐书》卷一四四《戴休颜传》,中华书局 1975 年版,第 12 册,第 3913 页。
③ 〔宋〕司马光编著,〔元〕胡三省音注《资治通鉴》卷二三〇,中华书局 1956 年版,第 8 册,第 7421 页。
④ 〔宋〕司马光编著,〔元〕胡三省音注《资治通鉴》卷二三〇,中华书局 1956 年版,第 8 册,第 7422 页。
⑤ 〔后晋〕刘昫等撰《旧唐书》卷一三四《浑瑊传》,中华书局 1975 年版,第 11 册,第 3707 页。

以逼长安。"①《太平寰宇记》:"武亭河,自凤翔麟游县界,流过当县入武功界。"②《长安志》:"武亭水。北自好畤县来,至县南立节渡合渭水。"③"制胜武亭"当即崔汉衡协调吐蕃兵,在武功县武亭河边,协助浑瑊击败了朱泚的先头部队,取得了李怀光退场后的首次胜利,与李晟形成了东西呼应的局面,奠定了平叛胜利的基础。墓志谓崔汉衡在此战中,协调吐蕃兵,发挥了重要作用,难免有溢美之辞。

不过,武亭之战后,李怀光的担心便成为现实。《资治通鉴》载:"吐蕃既破韩旻等,大掠而去。朱泚使田希鉴厚以金帛赂之,吐蕃受之;韩游瑰以闻。浑瑊又奏:'尚结赞屡遣人约刻日共取长安,既而不至;闻其众今春大疫,近已引兵去。'"④《新唐书·吐蕃传》亦载:"会大疫,虏辄引去。"⑤吐蕃的半路退出,成为唐朝不再执行割地合约的理由,陆贽《赐吐蕃将书》谓:"尚结赞志惟嫉恶,义在救灾,频献表章,请收京邑。朕以宗庙社稷悉在上都,但平寇戎,岂惜酬赏,遂许四镇之地,以答收京之功。旋属炎蒸,又多疾疫,大蕃兵马,便自抽归。既未至京,有乖始望,奉天盟约,岂合更论。"⑥李泌亦言:"日者吐蕃观望不进,引持两端,大掠武功,受赂而去,何功之有!"⑦此成为唐蕃口水官司的借口,也是唐蕃再启战端的理由。

收复长安,平定朱泚之乱。吐蕃借兵,非但没有发挥应有作用,反而惹来一堆麻烦,居中协调的崔汉衡自然被打入冷宫。墓志谓:"俄罢图书之任,真领兵戎之重。仍进上柱国,寻充东都、淄青、魏博赈给宣慰等使。明年,又充幽州宣慰使。""罢图书之任"即是免去崔汉衡的职事官秘书监之任,"真领兵戎之重"当是正除兵部尚书,《唐仆尚丞郎表》将此系于兴元元

① 〔宋〕司马光编著,〔元〕胡三省音注《资治通鉴》卷二三〇,中华书局 1956 年版,第 8 册,第 7422 页。
② 〔宋〕乐史撰,王文楚等校点《太平寰宇记》卷三一《乾州·好畤县》,中华书局 2007 年版,第 2 册,第 673 页。
③ 〔宋〕宋敏求著,辛德勇、郎洁点校《长安志》卷一四《武功》,三秦出版社 2013 年版,第 438 页。
④ 〔宋〕司马光编著,〔元〕胡三省音注《资治通鉴》卷二三一,中华书局 1956 年版,第 8 册,第 7429 页。
⑤ 〔宋〕欧阳修、宋祁撰《新唐书》卷二一六下《吐蕃传》下,中华书局 1975 年版,第 19 册,第 6094 页。
⑥ 〔清〕董诰等编《全唐文》卷四六四陆贽《赐吐蕃将书》,中华书局 1983 年版,第 5 册,第 4739—4740 页。
⑦ 〔宋〕司马光编著,〔元〕胡三省音注《资治通鉴》卷二三一,中华书局 1956 年版,第 8 册,第 7442 页。

年十一月某日或十二月十日①。然而,虽然正除兵部尚书,"真领兵戎之重",甚至进位上柱国,但其实际职务则是充当宣慰使,宣慰的地方还是淄青、魏博、幽州这些一直不配合中央的跋扈藩镇,则其被闲置,显而易见。另外,朱泚之乱时,追随德宗到奉天的功臣,例封"奉天定难功臣",两《唐书》本传及墓志皆未言及崔汉衡有"奉天定难功臣"的荣誉。究其原因,当是协调吐蕃不力,吐蕃助力不多,索求不少,德宗将具体责任落实在了崔汉衡头上;同时将其外派出京,也便于与吐蕃打口水官司,在履约之事上扯皮。

贞元三年(787)闰五月,崔汉衡第五次出使吐蕃,充吐蕃会盟副使,参加平凉会盟。尚结赞在朱泚之乱中没有实现自己既定的战略目标,反而给唐朝留下了拒不执行合约的首尾。此时,唐朝虽然经历了朱泚之乱,但京西北防线尚存,兵力犹足。尚结赞屡屡用兵,屡屡失败,贞元二年(786)九月被李晟帐下王佖伏击,因为"军士不识尚结赞,仅而获免"②。尚结赞意识到"唐之良将,李晟、马燧、浑瑊而已,当以计去之"③,遂有平凉会盟之议。三年(787)闰五月,以浑瑊为会盟使、崔汉衡为副使、郑叔矩为判官、宋奉朝为都监,赴平凉与尚结赞会盟。结果,尚结赞变会盟为劫盟,除浑瑊得以脱身外,其他人员死者数百,擒者千余。《册府元龟》载:"崔汉衡为兵部尚书。德宗贞元三年闰五月,充吐蕃会盟副使,为吐蕃所执。汉衡乃夷言谓执者曰:'我汉使崔尚书也,结赞与我善,汝若杀我,结赞亦杀汝。'乃舍之,尽驱而西行。既已面缚,各以一木,自领至于身,以毛绳三束之。又以绳连其发而牵之,夜皆蹐之于地,以发绳各系于一橛,又以毛罽都覆之,守卫者卧其上,以防其亡逸也。至故原州,结赞坐于帐中,召与相见。数让国家,因怒浑瑊曰:'武功之难,皆我之力。许以泾州、灵州相报,竟食其言,负我矣,举国所怨。本劫是盟,在擒瑊也,吾遣人以金银饰桎梏待瑊,将献于赞普;既已失之,虚至君等耳,当遣君辈一二人归报家族也。'吕温带疮亦至,结赞嘉其义,厚给赍之。结赞率其众屯于石门,遣中官俱文珍、浑瑊之将马宁、马

① 严耕望著《唐仆尚丞郎表》卷四《通表》下《兵刑工尚侍》,上海古籍出版社 2007 年版,上册,第 271 页。
② 〔宋〕司马光编著,〔元〕胡三省音注《资治通鉴》卷二三二,中华书局 1956 年版,第 8 册,第 7473 页。
③ 〔宋〕司马光编著,〔元〕胡三省音注《资治通鉴》卷二三二,中华书局 1956 年版,第 8 册,第 7473 页。

燧之将马弇归。遂送汉衡、郑叔矩等囚于河州,辛荣、扶余准等于故廓州、故鄯州分囚之。汉衡与同陷者并至河州,结赞令召之,与孟日华、中官刘延邕俱至石门,而遣五骑送至境上,且赍表请进。及潘原,李观使止之,有诏不许更纳蕃使,受其表而反其人。"①《资治通鉴》引此事后,谓"上闻尚结赞之言,由是恶马燧"。注:"马燧信尚结赞之言而为之请和,既堕其计矣;德宗又信尚结赞之间而恶马燧,又堕其计。"②尚结赞筹划平凉劫盟,实为一石三鸟之计,擒浑瑊,间李晟,陷马燧,将"唐之良将"一网打尽。赖有李元谅的策应,浑瑊得以脱免。

《资治通鉴》载:贞元三年八月,"吐蕃尚结赞遣五骑送崔汉衡归,且上表求和;至潘原,李观语之以'有诏不纳吐蕃使者',受其表而却其人"③。《旧唐书》本传载:"以频使于蕃,结赞素信重,与孟日华、中官刘延邕俱至石门,而遣五骑送至境上。"④对于劫盟陷蕃之事,墓志婉言:"往年平凉会戎,期继前好。他使定约,不察奸谋。命公莅焉,衅已结矣。朝服见止,皆成狄浮。受礼而归,惟公而已。恩信素畜,兹焉益彰。"将平凉劫盟的悲剧,归结为"他使定约,不察奸谋";将崔汉衡的遣返,归结为"恩信素畜"。崔汉衡"受礼而归",回到长安后,便再次被冷落,四年(788)七月出为晋州刺史,在晋州一待便是八年多,直到去世。平凉劫盟后,德宗便闲置了浑瑊、李晟、马燧等大将及一批会盟相关人员。《唐故朝议郎试大理评事牛府君墓志并序》载牛浦"贞元初,以蕃汉通,命佐于帅……自后因西土伤和,常抱疾瘵,便休世禄,食诸子俸焉"⑤,所谓"常抱疾瘵,便休世禄",不过婉言,实际上则是受到浑瑊等的牵连,仕途无望,不得不绝意"世禄"。《唐故开府仪同三司行左领军卫上将军致仕阳城郡王秦公墓志铭并序》载秦朝俭作为马燧帐下大将,"以未参军卫、尚佐戎府,为时政之阙。贞元三年,召至阙下,拜左威卫将军",开始赋闲;"十一年,充皇城留守。十七年,转本卫大将军。一

---

① 〔宋〕王钦若等编纂,周勋初等校订《册府元龟》卷六六四《奉使部·挫辱》,凤凰出版社2006年版,第8册,第7656—7657页。

② 〔宋〕司马光编著,〔元〕胡三省音注《资治通鉴》卷二三二,中华书局1956年版,第8册,第7488页。

③ 〔宋〕司马光编著,〔元〕胡三省音注《资治通鉴》卷二三三,中华书局1956年版,第8册,第7496页。

④ 〔后晋〕刘昫等撰《旧唐书》卷一二二《崔汉衡传》,中华书局1975年版,第11册,第3503页。

⑤ 吴钢主编《全唐文补遗》第8辑,三秦出版社2005年版,第170页。

纪于兹,方承再命"①,蹉跎了十二年。崔汉衡外任晋州刺史八年多,也是参与平凉会盟的结果。

三、墓志作者杜确考

　　墓志撰者杜确,京兆人。《元和姓纂》偃师杜氏条载:"状云本京兆人。唐礼部侍郎嗣光;孙溱之,兵部郎中……溱之堂侄确,河中节度。"②杜确大历二年(767)制举及第,与韦夏卿兄弟等同中茂才异行科③。杜确撰《李元光(谅)墓志铭》(贞元十年十一月十八日)时署"朝议大夫守国子司业上轻车都尉"④,撰《崔汉衡墓志铭》(贞元十一年十一月九日)时署"中大夫行给事中",朝议大夫为正五品下,国子司业从四品下,中大夫为从四品下,给事中为正五品上。一年中,杜确从朝议大夫晋为中大夫,从国子司业调为给事中,仕途不可谓不顺达。贞元十四年(798)九月,杜确自太常卿出为同州刺史、长春宫使;十五年(799)十二月,转任河中尹、河中绛州观察使⑤。约十八年(802)三月,杜确卒于河中任。《旧唐书·郑元传》载:"郑元……贞元中为河中节度使杜确行军司马。确卒,遂继为节度使。"⑥同书《德宗纪》载郑元十八年三月"丙戌,以河中行军司马郑元为河中尹、河中绛节度使"⑦。则杜确在十八年三月丙戌前不久去世,其司马郑元继任。

　　《直斋书录解题》载杜确撰有《楚宝传》一卷,记"乾元二年,楚州尼真

①　中国文物研究所、陕西省古籍整理办公室编《新中国出土墓志·陕西〔贰〕》二一六《唐故开府仪同三司行左领军卫上将军致仕阳城郡王秦公(朝俭)墓志铭》,文物出版社 2003 年版,上册第 216 页,下册第 173—174 页。

②　〔唐〕林宝撰,岑仲勉校记,郁贤皓、陶敏整理《元和姓纂》(附校记)卷六,中华书局 1991 年版,第 2 册,第 942 页。

③　〔清〕徐松撰,孟二冬补正《登科记考补正》卷一〇,北京燕山出版社 2003 年版,上册,第 422 页。

④　胡戟著《珍稀墓志百品》附录一〇《李元光(谅)墓志》,陕西师范大学出版总社有限公司 2016 年版,第 274 页。

⑤　〔后晋〕刘昫等撰《旧唐书》卷一三《德宗纪》下,中华书局 1975 年版,第 2 册,第 388—389、392 页。

⑥　〔后晋〕刘昫等撰《旧唐书》卷一四六《郑元传》,中华书局 1975 年版,第 12 册,第 3968 页。

⑦　〔后晋〕刘昫等撰《旧唐书》卷一三《德宗纪》下,中华书局 1975 年版,第 2 册,第 396 页。

如献宝事"①；《全唐文》收有《许公墓志铭》《岑嘉州集序》等文②，其中《岑嘉州集序》影响最为深远，也是岑参研究的重要文献。

杜确在撰写墓志时署"故吏"，志文中又载"以确往在郎位，获参使车"，则杜确作为幕僚，曾随同崔汉衡出使。至于随同出使吐蕃还是宣慰山东，则还需要进一步考察。

结　　语

崔汉衡多次往返吐蕃，约合请盟，是往返吐蕃次数最多、在吐蕃生活时间最长的使者之一，为唐蕃间的交流交往作出了积极贡献。其所交往的主要是吐蕃大论、东道元帅尚结赞，出使目的地也主要是尚结赞的驻地。其在借兵平叛后，非但无赏，反被派往河南、河北等地宣慰，当是为借兵之事负责；平凉劫盟后，出为晋州刺史，则是德宗处理会盟相关人员的结果，这不能不说是一场悲剧。

---

① 〔宋〕陈振孙撰，徐小蛮、顾美华点校《直斋书录解题》卷五《典故类》，上海古籍出版社 2015 年版，上册，第 160 页。
② 〔清〕董诰等编《全唐文》卷四五九，中华书局 1983 年版，第 5 册，第 4691—4692 页。

北宋的政策、文化与涉蕃诗初探

顾浙秦

摘要： 北宋定"重文轻武"为国策，在总策略的指导下对唃厮啰等蕃族的政策，随着形势的变化，而有不同的调整。有时表现为边境战争，更多为和平的茶马互市等经济往来，这些在北宋的涉蕃诗中都有所展现。本文运用诗史互证的方法，尝试对北宋的涉蕃诗做一初步分析与研究。

关键词： 唃厮啰；茶马互市；涉蕃诗

作者简介： 顾浙秦，西藏民族大学文学院教授、硕士研究生导师。出版专著《清代藏事诗研究》。

北宋是一个高度中央集权的王朝。北宋始终执行"重文轻武"亦即"兴文教，抑武事"的国策，各种文化建设事业繁荣。从总体上来看，北宋的士子在学识的广度和深度上都超过前代，文人博采众长，其中，王安石、苏轼、黄庭坚等人，均以渊博而为人们称颂。后人言及中国古代文学，总是唐宋并称，诗、文、词皆是如此。北宋诗歌继承了唐诗的传统，在思想内容和艺术表现上都有所开拓创造，出现了许多流派和伟大诗人，形成了与唐诗显著不同的特色，据初步估算，现存宋诗作者已逾万人，作品数量超过《全唐诗》四五倍①。宋诗异帜独张，与唐诗后先媲美，对后世诗歌发展产生了深远影响。就涉蕃诗而言，北宋留存的诗作不多，但品位不低。

要了解清楚宋初涉蕃诗的情况，还要基本了解五代、北宋之西北汉、蕃两族的形势和宋对蕃族的政策。十世纪上半期（公元907—959年）是中国

---

① 孙望、常国武主编《宋代文学史》，人民文学出版社1996年版，第12页。

疆域内的分散割据时期。在内地，十几个政权分散割据，即处于所谓五代十国时代，而在青藏高原也随着统一的吐蕃王朝的崩溃，形成大大小小分散政权的割据局面。在这时期，内地那些割据势力，时常在打内战，根本顾不到西北边地。陇右地区（今甘肃）内属的只有秦、渭、阶几个州郡；回纥的牙帐在甘肃；唐末戍边的郓州（今山东郓城县）兵的子孙百余家在凉州与蕃族杂居；瓜、沙两州的汉人，还保持着唐朝的遗制，与中朝取得联系。后周广顺二年（952），皇帝郭威派申师厚到凉州当河西节度使，申师厚到凉州胡作非为，被驱逐出境。大抵在五代期间，凉、肃、瓜、沙各州蕃汉杂处，共推州帅，汉人蕃人均可当选，甘州则回纥势力独盛。在今甘肃东部的仪、渭、泾、原、环、庆、镇戎、秦、灵各州都有蕃族杂居。内属的称"熟户"，余称"生户"。

宋太祖把分裂的中原统一了。但在北宋初期，青海全部，甘肃大部，陕西一部为蕃族聚居或蕃汉杂居地区（蕃族即吐蕃之简称，宋代"吐蕃"和"蕃族"并用）。宋朝立国以后，专力防内，无力对外，因此西北的蕃族经过唐末、五代、宋初两百多年的休养生息，人口有了增长。至宋英宗治平四年（1067）以后，秦凤路（包括天水、陇西一带）的蕃族有一百二十几个大部落，六百八十个小部落；泾原路（泾州、镇原一带）有一百六十九个部落；环庆路（环县、庆阳一带）有一百零三个部落。诸路合计共有一千二百零一个部落。这些都是在今甘东和陕北杂居的所谓"内属"的"熟户"。他们的总人口有多少？在宋神宗熙宁年间，宋夏灵州永乐战役中，宋军"熟羌"战死六十万人，以此估计，可能有两百万人①。随着西部蕃族聚居区人口的增长，十世纪时，青藏高原河湟地区的一个以蕃族为主体的称为"唃厮啰"的政权崛起。

唃厮啰原本为人名（997—1068），绪出吐蕃赞普，雅隆觉阿王系赤德之后，本名欺南陵温钱逋②，又名瑕萨钱逋（钱逋即赞普），但是，他生不逢时。当他呱呱坠地之时，那个曾经一度称雄于内陆亚洲的与唐朝缔结"甥舅和盟"的吐蕃王朝早已分崩离析。公元842年，自吐蕃达磨赞普被刺杀以后，这个政权就处在王室分裂、义军蜂起内乱不已之中，处处是战火，处处是屠

① 黄奋生编著，吴均校订《藏族史略》，民族出版社1985年版，第156页。
② 欺南陵温钱逋，为藏文音译，原意为"继承王位的业运赞普"。唃厮啰幼时流落在高昌，不可能有这样的国王名号，可能是建立河湟根据地"部族寝疆"之后的称号之一，因而被崇奉追认为他的名字。

杀。为了避祸,许多吐蕃王室后代不得不远走他乡。唃厮啰的先辈很可能
就是在那个时代流落到今天的吐鲁番一带的,所以,《宋史·吐蕃传》称唃
厮啰于宋太宗至道三年(997)生于"高昌磨榆国"。十二岁时为河州蕃人
何朗业贤带回。河州人称佛为"唃",称子为"厮",因以其为赞普之后,遂
称之为"唃厮啰"。宋仁宗时陕西经略安抚判官田况则称唃厮啰为"嘉勒
斯赉"①。

在宋真宗时期即十一世纪初期,唃厮啰受河州吐蕃首领控制,被誉为
佛的化身。吐蕃俗尚贵种,重血统,故诸族部竞相拥之。后为河湟地区地
方政教割据势力宗哥部首领李立遵(佛教徒)、邈川部首领温逋奇(本教徒)
以武力挟至廓州(今青海化隆县群科古镇),尊为"赞普",建立政权,统辖着
河湟及洮河、大夏河流域广大地区,它是以蕃人为主体的地方封建政权。
不久,将王城迁至经济比较发达的宗哥城(今青海平安驿)。后与李立遵失
和,率众走居邈川(今青海乐都),为温逋奇所拥戴,以温逋奇为论逋(相),
拥兵六七万。宋真宗大中祥符八年(1015),唃厮啰"立文法"②,建立地方
政治组织,采取依附宋朝对抗西夏的政策。同年,遣使向宋贡马(估值七百
六十万),"希望朝廷恩命",并"数使人至秦州,求内属","愿平西夏以自
效"③。宋朝积极支持其要求,多方给予援助。

宋天圣十年(1032),温逋奇发动宫廷政变,欲废唃自立,唃厮啰平息叛
乱。为扩展势力,举族徙青唐(今青海西宁市),因有立法建制,聚众至数十
万。此后近百年间,青唐成为甘青地区吐蕃族政治、军事、经济、文化与宗
教的中心。史称其所建政权为"唃厮啰"。藏史称为宗喀王。

唃厮啰在位期间,唃厮啰政权一直臣属于宋,宋对唃厮啰极尽优遇的
目的,自然是出于联络他共同防御西夏的政治考虑,而唃厮啰在积极配合
宋朝抗御西夏方面,也作出了重要贡献,成为宋朝抵御西夏的重要辅助力
量。宋仁宗天圣十年(1032),唃厮啰受宋封宁远大将军、爱州团练使、邈川
大首领。与宋开展茶马互市,积极发展与西域的贸易。景祐二年(1035),
西夏李元昊进兵河湟,攻下牦牛城(今青海西宁市北),唃厮啰坚守青唐,派

---

① 嘉勒斯赉,与"唃厮啰"俱为"王子"或"佛子"之意,是一种涵义的两种叫法,乃尊称,不是本名。
　"啰"与"赉"为对人称呼的敬语。
② 关于"立文法",《宋史》卷二五八《曹玮传》有明确解释:"西羌将举事,必先定约束,号为立
　文法。"
③ 〔清〕徐松辑《宋会要辑稿》卷一〇四,中华书局1957年版,第199册,第7819页。

侦察兵发现元昊骑兵渡河(庄浪河)前插的浅水标志,夜晚派人把这些标志一一移到深水区。至两军会战,元昊大军渡河,溺死十之八九,元昊惨败而归。景祐三年(1036),西夏已攻取瓜、沙、兰三州,复进攻河湟,西夏军一度攻入青唐城。但在宋朝军队支援下,唃厮啰乘机反击,大败西夏军,再次获胜。

仁宗康定元年(1040),唃厮啰与宋使刘涣共商讨夏大计,并奉献誓书及西州地图,重申臣属与宋协力抗夏的决心。受宋加封保顺河西军节度使。两次击败西夏主李谅祚军①。藏族民间史诗《格萨尔王传》即根据唃厮啰的事迹衍生的。②

宋朝在真宗和仁宗时期,对强大的边族(如契丹、西夏)采取屈辱求和的政策,内政腐败,外患迭起。诗与梅尧臣齐名、风格豪迈、甚为欧阳修所重的苏舜钦,写有长诗《庆州败》:"'无战王者师,有备军之志。'天下承平数十年,此语虽存人所弃。今岁西戎背世盟,直随秋风寇边城。屠杀熟户烧障堡,十万驰骋山岳倾。国家防塞今有谁? 官为承制乳臭儿……马肥甲重士饱喘,虽有弓剑何所施! 连颠自欲堕深谷,虏骑笑指声嘻嘻……首无耳准若怪兽,不自愧耻犹生归。守者沮气陷者苦,尽为主将之所为。地机不见欲侥胜,羞辱中国堪伤悲。"③庆州,古州名,隋开皇十六年(596)置,治所在合水,辖境相当今甘肃庆阳、环县、合水、华池及陕西志丹县西部。宋仁宗宝元元年(1038),党项羌元昊建立西夏政权,于1040年至1044年间,多次进犯宋朝,宋朝屡次战败,延州、渭州、庆州先后被西夏占领。诗人在这首诗作中反映了当时战争的残酷,对宋朝内政不修、边防松弛、将帅无能、吐蕃熟户遭杀戮的腐败现实给予抨击。

及至神宗朝,宋神宗(1068—1085)是"一奋发有为的皇帝",他任用"中国历史上一个伟大的政治家,有目的、有政见、有办法、有胆量"的王安石为宰相④。在王安石执政时期,变法革新,朝廷充满朝气,王朝在变法带来的锐气和成功支撑下,对西夏采取进攻策略,一扫以前的委曲求全局面,取得

---

① 〔元〕脱脱等撰《宋史》卷四九二《唃厮啰》,中华书局1977年版,第40册,第14162页。
② 吴均《唃厮啰与岭·格萨尔》,《青海省民族学会学术论文选集》(第一辑),青海省民族学会1981年,第55—79页。
③ 〔清〕吴之振、吕留良、吕自牧选,〔清〕管庭芬、蒋光熙补《宋诗钞》初集苏舜钦《沧浪集》,中华书局1986年版,第1册,第119页。
④ 郭沫若著《历史人物》,中国人民大学出版社2001年版,第98页。

了可观的胜利。"荆公不仅为中国大政治家,亦为中国大文学家。"①此时期,王安石写下了《陇东西》:"陇东流水向东流,不肯相随过陇头。只有月明西海上,伴人征戍替人愁。"②《陇东西》原为二首,此是其一。陇头,即陇山,六盘山南段的别称,在今陕西省陇县至甘肃省平凉一带,也称陇坂。《三秦记》:"其坂九回,上者七日乃越,上有清水四注下,所谓陇头水也。"此处是古代诗歌常描写的地方。南朝梁车螯有《陇山诗》,其首句:"陇水征人别,陇水流声咽。"③初唐四杰之一的卢照邻写下了相关的两首边塞诗,《陇山》:"陇山飞落叶,陇雁度寒天。愁见三秋水,分为两地泉。西流入羌郡,东下向秦川。行客频回首,肝肠空自怜。"④另一首《陇头水》:"陇坂高无极,征人一望乡。关河别去水,沙塞断归肠。马系千年树,旌悬九月霜。从来共鸣咽,皆是为勤王。"⑤都表现了同情行客、征人的悲凉的情怀。王安石此诗活用了前人这些诗意。诗篇以陇东流水不肯随征人西去的自然情景,反映了征戍之地青海的遥远;又以明月陪伴征戍将士的情景表现了征戍之孤愁。情调悲凉,音韵流畅。反映了王安石对于历来戍边将士艰辛生活的无限同情。

王安石对宋朝边防建设极为重视,在西北设置四十二将以对付西夏,又采纳了熙宁元年前建昌军司参军王韶上《平戎策》三篇所提"开河"(打通河州蕃人聚居区)的建议,于熙宁五年(1072)派王韶击破吐蕃,收复了熙(临洮)、河(临夏)、洮(临潭)、岷(岷县)、叠(临潭)、宕(岷县)各州,开地一千二百多里,设置熙河路,以王韶为经略安抚使,招抚蕃人三十余万口。这样迅速巩固了西北的边防,防止了西夏从熙河和秦凤路(渭水路线)东下的威胁。

宋英宗治平二年(1065),唃厮啰死,三子不和,分裂为三部。长子董毡据青唐城,宋朝视他为唃厮啰政权的继承人,批准嗣保顺军节度使;次子瞎毡据龛谷,宋授为澄州团练使;三子磨毡角据宗哥城,宋授为严州团练使。董毡虽处于宋夏斗争尖锐的时代,但他拒绝西夏的拉拢,一直臣属于宋,宋

---

① 梁启超著《王安石传》,商务印书馆国际有限公司2015年版,第3页。
② 赵宗福选注《历代咏青诗选》,青海人民出版社1986年版,第74页。
③ 王秉钧等选注《历代咏陇诗选》,甘肃人民出版社1981年版,第20页。
④ 王秉钧等选注《历代咏陇诗选》,甘肃人民出版社1981年版,第34页。
⑤ 〔唐〕卢照邻著,徐明霞点校《卢照邻集》,中华书局1980年版,第22页。

朝称"其上书情辞忠智,虽中国士大夫存心公家者不过如此"①。宋神宗元丰四年（1081）,宋将李宪与董毡夹击西夏,收复了兰州。宋朝累进董毡为太保、太傅、太尉等职。董毡死后,唃厮啰这三支的后代,继续不和,内讧不已,宋哲宗元符二年（1099）王瞻在青海蕃人纷争的状况下,又收复了邈川（乐都）和青唐（西宁）。从而宋朝的疆土伸展到今甘肃的南部、中部和青海的东部。到公元十二世纪前半期,唃厮啰余部先后被宋将王韶、王厚等讨伐而归降,唃厮啰子孙率部内徙,宋赐姓赵,继续担任宋朝的官吏。宋朝收复宗喀河湟地之后,"开拓疆境幅员三千余里,其四至：正北及东南至夏国界,西过青海至龟兹国界,西至卢甘国界（按即朵甘思）,东南至熙、河、兰、岷州,接连阶、成州界。计招降到首领二千七百余人,户口七十余万"②。

宋元祐二年（1087）起,西夏与吐蕃联合进攻宋边境的数次作战,历史上称为西夏吐蕃攻宋之战,宋以少胜多取得重大的胜利。是年七月,梁乙逋再次胁监军仁多保忠进攻泾原,遣大首领鬼名阿吴入青唐,约吐蕃阿里骨和青宜结鬼章联兵攻宋。八月,梁乙逋集中十二监军司兵屯聚天都山（今宁夏海原）,直逼兰州。阿里骨发兵十五万围河州,鬼章引兵两万进驻常家山（今甘肃临洮西南）。梁乙逋造浮桥以通兵路。宋军器监游师雄见西夏、吐蕃军势盛,建议知州刘舜卿乘西夏、吐蕃军劳师远来、立足未稳,先发制人。刘舜卿接受建议遂命都部署姚兕、知洮州种谊分兵两路,沿洮水急进。姚兕于洮水西侧,破吐蕃六逋宗城（当在甘肃临洮西南）,击杀 1 500 余人,乘胜转攻讲朱城（今甘肃夏河东北）,遣兵自间道北上,焚黄河浮桥,截断鬼章救援通路,使青唐吐蕃十万大军不能渡河。种谊部沿洮河东侧南下,出哥龙谷（今甘肃岷县东北境）,迎击通远吐蕃兵,断其与洮州的联系的同时,宋军主力连夜抢渡洮水,出奇兵临洮州城下,乘鬼章不备,一举破城,擒鬼章青宜结及其他蕃族部首领九人,斩杀吐蕃军数千,缴获牛、羊、器械、粮食万计,鬼章余众弃城溃逃,渡洮水时又溺死数千。梁乙逋见蕃军大败,引兵退还。这场胜利太过辉煌,许多诗人都留下了诗篇,既有宋朝的大诗人,又有参战的北宋名将。

先看名将游师雄的涉蕃诗《擒鬼章》："王师一举捷于雷,顷刻俄闻破敌

---

① 〔元〕脱脱等撰《宋史》卷四九二,中华书局 1977 年版,第 40 册,第 14164—14165 页。
② 〔宋〕杨仲良撰,李之亮校点《皇宋通鉴长编纪事本末》卷一四〇《收复鄯廓州》,黑龙江人民出版社 2006 年版,第 4 册,第 2355 页。

回。且喜将门还出将,槛连生致鬼章来。"①游师雄(1038—1097),北宋名将。字景叔,武功(今陕西武功县)人。学于张载,举进士,为仪州司户参军,迁德顺军判官。宋哲宗元祐元年(1086),升为军器监丞。时唃厮啰一支入犯,酋长青宜结鬼章趁机企图割据熙河(今甘肃临夏以及青海循化部分地方)。哲宗诏师雄与边臣便宜行事。吐蕃聚集天都山,前锋屯通远境,鬼章等将要攻河州。师雄欲先发制人,请示主帅刘舜卿后,分兵两道出击,姚兕将左,种谊将右,果然大获全胜。姚兕破六逋宗城、断黄河飞桥,使从西宁来的十万兵不能渡。种谊攻破洮州,擒鬼章及大首领九人。事后,游师雄以功迁陕西转运判官,提点秦凤路刑狱。后累迁至直龙图阁。原诗有二首,分别载于《陕西通志》《甘肃新通志》。《西宁府新志》唯录这一首。诗歌以轻松流畅的诗句表现出了擒鬼章一战功绩。前两句吟破敌之迅捷,后两句赞美将门之后种谊的奇功。鬼章(?—约1091),即青宜结鬼章,清代译作果庄。宋代河湟吐蕃大首领,唃厮啰名将。勇敢有谋略,为青唐(今青海西宁)主董毡重用,屡领兵征伐。熙宁十年(1077)宋"以汉爵縻之",授其廓州刺史。元丰五年(1082),以随董毡征西夏功,授其甘州团练使。董毡死后,又效忠阿里骨。元祐二年(1087)率兵攻占洮州,后为宋军所败,被俘,槛送京师。《擒鬼章》一诗咏纪的即是此事。后鬼章获宥,受命招降部属归附,得到朝廷优待,在京城养老,继迁居秦州(今甘肃天水),病逝其地。

再看大诗人苏轼的《获鬼章二十韵》:"青唐有逋寇,白首已穷妖。窃据临洮郡,潜通讲渚桥。庙谋周召虎,边师汉班超。坚垒千兵破,连航一炬烧。擒奸从窟穴,奏捷上烟霄。诡异人图象,欢娱路载谣。干诛非一事,伐叛自先朝。取道经陵寝,前期告庙祧。西来闻几日,面缚见今朝。二圣临云陛,千官溢海潮。载囚车辘辘,失主马萧条。横拜如蹲犬,胡装尚衣貂。理卿辞具服,译长舌初调。缓死恩殊厚,求生尾屡摇。慈仁逢太母,宽厚戴唐尧。赤手真擒虎,和羹未赐枭。藁街虚授首,东市偶全腰。困兽何须杀,遗雏或可招。威声西震复,武节北通辽。帝道有强弱,天时或长消。羌情防报夏,军胜忌矜骄。慎重关西将,奇功勿再要。"②诗歌先概写战争经过。

① 青海省社会科学院、青海省地方志编纂委员会编《青海方志资料类编》,青海人民出版社1987年版,下册,第914页。
② 王秉钧等选注《历代咏陇诗选》,甘肃人民出版社1981年版,第113页。

"讲渚桥"见《宋史·游师雄传》："(师雄)既至(熙河)……遂分兵为二,姚兕将而左,种谊将而右。兕破六逋宗城,斩首千五百级;攻讲朱城,断黄河飞梁,青唐十万众不得度。谊破洮洲……""讲渚桥"当即指在讲朱城附近的黄河飞梁。接着用"召虎"、"班超"的典故①,赞美了宋军取得的不世奇功。再用诗句"干诛非一事,伐叛自先朝。取道经陵寝,前期告庙祧。西来闻几日,面缚见今朝。二圣临云陛,千官溢海潮。载囚车辘辘,失主马萧条"详细回顾了唐朝末年岷州(今甘肃岷县)、河州(今甘肃临夏县)、洮洲(今甘肃临潭县)一带被吐蕃占据,宋神宗时,屡经征战,于熙宁六年(1073)收复河州、岷州,哲宗元祐二年(1087)岷州将种谊又复洮洲,俘获吐蕃首领鬼章等九人,并槛送京师,京师官员如海潮般观看的盛况。"二圣",指宋神宗皇后和宋哲宗,时哲宗年方十一,神宗皇后临朝听政。诗歌用大量篇幅详写献俘朝廷的经过:"横拜如蹲犬,胡装尚衣貂。理卿辞具服,译长舌初调。缓死恩殊厚,求生尾屡摇。"夸张地显示了失败者的丑态。并用"慈仁逢太母,宽厚戴唐尧。赤手真擒虎,和羹未赐枭。藁街虚授首,东市偶全腰。困兽何须杀,遗雏或可招"的华丽诗句,详写这次战争的胜利的喜悦、朝廷最高统治者对有关俘获人员的宽大处置和为相关招抚事宜的预留空间。"太母",即指宋神宗皇后。又用"和羹""藁街"典故写明对俘虏的处理②。诗歌只用一句"威声西震复,武节北通辽"概括了战争胜利的效果,能震慑西夏和震惊北辽,使其再不敢轻视宋军。苏轼在诗歌的最后发出告诫"军胜忌矜骄。慎重关西将,奇功勿再要"。军队胜利要切忌骄矜,关西诸将要慎重啊,不要再建立这样的奇功了。"关西将",《后汉书》引谚曰:"关西出将,关东出相。"关西,指函谷关以西,即今陕西、甘肃一带。这里指取得大胜的朝廷边将。此战,夏蕃联军兵力占绝对优势,因缺乏统一部署和指挥,兵力分散,四面出击,不能相顾,导致大败。宋军集中兵力,快速出击,各个击破,获得以少胜多的重大胜利。大诗人难道认为此胜侥幸?这种奇功不可能为常态?难道发现朝廷的政策将要改变?竟然发出"奇功勿

---

① 召虎,周宣王时人,宣王曾命其率师讨平淮夷。班超,东汉时安陵人,曾出使西域服其地五十余国,任西域都护,封定远侯。

② 和羹,调和羹汤。《书·说命下》:"若作和羹,尔为盐梅。"后用来比喻辅佐君王的宰相。此处作德化之政讲。"枭"即"枭首"古代五刑之一,即斩首。"未赐枭",没有被赐斩首。藁街,藁通槀。《汉书·陈汤传》,颜师古注云:"藁街,街名,蛮夷邸在此街也。""授首",被杀头。"藁街虚授首","虚授首"即做做样子,不是真的被杀头。

再要"这样的声音,难怪诗里有这样的诗句:"帝道有强弱,天时或长消。"这难道不是说帝王的统治有强有弱,战争的结果难免有胜就有败,就连天时都有长就有消。苏轼是否认为强大的皇帝之后,就会有个相对较弱的皇帝;抑或是连年的失败使诗人对于建立奇功的战斗有了更多的担心,所以才有这样的诗句"羌情防报夏",简直就是唯恐西夏来报复;或直接就是文人之厌战思想,连大诗人亦不能免。全诗用词华丽,诗意流畅清晰,将战事的经过、结果交代得清清楚楚,结尾表达了诗人的预见和忧虑。这首涉蕃长诗表现出大诗人天马行空般行文之外的注重现实政治的另一面,让人读来有相当的陌生感,全诗充满冷静的横议和反战思想。

如果说苏轼的长诗详细交代了战事的经过、献俘的场景、胜利的结果和文人般的忧虑,那么北宋著名诗人黄庭坚的绝句就写得简明扼要、富于联想。其《启至大寨,闻擒鬼章,捷书上奏,喜而为诗》:"千仞溪中石转雷,汉家万骑捣虚回。定知献马番雏入,看郎称觞都护来。"①诗一开始就用"千仞溪中石转雷"写景句起兴,溪水从千仞高处冲下,击中巨石发出雷鸣般的响声,引出对汉家万骑乘隙而出击获胜归来的万马奔腾之声音的联想,仿佛电影用鲜明画面的交错吸引观众,同时用背景的巨大音响给观众以震撼,诗句传达出强烈的赞美和喜悦之情。诗句"汉家万骑捣虚回"用当年汉武帝万骑突击匈奴的故事赞美宋军此战取得的奇功,并用"捣虚"一词准确地指出作战获胜的根本原因②。诗歌后两句用轻松幽默的笔调传达了胜利的无比喜悦,先用"定知献马番雏入",将平日里"茶马市易"的番雏献马入朝来比喻擒鬼章等大首领槛送京师,再用"看郎称觞都护来"即侍卫举酒为胜利归来的将领欢庆干杯,将胜利的喜悦推向高潮。"都护"本汉朝边关将领的职位,这里指俘获鬼章的岷州将种谊。全诗构思新颖独特、语言张弛有度、对比鲜明,以瀑布的声音起兴,以日常生活眼光看胜利,既显示了军队神速出击的力度,又彰显了轻松欢快的胜利喜悦,可以说是宋代涉蕃诗中描写战争的难得好诗。

如果说边将建立奇功不是常态的话,宋与唃厮啰的常态是什么呢?黄庭坚的诗句说得好"定知献马番雏入"。这与宋朝对蕃族的政策有关。在宋朝特别是在王安石执政时期,对西北蕃族的政策:首先,在军事方面,组

① 王秉钧等选注《历代咏陇诗选》,甘肃人民出版社1981年版,第119页。
② 捣虚,乘隙而击之。《孙子·虚实篇》注引何氏曰:"避其坚而攻其脆,批其亢而捣其虚。"

织蕃军,任用蕃人首领。采用部分汉法以组织训练蕃兵,如泾原路的蕃兵编为"甲队",使汉蕃两军的编制能接近统一,内属的广大蕃人为宋朝出力甚大。对青海边远的蕃人采取联合方式,共同防御河西的西夏人。王安石特别告诫王韶:"武人多欲以讨杀取功,此而不禁,则一方忧未艾也。"①这是对蕃人不用武力压迫的正确态度。其次,在经济方面,设立"市易务"、"货田交换"、"置坊列肆"、"茶马市易"。政府即在陇西的古渭寨和熙河地方设置"市易务"(相当于国家商业银行),把钱贷给汉蕃小农和小工商业者,使其免受高利盘剥,并在这些地方"置坊列肆,使蕃汉官私两利",规定蕃人以田易货、汉人以货易田的办法②。这些发展边地贸易,加强汉蕃经济联系及给平民贷款的措施,大大促进了汉蕃团结,并改善了吐蕃人民的生活。王安石还推进了蕃宋"茶马市易"政策。吐蕃人民远在唐代,饮茶就成为生活的必需,陇属党项成为唐、蕃的茶马商道。五代时,已有以马易茶的记载。宋初,蕃人首领进贡,主要是用马来换取中原的茶及其他绢绮之类。因马不但是战争的必需,而且是交通骑乘和农业耕作的必需。所以北宋初年,蕃汉之间已有私人经营茶马交易,官府需马,从民间私人手中购买。北宋政府在西北原、渭、德顺(隆德等地)三处易马。宋神宗熙宁以后,王安石为了增强国防,对西夏用兵,国家需要大量马匹,除在内地推行"保马法"外③,采纳王韶"西人颇以善马至边,其所嗜唯茶,而乏茶与之为市"的建议④,派李杞入蜀,筹划买茶,政府规定专以雅州、名山之茶作为易马之用;在秦凤、熙河两路设场号马,至此民茶全归国家统购统销。每年收茶利百余万,市马二万余匹。茶马市易,不但巩固了宋朝的国防,增加了人民的生产,而且满足了广大蕃人的生活需要,因此,也就成为汉蕃两族经济联系的主流。所以黄庭坚用"献马番雏入"的常态来比喻槛送鬼章入京就顺理成章、不足为怪了。

文人对于战事每每不感兴趣,尤其是在重文轻武的宋代,唐代的任侠之风早已飘去如云烟。宋代文人更喜欢的是文房四宝。黄庭坚就写到了以蕃地特产洮河绿石制成的砚台。其诗《刘晦叔许洮河绿石砚》:"久闻岷

---

① 梁启超著《王安石传》,商务印书馆国际有限公司 2015 年版,第 191 页。
② 梁启超著《王安石传》,商务印书馆国际有限公司 2015 年版,第 126、190 页。
③ 梁启超著《王安石传》,商务印书馆国际有限公司 2015 年版,第 172 页。
④ 〔元〕脱脱等撰《宋史》卷一六七《职官志》七"都大提举茶马司"条,中华书局 1977 年版,第 12 册,第 3969 页。

石鸭头绿，可磨桂溪龙文刀。莫嫌文吏不知武，要试饱霜秋兔毫。"①写到文房四宝的二宝：砚台、毛笔。"岷石鸭头绿"，即洮河绿石砚，洮砚与广东的端溪砚、安徽的歙州砚并称中国三大名砚。其石出于洮河底，采取不易。色绿如兰，质润如玉，雕制成的石砚，具有发墨细快、保湿利笔等特点。"龙文刀"，即笔，龙文出韩愈诗句"龙文百斛鼎，笔力可独扛"，形容笔力雄健。"秋兔毫"，即用秋天的兔毛做成的笔。诗人心直口快地写下"莫嫌文吏不知武"，不要怪文人对武事不感兴趣，好友刘晦叔才许诺送其洮河绿石砚，黄庭坚就兴奋地写下了此诗。在得到洮河绿石砚后又将新得的宝物分赠晁补之和张耒，并写下《以团茶、洮州绿石研赠无咎、文潜》一诗②。为此，张耒写了和诗《鲁直惠洮河绿石研冰壶次韵》："洮河之石利剑矛，磨刀日解十二牛。千年边地团沙砾，一日见宾来中州。黄子文章妙天下，独有八马森幢旒。平生笔墨万金直，奇煤利翰盈箧收。谁持此研参案几，风澜近手寒生秋。抱持投我弃不惜，剔以清诗帛加璧。明窗试墨吐秀润，端溪歙州无此色。野人齐房无玩好，惭愧衣冠陈裸国。晁侯碧海为文词，盘礴万顷清澄漪。新篇来如彻札箭，劲笔更似划沙锥。知君自足报苍璧，愧我空赋琼瑰诗。"③"冰壶"，玉制的砚水壶。张耒此诗不但和了韵，还和了意和词，文人虽不喜打仗，却偏喜用兵器比笔，此诗一开头就用"剑""矛""刀"指笔。和诗与原诗都用了一个相同的比喻，原诗为"张子笔端可以回万牛"，是比喻张耒的笔力强劲有力，可以把万头奔驰的牛拉回来。和诗"磨刀日解十二牛"是比喻每天挥毫书翰可以解决不少重大问题。和诗接着交代砚台的来源，"边地"，指洮河一带，宋时为吐蕃占据，故称边地。"团沙砾"，指洮河绿石砚。再袭原诗意赞美黄庭坚的文章能力，"奇煤利翰"，"煤"，同墨。"翰"，天鸡。古以其毛为笔，故凡用笔所书皆称翰，如书翰、文翰；词组指文笔奇绝犀利。而这种文笔的发扬是因为有此精美的砚台，张耒接着赞美了洮河绿石砚的完美，并用"野人"来自我谦称，用典故表达了自己拥有此宝

---

① 王秉钧等选注《历代咏陇诗选》，甘肃人民出版社 1981 年版，第 116 页。

② 诗云："晁子智囊可以括四海，张子笔端可以回万牛。自我得二士，意气倾九州。道山延阁委竹帛，清都太微望冕旒。贝宫胎寒弄明月，天网下罩一日收。此地要须无不有，紫皇访问富春秋。晁无咎，赠君越侯所贡苍玉璧，可烹玉尘试春色。浇君胸中《过秦论》，斟酌古今来活国。张文潜，赠君洮河绿石含风漪，能淬笔锋利如锥。请书元祐开皇极，第人《思齐》《访落》诗。"见王秉钧等选注《历代咏陇诗选》，甘肃人民出版社 1981 年版，第 117 页。

③ 王秉钧等选注《历代咏陇诗选》，甘肃人民出版社 1981 年版，第 121 页。

的惶恐:"惭愧衣冠陈裸国。""裸国",其人不穿衣服之国。《吕氏春秋》:
"古有国人不衣者,禹至其国,裸入而衣出,因其俗也。"整句诗的意思是说
把洮砚放在自己书房里,如同将衣冠放到裸国一样,既觉珍奇无比,又使自
己感到惭愧。诗歌再袭原诗意赞美晁补之文章的气概,并赞美其用力透纸
背的新编文字报答黄庭坚赠送其的团茶苍玉璧,最后谦虚地说自己空赋此
诗无以报答黄庭坚的友情。全诗是和诗的佳作,不仅和了原诗韵,而且和
了原诗意,用词华丽,表意清楚,思路明晰,显示了张耒优秀的作诗能力。

　　北宋涉蕃诗除了吟咏蕃地土特产外,还有几首写到当地风光,如游师
雄的《崆峒山》:"崆峒一何高,崛起乾坤辟。峻极倚杳冥,峥嵘亘今昔。"①
"崆峒山",在今甘肃省平凉市西三十华里。游师雄于仪州司户参军迁德顺
军判官时,曾游览崆峒山,并题此诗。其题名碑已佚。全诗极写山的高险
雄峻及延绵不断,诗句简洁有力,空间感强概括全面,短短二十字涉及上下
古今。李师中的《麦积山》:"路入青松翠蔼间,夕阳倒影下溪湾。此中猿鹤
休相笑,谢傅东归自有山。"②李师中是楚丘(今河南省滑县)人。熙宁、绍
圣间,与滕元发、游师雄诸人御西夏,有殊功。熙宁初,知秦州。诗歌在前
两句写黄昏的溪流及路边林木的碧绿茂盛后,接两句用典写了诗人的归隐
心愿。"谢傅",即晋代谢安。安曾隐居东山,四十多岁,才出任恒温司马,
累官至太保。卒赠太傅,故世称谢太傅。诗人也许因为一路风景的优美而
产生了以谢太傅为榜样归隐的愿望。此类诗都表达了诗人对于祖国大好
河山的无限热爱。

---

① 王秉钧等选注《历代咏陇诗选》,甘肃人民出版社1981年版,第120页。
② 王秉钧等选注《历代咏陇诗选》,甘肃人民出版社1981年版,第121页。

拉藏汗治下的西藏地方
兵制与防务考述

彭蕠淇　马天祥

摘要：拉藏汗治下西藏地方兵制，属于传统西藏地方"四如"征召兵制与蒙古"达木八旗"驻牧制度结合的产物。在这一历史时期，"四如"制度已然衰颓，无法与其鼎盛时期等量齐观。与此同时，蒙古驻牧制度亦并不局限于"达木八旗"，实是以达木地区为中心，在藏北地区向东、西两个方向延展至通往青海、新疆之要道。

关键词：拉藏汗；西藏地方；兵制

基金项目：本文系国家社科基金项目"清代西藏民族志文献整理研究"（项目编号：23BMZ120）阶段性成果。

作者简介：彭蕠淇，女，文献学博士，西藏民族大学外语学院讲师。曾发表论文《从额伦特兵败看雍正朝中央政府对昆仑山南路管控策略的调整》等。

马天祥，西藏民族大学文学院教授、硕士研究生导师。曾出版古籍整理著作《西藏通览校证》。

在《清史稿》《清实录》等史料中，并未收录有关拉藏汗治下西藏地方兵制与防务方面的记录。《平定准噶尔方略》《钦定蒙古王公功绩表传》等其他官修史料及《（雍正）四川通志·西域》等官修志书中亦未见相关载录。国外蒙古学界，诸如日本学者宫脇淳子《最后的游牧帝国》、美国学者托马斯·巴菲尔德《危险的边疆——游牧帝国与中国》等多将视角集中于准噶尔部，而对拉藏汗则并未给予过多笔墨。此外，囿于文献史料的匮乏，我国近年来相关专题学术论文和学位论文,皆未对此问题进行深入挖掘和专题考证①。《清史稿·兵志》唯有"西藏旗兵,自乾隆五十七年始。前后藏各设番兵千,定日、江孜各设五百"之载录②。成书于雍正五年(1727)之《藏纪概》亦未对此留有些许笔墨。翻检成书于乾隆元年(1736)之《西藏志考》,其"兵防甲胄"条载:

> 西藏设额马步兵六万四千余名:拉撒,马兵三千名;后藏,马兵二千名;阿里,马兵五千名;稞坝,马兵一千名;党子、拉藏、浪木错等处,黑帐房达子共有马兵三千名;阿里、前后藏各处,共步兵五万名。③

此条记载与成书于乾隆末之《卫藏通志》出入甚大。《卫藏通志》卷八"兵制"条载:"查唐古忒番兵原设有五千一百六十五名。"④从文献编撰时间先后来看,据赵心愚先生考证:"此志(《西藏志考》)开始编纂时间应在雍正十二年、十三年。"⑤因此,可以推断《西藏志考》编撰所使用的文献材料当不晚于雍正十二年(1734)、十三年(1735)。而《卫藏通志》编撰所使用材料的时间下限,则已延及乾隆朝末期。单纯从时间维度来看,似乎《西藏志考》之载录距离拉藏汗时期更近。

然而,首先从数量上来看,《西藏志考》"西藏设额马步兵六万四千余名"的载录似颇不合乎常理。因为无论是成书于乾隆末的《卫藏通志》"五千一百六十五名"之说,还是清末《西藏通览》"汉兵六百六十五人,番兵三千百六十二人"⑥之说,其建制基本保持在三千至五千余名。换而言之,纵观十九世纪我国西藏地区的人口数量与社会生产能力,供给此等建制兵备

---

① 学术论文如张发贤《1717年准噶尔部袭扰西藏探析——以清宫满文奏报为中心》(《西藏研究》2017年第5期)、罗布《准噶尔"扰藏"问题探析》(《西藏大学学报》2019年第4期)等;学位论文如刚索南草《18世纪前期准噶尔蒙古侵扰西藏研究》(中央民族大学硕士学位论文,2013年)、任丽平《清朝统治和硕特研究》(华东师范大学硕士学位论文,2021年)等。

② 赵尔巽等撰《清史稿》卷一三〇《兵志一》,中华书局1977年版,第14册,第3878页。

③ 〔清〕佚名著《西藏志考》,清抄本,第10叶。

④ 《卫藏通志》卷八,光绪丙申渐西村舍刻本,第1叶。

⑤ 赵心愚《〈西藏志考〉成书时间及著者考》,《西南民族大学学报》2011年第12期。

⑥ 〔日〕山县初男编著,四川西藏研究会译《西藏通览》,光绪石印本,第66页。《西藏通览》系日本军人山县初男参考我国古代史志典籍与西方人员入藏游记等资料编撰而成,关于《西藏通览》的成书和版本问题,可参看马天祥、彭敩淇《〈西藏通览〉版本流变概述》(《西藏民族大学学报》2021年第4期)。

当为常例。至于究竟能否支撑逾此"常例"十余倍之庞大规模,似当抱以谨慎的态度①。其次,自康熙五十六年(1717)准噶尔部策凌敦多布袭扰西藏以来,西藏地方先后经历了康熙五十七年(1718)至五十九年(1720)两次"驱准保藏"之战、雍正五年(1727)西藏"阿尔布巴之乱"等重大事件。纵然《西藏志考》编撰使用的是雍正十二年(1734)、十三年(1735)之前的材料,但这些材料中又有多少是编撰于"驱准保藏"之时,或是记录"阿尔布巴之乱"史事,我们都不得而知。并且,依据《西藏志考》提供的线索,可以推定这些记述似与拉藏汗治下西藏之兵制关联不甚紧密。其一,《西藏志考·叙》有言"余从戎藏地"②,可知其中记之情形当不早于"驱准保藏"之战;其二,如若《西藏志考》"西藏设额马步兵六万四千余名"甚盛之景况确系属实的话,为何该书中又有"寻常未见其操演……于二三月间,偶遇一次……其兵唯马上似属稍长,步下怯懦不整矣"等颇多相互龃龉之记录③。

验之《卫藏通志》卷八"兵制"条,似有文字对藏中兵备"数万"之说予以明确驳斥和说解:

> 谨案,唐古忒番兵向来分派各寨农民,有事则调集为伍,既无统帅又少操娴,虽有数万之名,仅为虚设。自乾隆五十七年定议,额设差操与绿营兵丁一体训练,洵足为卫藏保障也。④

也就是说,乾隆朝末年官修人员在编撰《卫藏通志》时,直接或间接地接触到的藏地兵备"数万"的材料,于是依据掌握的相关材料,将长久以来的西藏兵制特点总结为"分派各寨农民,有事则调集为伍",因而"数万"实为"虚设"。

然而,验之藏文史料档案,此结论虽"确"而不"实"。这种结论虽然反映了既往西藏兵制的特点,但却未能真实反映西藏兵备之全貌。事实上,在拉藏汗治下,当时西藏地方是存在一定数量的常备兵员的。西藏自治区

---

① 日本学者宫脇淳子直言:"雍正帝即位后,物资匮乏的西藏连3000人的清军驻守兵都养不起,清军曾一度全面从拉萨撤退。"参见〔日〕宫脇淳子著,晓克译《最后的游牧帝国:准噶尔部的兴亡》,内蒙古人民出版社2005年版,第175页。
② 〔清〕佚名《西藏志考》,清抄本,第1叶。
③ 〔清〕佚名《西藏志考》,清抄本,第10叶。
④ 《卫藏通志》卷八,清渐西村舍刻本,第1叶。

档案馆藏藏文档案——藏历水龙年(1712)《第巴为预防青海蒙古侵藏事给当雄营指令》载:

> 据措卡地禀称:德沁廓雪旗兴兵来藏,目下正渡黄河。等语。兹奉杰修仁布钦指令称:此闻果否,未可知悉,然应有所防备。故全体藏兵,妥为预备,无论何时,一有敌情,立刻出兵。暂遣代本一名帅骑兵前往。等语。奉此,着令该地方政府、贵族、官员等,迅即汇集全体官兵,一俟有事,即行出兵,不得有误。若需出兵,一俟有令,尔等无论何人,当火速应命,不可推诿延误。①

此令虽为第巴发出,然考西藏地方历史,康熙四十四年(1705)拉藏汗擒杀第巴桑结嘉措。此举得到清廷认可,康熙帝因此册封拉藏汗为"翊法恭顺汗"。因此,这条发布于藏历水龙年(1712)之"指令",可以视为拉藏汗治下西藏地方的军令文书。文中饬令当雄营"全体藏兵,妥为预备"的同时,命令"暂遣代本一名帅骑兵前往"。结合文中"着令该地方政府、贵族、官员等,迅即汇集全体官兵"可知,当雄营在遇事征调、妥为准备的同时,尚保有一支可以随时听命派遣的骑兵。两者的动员与准备时间是有着显著区别的,对此"指令"中载:"再,虽有代本帅骑兵前往,以为防范,然当雄营亦须于月内准备就绪。"②又载:"再,因事关紧迫,可从尔帐下拨给本部兵丁两个半月口粮,即速磨炒,并置办肉食。"③

综合"指令"中的诸多线索,可以得出以下三条结论:其一,此"指令"是发给当雄营之营官而非地方官员及贵族;其二,当雄作为拉萨西北重镇,在遇到突发情况需动员、征调兵丁之外,尚保有一定数量之骑兵可供随时派遣;其三,当雄营营官帐下,存有不少于所部满员兵丁所需两个半月之口粮。这些线索都在说明这座位于拉萨西北要冲的当雄营,于重大事件紧急动员之外,尚保有一定数量可资日常巡查与快速调动的骑兵及若干个经理

---

① 中国藏学研究中心、中国第一历史档案馆等合编《元以来西藏地方与中央政府关系档案史料汇编》,中国藏学出版社 1994 年版,第 2 册,第 311—312 页。
② 中国藏学研究中心、中国第一历史档案馆等合编《元以来西藏地方与中央政府关系档案史料汇编》,中国藏学出版社 1994 年版,第 2 册,第 312 页。
③ 中国藏学研究中心、中国第一历史档案馆等合编《元以来西藏地方与中央政府关系档案史料汇编》,中国藏学出版社 1994 年版,第 2 册,第 312 页。

营务的兵丁。

　　那么,这种情况是仅有当雄营作为个案存在,还是一种普遍存在的制度呢?作为准噶尔部袭扰西藏亲历者的策仁旺杰,在其所著藏文史料《颇罗鼐传》中,又提供了一些珍贵线索。

　　首先,就康熙五十六年(1717)准噶尔部由新疆叶尔羌窜入西藏阿里地区的行动,对阿里首领康济鼐的反应进行了记录:

　　　　我们接二连三听到叶尔羌传来的消息,说有五千鬼迷心窍、好战爱斗的准噶尔军队从那仓往阿里开来,是敌是友,尚难分辨。我阿里军队已整装待命,该不该开拔到敌人出没的地界上去,请下命令。①

据此可知,作为阿里首领的康济鼐,其手下亦管控有类似当雄营之兵备组织。准噶尔部袭扰西藏行径的克里雅道实为人迹罕至之野径②,因此探听消息之人当系康济鼐戍卫亲随而非往来商旅。并且,文中"接二连三"言情报传递之频,"从叶尔羌传来的消息"又透露着消息来源地是位于昆仑山北路,意在说明军情打探之远。这些都从侧面证明,康济鼐手下亦有一定数量可资哨探、逻戍随时调遣之军队。当然,其主体军队与当雄营情况相似,皆系战时征发之民。另据《颇罗鼐传》之记载,在准噶尔部暴露袭扰之意后,西藏各地戍兵皆及时表明态度,支持拉藏汗:

　　　　前藏的乌如、约如,后藏的耶如、如拉克各都,恰、塔、工三地,以及霍尔蒙古的兵丁,全都效忠拉藏汗王,乐于死战,不怕牺牲。③

文中的"乌如""约如""耶如""如拉克""恰""塔""工""霍尔蒙古"等地,《颇罗鼐传》译者已于书后附有注释,为便于读者了解,兹摘引如下:

　　　　约如:以乃东为中心,东至工布,南至错那,西至卡卡那雪峰,北至

---

① 〔清〕多卡夏仲·策旺仁杰著,汤池安译《颇罗鼐传》,西藏人民出版社 1988 年版,第 137 页。另,译者书后附录有注释:"那仓:阿里东北的游牧区。"(第 462 页)
② 彭薮洪、马天祥《〈新疆南路赋〉"栋科捷径"注文考辨——兼论清代新藏克里雅道》,《新疆大学学报》2024 年第 3 期。
③ 〔清〕多卡夏仲·策旺仁杰著,汤池安译《颇罗鼐传》,西藏人民出版社 1988 年版,第 142 页。

马拉山脉。耶如：以南木林为中心，东至朗马，南至聂拉木，西至皆麻
拉，北至黑河麦底卡。如拉克：后称运如。以哲地的杜瓦纳拉为中心，
东至姜纳扎，南与尼泊尔的朗纳接界，西至拉更亚米，北至麻拉安。约
当今后藏与阿里连境的南部地区。霍尔蒙古：当雄县境的蒙古人游牧
区。第五世达赖为酬谢固始汗，任其挑选草场，选中当雄后，蒙古人就
在此游牧，后称达木蒙古八旗。元朝时，蒙古人入藏，已在这里留下
牧民。①

从地域划分的角度来看，注释内容已颇为详尽，但这些单纯地理方位的叙
述似乎缺少些许历史的传承。所谓"乌如""约如""耶如""如拉克"，又作
"乌如""要如""耶如""如拉(或作藏如拉)"，实为公元七世纪初西藏吐蕃
王朝建立后，将全境划分成的四个军政区域，即"乌思藏四如"②。所谓"乌
斯藏四如"，实际上就是西藏地方早期的一种兵民组织，其历史甚至可以追
溯至松赞干布时期。成书于十五世纪的藏文史料《汉藏史集》载：

> （松赞干布）将吐蕃划分为四个"茹"，以及各个千户所，并在四方
> 设置了禁卫军，给人们颁发告身。在骏马身上彩绘条纹，以区别
> 军旅。③

行文至此，综合成书于十八世纪的《颇罗鼐传》和成书于十五世纪的《汉藏
史集》两书所载史料，可以推知固始汗在进入并管理西藏地方后，除将部分
蒙古部族迁居当雄之外，似对西藏原有兵制结构并未作较大变革。或者可
以作这样理解，即在基本维持西藏地方旧有兵制基础的前提下，引入了留
驻当雄的达木蒙古兵。与此同时，《颇罗鼐传》中又言及的"恰、塔、工三
地"，当系历史上西藏东部的加查宗、朗宗、古如朗杰谿等地，即今西藏拉萨
东部门户加查县、朗县、工布江达县一带。

---

① 〔清〕多卡夏仲·策旺仁杰著，汤池安译《颇罗鼐传》，西藏人民出版社 1988 年版，第 462—
463 页。
② "乌如"系藏文音译，意为"中央翼(部)"，其区域东至沃卡，南至玛拉，西至须尼木，北至沙克，以
热莫且(今西藏拉萨市小招寺)为中心，大致当今雅鲁布江中游北面的拉萨市辖各县。吐蕃
灭亡后原建制废，"乌如"与"要如"合称"乌思"即前藏。
③ 〔明〕达仓宗巴·班觉桑布著，陈庆英译《汉藏史集》，西藏人民出版社 1986 年版，第 80 页。

结合这些考证结果,我们可以发现,当雄、阿里、加查、朗县、工布江达,以及"四如",这些地方的兵民组织都发挥着平时逻戍要冲、战时拱卫召地的作用。纵然从人口变化走势上来看,此种建制已远逊于《贤者喜宴》中载录的公元七世纪吐蕃极盛时"五如""六十一桂东岱"之规模①,但不可否认至拉藏汗之时,藏中兵制似仍承其梗概。而与之形成鲜明对比的是,作为拉藏汗治下西藏地方腹地的核心区,或者可以直接理解为拉萨,则是近乎无甚武备的。一份十八世纪初的西藏地方档案,揭示了诸多细节,《噶厦为参加拉萨传召大法会驱鬼仪式之骑兵所颁奖项和名次清册》载:

> 拟举行盛大闭幕式,届时须提前通知以噶伦、代本为主之内府执事,以及达木八旗、隶属政府之游牧族、帐幕部族,要求妥善筹备参加传召大法会驱鬼仪式马队所需盔甲、武器、全服马鞍等物;其他宗谿和附近等地,须按旧律不得扰害。②

另据《西藏志考》"年节时令"条所载:

> 至二十一日,调集各处蒙古、西番马步兵三千,顶盔贯甲,各执长矛、弓箭、鸟枪、藤牌,马亦从头至尾披挂五色甲裙,个个跳舞放枪,绕召三次,至琉璃桥南点放大炮,以为迎神捉鬼。③

结合以上两则材料及其他相关史志文献,可知此驱鬼仪式实为西藏地方一年中征发兵丁规模最大之活动④,且此活动主要以召地拉萨为中心。并且,召地举行这项盛大活动所需规模庞大之兵丁皆需从达木八旗、隶属政府之游牧部族征发,所需之军械和其他设备亦需提前从各地部族征调。这些细节都可以从档案和方志的载录中得到互相印证。因此,可以推知当时作为

---

① 〔明〕巴卧·祖拉陈瓦著,黄颢、周润年译注《贤者喜宴——吐蕃史译注》,中央民族大学出版社2010年版,第32—33页。
② 西藏自治区档案馆编《清代西藏地方档案文献选编》,中国藏学出版社2017年版,第1册,第11页。
③ 〔清〕佚名《西藏志考》,清抄本,第32叶。
④ 乾隆朝后,西藏地方每年校阅军队之"扬武式",然而从地方志中提供的材料来看,其规模远在"驱鬼仪式"之下。参见〔日〕山县初男编著,四川西藏研究会译《西藏通览》,光绪石印本,第25—26页。

西藏核心地区的拉萨并无大规模的常驻部队。

那么,拉藏汗治下的西藏地方,以及在施行的"第巴"制度中,各地贵族官员又是如何维持辖区日常管理的呢? 从有关档案来看,当时西藏地方的高级贵族,其手中亦掌握有一定数量私属的"兵役"。

综合前文考证来看,拉藏汗治下的西藏地方兵制主要包括:其一,传统西藏"四如",即卫藏"乌如""约如"和后藏"耶如""如拉克"的兵民组织;其二,传统西藏东部"恰、塔、工三地"的兵民组织;其三,自固始汗之时就迁居留驻当雄的达木蒙古部族①;其四,负责管控"阿里三围"的康济鼐所部;其五,地方高级贵族的私属"兵役"。

---

① 达木蒙古,亦称达木蒙古八旗。

读《西域遗闻》札记

孙　琦

摘要：陈克绳纂《西域遗闻》是成书于清乾隆前期的一部方志著作，内容涉及川藏等地区政治、经济、宗教、风俗等方面，又有诸多资料为陈克绳亲历所辑，具有极高的史学与民族志价值。本文以 1936 年北平禹贡学会《边疆丛书甲集》所收《西域遗闻》铅印本为底本，对该书的史学与民族志价值略作探讨。

关键词：《西域遗闻》；陈克绳；札记

作者简介：孙琦，云南大学西南边疆少数民族研究中心博士研究生。曾发表论文《清代和硕特拉藏汗家族后裔世系考——以满文〈察哈尔公台吉等源流册〉为中心》。

一

　　《西域遗闻》是成书于清乾隆前期的一部方志著作，作者陈克绳，字衡北（曾字希范），号希庵，浙江归安（今浙江吴兴）人。康熙四十二年（1703）生，后以府学拔贡，雍正七年（1729）中举，乾隆二年（1737）高中丁巳科进士，"引见奉旨以知县即用"[①]，次年即任四川保县（今四川阿坝州理县一带）知县。陈克绳素有"筹边"之志，故到保县后，"夙夜战兢"，以不负"天

---

① 秦国经主编《中国第一历史档案馆藏清代官员履历档案全编》，华东师范大学出版社 1997 年版，第 15 册，第 676 页。

子念切筹边,以绳膂力方刚,可备任使"之重托①。陈克绳"莅任未久,百废俱兴",又宣播朝廷德意,抚绥苗众,"民赖以安"。在保县期间,陈克绳又以修志为己任,乃"悉心考究,探故碣,访遗老,质绅士,参酌考订萃荟"②,最终于乾隆十一年(1746)纂成《保县志》。次年,陈克绳升任茂州知州。时值乾隆朝第一次大小金川之役爆发,"全蜀骚然"。陈克绳因"有干济才",被负责平乱的川陕总督班第看中,"留军营任事",并委以饷运重任。后因军功于乾隆十四年(1749)题补打箭炉同知,十八年(1753)又署理嘉定府知府,"分巡川东,榷税夔关"。二十年(1755),因罪革职,由此离川。

陈克绳在川任职期间,十分重视筹边事业,其个人筹边思想为其纂修边疆方志提供了思想基础,这是其编纂《西域遗闻》的理念背景。《西域遗闻》全书分为《事迹》《疆域》《佛氏》《政教》《风俗》《物产》《属番》《与国》《邻番》《里巴二塘》《川边职官》等十一门,这种方志体例即清初方志中流行的"平目体",亦称"门目体",特点是平列门目,各门目间互不统摄。此书采用这种体例,是因为陈克绳搜集和摘录的有关材料杂而散,如果按通行方式编写,工作量必然很大。做这样的分类后,可按目逐条列入即可,不必讲求首尾贯通③。

《西域遗闻》成书之后由于长期未刊印,原稿早已佚失。目前可见的《西域遗闻》存世版本有两种,一为国家图书馆藏清抄本,二为民国二十五年(1936)北平禹贡学会《边疆丛书甲集》铅印本。国家图书馆藏本卷首下钤印"江安傅沅叔读书记",可知其为民国著名藏书家傅增湘旧藏。《边疆丛书甲集》铅印本牌记题"中华民国廿五年十月禹贡学会据江安傅氏藏旧钞本印行",而两者文字内容及文中所含民国学者吴燕绍的眉批按语均完全一致④。本文选取的底本即民国二十五年(1936)北平禹贡学会《边疆丛书甲集》铅印本,该书卷首有张之浚序,正文包括《事迹》《疆域》《佛氏》《政教》《风俗》《物产》《属番》《与国》《邻番》《里巴二塘》《川边职官》等十一

---

① 〔清〕陈克绳撰《保县志》,张羽新主编《中国西藏及甘青川滇藏区方志汇编》,学苑出版社 2003 年版,第 39 册,第 251 页。
② 〔清〕陈克绳撰《保县志》,张羽新主编《中国西藏及甘青川滇藏区方志汇编》,学苑出版社 2003 年版,第 39 册,第 252 页。
③ 赵心愚《乾隆〈西域遗闻〉的编撰及其缺陷、价值》,《西南民族大学学报》(人文社会科学版) 2012 年第 11 期。
④ 柳森《〈西域遗闻〉作者生平与成书背景考论》,《史志学刊》2021 年第 3 期。

门,书中记事时间下限为乾隆十八年(1753)①。书后还有傅增湘、吴燕绍、吴丰培的跋语。

二

《西域遗闻》全书虽然只有四万多字,但内容涉及川藏等地区诸多方面,又有许多资料为陈克绳亲历所辑,十分宝贵。陈克绳好友张之浚曾为《西域遗闻》作序称:"予知是书皆得之亲历,可备国史采择,传西域者得所考证,是亦怀远招携之助也。"②傅增湘跋曰:"据其耳闻目见,著为此书,视他人专按图籍者,较为详核。"③吴燕绍亦跋曰:"是书为(陈克绳)榷税时所手辑,晚年追述旧闻,皆所身历之途,目击之事,非向壁虚造、东涂西抹者所能望其项背。"④可见,《西域遗闻》所辑资料可信度较高,对了解清前中期川藏地区政治、经济、宗教、风俗等方面具有极高的史学与民族志价值。

(一) 对西藏地方政治事件之记述

《西域遗闻》中记述了诸多西藏地方政治事件,如关于康熙末年准噶尔侵藏事件之记述:"古若汗曾孙拉藏复请于苦苦脑儿台吉赴藏理事,以计杀碟巴汗,自为汗。己恐为苦苦脑儿部落不顺,遣使求援于准酋,以己子顺义台吉乞婚。准酋泽旺阿喇布坦遂萌踞藏之心,阳允之,乃言藏人首重喇嘛,若以五百驻布达拉寺化导众僧,余可尽服也。拉藏如命,复乘间请于朝,求内附。康熙初年,畀以汗印。藏众信达赖。拉藏废五辈达赖,而别以准酋所纳五百喇嘛中择一人充之,面目黧黑,眇一目。藏人不服,称为假佛。时第六辈达赖名虎必尔汗者,降生里塘,远近翕然宗之。拉藏怒,谓藏中已有真佛,此系假者,遣其次子发兵三千至里塘,将擒虎必尔汗以去。脑儿部落闻,谋先夺之,度不能争,亦求援于准酋。准酋遣兵同脑儿部邃赴里塘。时

---

① 有学者据此认为《西域遗闻》当成书于乾隆十八年至十九年。见赵心愚《清代西藏方志研究》,商务印书馆 2016 年版,第 245 页。
② 〔清〕陈克绳著《西域遗闻》"序",1936 年《边疆丛书甲集》铅印本,第 1 页。
③ 〔清〕陈克绳著《西域遗闻》傅增湘"跋",1936 年《边疆丛书甲集》铅印本,第 40 页。
④ 〔清〕陈克绳著《西域遗闻》吴燕绍"跋",1936 年《边疆丛书甲集》铅印本,第 41 页。

里塘僧众已挟虎必尔汗避于德格土司寨矣! 准酋迎虎必尔汗之兵,与拉藏擒虎必尔汗之兵战于里塘之西,大败之。脑儿部落遂自德格土司拥虎必尔汗安于西宁塔儿寺。准酋至藏,中途酷寒乏水草,兵不能行,乃乘脑儿之隙,诡遣人报拉藏汗,愿践婚姻约,送女至藏,而令拉藏汗之子以刍粮亲迎。拉藏诺。准酋兵行半道,人马乏食几冻毙,适拉藏之子率兵马刍粟以来,乃杀之,而饱食乘马以行,声言攻藏。拉藏闻曰:'布达拉天险且兵粮广聚,可为三年守,以求救于朝,无惧也。'而准酋先所纳五百喇嘛已应于内,焚寺开城以纳准兵,遂杀拉藏,占藏地。自明正土司以西皆附焉,而征车零敦多布之大兵起。车零敦多布,准酋甥也。准酋命以兵聚藏,杀拉藏汗,藏乱。"① 此段述及康熙末年准噶尔侵藏之始末,透露了诸多细节,为他书所未载。

又如对乾隆十五年珠尔默特那木札勒事件之记述:"颇罗奈长子朱尔妈彻敦练习世故。颇罗奈爱其少子朱尔墨特那木扎尔,请令袭替,而令其长子守防阿里噶尔妥地,称阿里公。朱尔墨特那木扎尔既袭封,狂悖无状。先命副都统纪山驻藏,那木扎尔即请撤驻藏官兵五百名,允之。乾隆十四年冬,诬其兄彻敦(策布登)将叛,率兵袭之,彻敦自刎。共劫其珍宝妇女,掘其室为汗池。形势仓皇,乃命都统傅(清)前往安抚。十五年春,复命左都御史拉(布敦)往代,纪山回京。那木扎尔狂悖日甚,渐谋不轨,傅(清)、拉(布敦)请相机剪除。上以大臣孤悬夷地宜慎重,命青海都统班(第)往藏会商。已而十月间,那木扎尔潜调兵图大举,时二月出巡,九月方回,即以伊子娶妇,离藏而居。傅(清)、拉(布敦)乃托以有旨令回开读。那木扎尔于十月十二日到藏,十三日黎明赴公所,入门见官兵尚卧,不为备,率侍从数人上楼见大臣,手递哈达。都统傅(清)令跪听旨,即取衣内刀刺之,未中。扎尔惊逸。拉(布敦)拔刀伤其左臂,未诛死。侍者举木凳急击之,碎其首,毙。乃宣言扎尔谋叛伏诛,令小公②主藏事。"③此段对珠尔默特那木札勒被驻藏大臣傅清、拉布敦诛杀情形记载得十分详细,是研究该事件的第一手资料,可补《清实录》《清史稿》等史籍记载之不足。

此外,《西域遗闻》还记载了珠尔默特那木札勒的一些奇闻轶事,如:"朱尔墨特有所信呼图兔居藏后古寺,知未来事。墨特以钦差召,将进藏,

① 〔清〕陈克绳著《西域遗闻·事迹》,1936年《边疆丛书甲集》铅印本,第1—2页。

② 即公班第达贡布欧珠热丹。

③ 〔清〕陈克绳著《西域遗闻·事迹》,1936年《边疆丛书甲集》铅印本,第4页。

过寺问以吉凶,不应。固问,答以且过十月再言,盖知墨特将死也。墨特复问以前生。笑曰:青狼也。墨特怒,遣人杀之。以颈引刃,曰:命尽也。"①此段或系传闻,但间接反映了时人对珠尔默特那木札勒事件的一种看法,极具参考价值。

(二)对川藏地区商贸之记述

陈克绳曾任打箭炉同知,是以对川藏地区商贸情形了解颇多,这一点在《西域遗闻》中有所体现。如记川滇藏贸易情形:"里塘以外,皆南邻滇省丽江、鹤庆两府。彼地民夷每以茶、烟、布帛、铜器赴巴塘之擦练安、天柱、大柱、大户、松桥、麦顶各寨及西藏所属之擦瓦岗、左工、波乌、曲棕、工布、喳峪、札玉滚、蓝墩、江卡、乍丫、黄连庄各处,贸易氆氇、毯褐、酥油、黄连、牛羊皮等物。春融前往,秋末始回。"②又记西藏地方贸易:"大市以银钱,小市以哈达、茶、油互易。贾货有自内地往者,珠宝、锦绣也;自鲁克巴、天竺、白勒布等地往者,卞(卡)契之锦缎、绸布及牛黄、阿魏物也。"③此外,还有对川藏地区银钱贸易之描述:"交易以银为钱,大如五铢实,其中不可以贯上刊花纹。每圆重一钱五分,物价递少,则递剖其半,曰半个,曰又,曰须,曰撒犹。分厘之数,盖愚番不识戥星,故也铸自白布。白布,西域之邻国回民也。流传数千里至于雅郡,然始则藏外皆范纹银。今雅郡奸民仿式制造,杂以铅铜,非老贾未能辨真赝。而银钱之价,遂减纹银三分之一,其花纹以象牙八卦称者更为恶劣。"④这些皆是研究清代川藏经济史的第一手史料。

(三)对藏传佛教之记述

《西域遗闻》对藏传佛教之记述不脱旧志窠臼,但书中又有诸多细微之笔突显其价值。如述及藏传佛教派别:"僧教以黄、红帽为别。黄帽者,真心修行,如中土之禅僧也。红帽者,娶妻生子,而后独居于寺,为人诵经取利,如中土之应付僧也。达赖、班禅、叭吧皆主持黄教,故黄教最尊。然红教之言曰:若不娶妻,则人无种。又有黑帽者,如中土道士,皆有呼图兔主

① 〔清〕陈克绳著《西域遗闻·事迹》,1936 年《边疆丛书甲集》铅印本,第 4 页。
② 〔清〕陈克绳著《西域遗闻·风俗》,1936 年《边疆丛书甲集》铅印本,第 26 页。
③ 〔清〕陈克绳著《西域遗闻·风俗》,1936 年《边疆丛书甲集》铅印本,第 26 页。
④ 〔清〕陈克绳著《西域遗闻·物产》,1936 年《边疆丛书甲集》铅印本,第 29 页。

之，而徒众甚少。拔姆宫女呼图兔居之，即中土尼僧也。或云斗精所化，拉藏汗乱藏时，化豕而遁。番人呼豕为拔，故有是名，殊诞妄！"①这段对藏传佛教不同派别的记述，反映了陈克绳对藏传佛教的一种看法。另外，该书又对藏传佛教活佛转世有所描述："凡喇嘛生而不昧前生者，名呼图兔。呼图兔涅槃时，预言托生某地，三四年后，僧众即持其前生玩好诸物至托生处，杂以他物，令识。无误，即迎于寺，拜为师。或未及预言，即祷于神，命人代言其地，曰伐马脚，如其言访之。凡呼图兔殁，未得，以寺僧高行者代理，然夷僧借以愚众取利，遂有假者。西宁、松潘、打箭炉及滇省鹤、丽两府以外，各夷僧必赴藏受达赖教，乃为真僧。"②活佛转世，乃藏传佛教特有的传承方式，是指活佛圆寂之后，按照他生前提供的线索寻找其转世灵童，然后依照一定的程序加以确认，使之成为该活佛的继承人。陈克绳的记述为研究活佛转世制度提供了第一手资料。此外，该书又多处记述达赖喇嘛之行止，如："达赖行止处，皆以上等锦缎席地，其坐床叠锦至三尺，旁缀珠玑。赴各寺讲经，僧俗万人焚香迎道左，所乘马衣以文绣，珊瑚、玳瑁、火齐、瑟瑟连缀相属。岁正月，达赖下山讲经。藏中番众数万毕集瞻仰礼拜，以望见颜色为不虚生，倾家所有陈设供献，不敢毫发惜。所乘马遗矢道上，争拾之，稽首叩谢，捧于顶，和药食之。达赖送人药丸，大如黍米，或赤，或黄，约数十颗，盛于净瓶，邀僧诵经，其药即满贮瓶中，可得数万，名子母药，可疗疾。"③又记："达赖开堂坐床，官吏兵民以次瞻礼，俱去帽膜拜。最上者跪，而以首向前，俟其摩顶。次者以手拂拂之。最次者，以杖击之。下者不得至前，最下者不得进其门。番民有竭尽赀财，重趼数千里，日于门外稽首流血而未得一见者。"④这些记述或系陈克绳亲见，或系听闻，对研究达赖喇嘛极具参考价值。

（四）对西藏地区风俗之记述

《西域遗闻》对西藏地区风俗记述颇多，如记藏族服饰："男女衣冠俱以氆氇、毛褐，富贵者乃衣锦绣。人各蓄发，贵者梳栉束于顶，贱者乘之。贝勒之冠，冬玄狐，夏彩币，式如内地。秋帽高七八寸，平其顶冠，檐宽二寸左

① 〔清〕陈克绳著《西域遗闻·佛氏》，1936年《边疆丛书甲集》铅印本，第15页。
② 〔清〕陈克绳著《西域遗闻·佛氏》，1936年《边疆丛书甲集》铅印本，第14页。
③ 〔清〕陈克绳著《西域遗闻·佛氏》，1936年《边疆丛书甲集》铅印本，第13页。
④ 〔清〕陈克绳著《西域遗闻·佛氏》，1936年《边疆丛书甲集》铅印本，第14页。

右,有叉口,缘以獭皮,罩以赤纬。左耳坠明珠,常服之衣大领、平袖、下无
岔,名曰楮巴。冬,则里以狐貉之皮,缘以豹。遇朝贺,衣蟒及披肩,无补
褂。束锦带,长六尺,围两转,旁缀小刀、荷包,而必带碗包。靴以香牛之
皮,名曰巷头,乘马踢以二。噶隆、碟巴服制,约与贝勒同,惟平日不束发
冠,以栽绒、平顶绒马寸余,顶无纬。遇朝贺挽发,作两髻冠,无翅白纱帽,
云唐制也。"①又记藏族婚姻:"婚姻,富贵者论门户择婿。女通媒妁,纳采问
名,先以哈达。既允,回以哈达,乃令媒氏择日,以绿松石饰于女首,名曰色
贾。仍以衣装、金银、茶、羊为聘礼。未允,则不接哈达。迎娶各先宴会数
日,昏期设凉棚于门外,高设坐垫,撒麦为花,坐女于上,父母与亲朋列坐于
旁,陈肴核、茶酒于小几食之。亲朋各以稞麦掷女身,乃共扶女至婿家。入
门不拜,与婿并坐,饮茶酒,亲朋争以哈达作贺。长者挂其项,同辈纳之于
怀。已,列坐饮茶酒而散。次日,婿女之父母盛服,挂哈达于项,拥新婚女
游于市,过亲朋门不入,以茶酒出饮之。饮毕,婿女携手踏足而歌,如是三
日。此有官职者乃然,民间率多苟合。男弱女强,差徭派于妇人。一家数
兄弟共娶一妻,所生子女,顺年次分为子。妇能与三四兄弟同居者,群羡其
善于治家。妇红以经营商贾为最,若纺毛线、织毯子、勤耕种、当乌拉,人皆
笑之。不以淫乱为耻,父母不禁,其夫亦不以为异,妻有外交,名曰英独,即
明告其夫也。夫妇悦,则相守,不悦则离。"②又记藏族葬礼:"人死,以绳系,
维之为圆块,膝口相连,两手交插于股,以平日所衣旧服裹之,盛于袋,悬于
梁。男女罗而哭,送酥油于大小诏寺中燃灯,称其家之贫富。尽出死者所
有,送其半于达赖,留其半以熬茶。熬茶者,延僧诵经饮之茶,犹内地所
云斋僧也。数日,背送剐人场。司剐者,缚尸于柱,割其肉,复杵其骨,令
碎,和以糌粑,饲犬。馈司剐者银,否则不剐,而弃之水,以为不幸。亲友吊
唁,俱先以哈达。男女不服华衣,去耳环素珠,不梳浴者百日。富者时为熬
茶追荐,期而止。喇嘛死,则以喂鹰,有德行者,火化之,瘗骨于塔。"③又记
藏族礼仪:"谒见尊贵,人卸其冠垂于手,吐舌、曲腰就坐。路侧立,卸帽、垂
手。谒呼图兔,贵贱皆去帽,膜拜三,曲腰、垂手至法座,呼图兔手抹其头,
谓之讨舍手。"④诸如此类,不胜枚举。这些记述为今人研究清前中期藏地

① 〔清〕陈克绳著《西域遗闻·风俗》,1936年《边疆丛书甲集》铅印本,第23页。
② 〔清〕陈克绳著《西域遗闻·风俗》,1936年《边疆丛书甲集》铅印本,第25页。
③ 〔清〕陈克绳著《西域遗闻·风俗》,1936年《边疆丛书甲集》铅印本,第25页。
④ 〔清〕陈克绳著《西域遗闻·风俗》,1936年《边疆丛书甲集》铅印本,第25页。

风俗提供了第一手的民族志资料。

(五) 对西藏地区物产之记述

陈克绳在《西域遗闻》中专设《物产》这一门目,详细记述西藏地区物产之情形。如对拉萨物产之记述:"拉撒物产:于谷也,青稞麦、胡豆、莞豆;于蔬也,元根、葱、蒜、筵水;于畜也,马、牛、驴、骡、豕、羊、雉、鱼;于禽兽也,天鹅、黄鸭、白鹏、大雁、黄莺、雉兔、狐狸;于草也,山芍药、牡丹、西天花、碎剪绒、蜀葵、金盏、罂粟、虞美人、紫金连、金针、马阑菊、松柏、杨柳、胡桃、林擒桃。于服物也,氆氇、毡子、毛毡、细贴、裁毛绒;于汉土所携之种也,白菜、莴苣、菠菜、苋韭、萝卜、四季豆;于他处之货也,白米、绿豆、黄豆、冰豆、黑糖、葡萄、枣、杏。"①又如对硕板多物产之记述:"硕般多,在喇里东七百三十里,有黑帐房部落。产青晶石,有金厂。土宜豆、麦、青稞、马畜、葡萄、核桃。其桑阿却宗地产稻米、黄连、麝香、熊胆。"②又如对羊八井物产之记述:"杨八景一带有霍耳部落,世居黑帐房,不产五谷,事畜牧。有狐狸、猞猁、文豹、虎、獐、鹿、野牛、野马、雉兔、黑鹅、黄鸳、当归、乾胆、香草。桑骆驼海多温泉,地产白盐,藏民资之以食。"③此外,还有对西藏地区物产的细微描述,如对藏獒的描述:"藏狗喂人肉久,喜噬人。天暝不可独行,卒遇狗,群噬立尽。"④对藏式木碗的描述:"以木为碗,贵贱皆悬于身,盛以袋,贵者,用锦绣。遇食、饮,即自取碗。择木之最坚实而香者,磋之。或用葡萄根,上则那叭叱,更上则拉姑儿木。最贵则为杂不牙木。花纹精细,盛以热汤,沸如珠,遇毒则溢。一碗之值白金数十两,皆产于藏西之喇里。"⑤对西藏地区药材的描述:"冬虫夏草,出于里塘诸山,而拨浪工山尤佳。秋冬雪盛,其根肥硕,形似蚕,蠕蠕欲动。土人于四月雪销时,取之,性温补,过此则精液上而成草。"⑥对西藏地区果类的描述:"藏枣,产于阿里噶尔妥地,大于诸枣。初入口如沙糖,嚼之即无余味。比于荔枝、杨梅不逮远甚,然人争视为奇物,每一枚价银数分。藏杏,亦产于阿里,味与诸杏同。稍大者,番人去其

---

① 〔清〕陈克绳著《西域遗闻·物产》,1936 年《边疆丛书甲集》铅印本,第 30 页。
② 〔清〕陈克绳著《西域遗闻·物产》,1936 年《边疆丛书甲集》铅印本,第 30 页。
③ 〔清〕陈克绳著《西域遗闻·物产》,1936 年《边疆丛书甲集》铅印本,第 31 页。
④ 〔清〕陈克绳著《西域遗闻·物产》,1936 年《边疆丛书甲集》铅印本,第 25 页。
⑤ 〔清〕陈克绳著《西域遗闻·物产》,1936 年《边疆丛书甲集》铅印本,第 27 页。
⑥ 〔清〕陈克绳著《西域遗闻·物产》,1936 年《边疆丛书甲集》铅印本,第 27 页。

核,套十余颗为一,名曰套杏。藏核桃,似桃仁而大,味同木屑。产于说板多,价最贵。葡萄,出于巴塘最广。土人俟熟时,蒸之为酒。"①对藏香的描述:"藏香,以出自后藏班禅寺中者为上,杂诸香物及红花为面。大者如手指,细者如发。分红、黄二色,气馥郁而酸涩,岁贡进为异香云。今诸蛮亦有赝者,然闻后藏之香,有一异树之皮,故其香烟直上尺许而后散,亦易辨也。唵叭香,取松脂煎之,成黑色,香微烈,不如檀速之清越也。其经喇嘛手念经咒者,夷人群宝之。而出于达赖者,即如空青、结碌。"②对西藏地区矿石的描述:"绿松石,产于昌都以西,色如月白,而无黑线纹者为上。大者如钱,小者如豆,然最矜贵不易得。其旧者,油气深沁而色变,盖彼中妇女争取为首饰也。"③如此记述,不一而足,对今人了解清前中期藏地物产具有重要的民族志价值。

(六) 对四川土司之记述

《西域遗闻》对四川土司亦有诸多记述,颇有价值。如记巴塘土司:"雍正七年间,奔子拦地方议设土司,乃以藏目札什彭楚充巴塘宣抚正司,阿旺林青充副司……乾隆十六年,副土司林青殁,公举其子班鸠受职。十七年,正土司彭楚殁,亦公举其子汪结受职。"④可知陈克绳撰写《西域遗闻》之时(约乾隆十八年),巴塘正土司为汪结,副土司为班鸠。又记:"建昌河东长官司安凤英。"⑤据《(雍正)四川通志·土司》记载:"建昌河东长官司安凤英,因宣慰司翟氏于雍正五年革职,至雍正六年奉旨准授伊女安凤英长官司职衔,于雍正八年颁给印信一颗,号纸一张,管辖土百户三员。"⑥可知安凤英乃建昌宣慰司翟氏之女,于雍正六年改授长官司职衔。而陈克绳撰写《西域遗闻》之时(约乾隆十八年),建昌河东长官司仍是安凤英。如此记述,俯拾即是。《西域遗闻》对四川土司的诸多记述,尤其是对当时在任土司姓名的详细记载,是该书的一大亮点,亦为今人研究四川土司史提供了第一手宝贵材料。

---

① 〔清〕陈克绳著《西域遗闻·物产》,1936年《边疆丛书甲集》铅印本,第28页。
② 〔清〕陈克绳著《西域遗闻·物产》,1936年《边疆丛书甲集》铅印本,第28页。
③ 〔清〕陈克绳著《西域遗闻·物产》,1936年《边疆丛书甲集》铅印本,第29页。
④ 〔清〕陈克绳著《西域遗闻·里巴二塘》,1936年《边疆丛书甲集》铅印本,第38—39页。
⑤ 〔清〕陈克绳著《西域遗闻·川边职官》,1936年《边疆丛书甲集》铅印本,第39页。
⑥ 〔清〕黄廷桂等修,张晋生等纂《(雍正)四川通志》卷一九《土司》,清乾隆元年补版增刻本。

综上所述,《西域遗闻》作为清代较早成书的方志著作,保留了诸多有关川藏地区的第一手资料,但不可否认的是,它的缺陷与不足也是显而易见的。最重要的一点就是该书大量摘抄《明史》《西域全书》《西藏志考》《西藏志》等史籍文献中的材料,并非"皆得之亲历",从而降低了该书的时代感和史料价值。此外,该书在门目设置上存在明显问题,有的门目材料又过于杂乱,并存在明显错误,又囿于时代所限,对少数民族的称谓及习俗存在歧视性用语等。尽管《西域遗闻》存在一些缺陷与不足,但瑕不掩瑜,该书仍对研究清代西藏地方政治、经济、宗教、风俗等方面极具史学与民族志价值,应该重视与研究。

清代境外哈萨克"越界盗马案"始末

——以满文寄信档中永贵、舒赫德任职新疆时期为中心

孙文杰

摘要：清代边疆重臣永贵、舒赫德任职新疆期间，曾参与境外哈萨克"越界盗马案"的鞫办，但传统的清代新疆地方文献对此多未着墨，仅存之《清史稿》《清实录》的片段记载又让人不知所从。本文通过对乾隆朝满文寄信档等稀见史料的爬梳，探讨该案的发生、清政府的鞫办及处置措施的影响，不仅可以厘清该案真相，亦能丰富永贵、舒赫德新疆宦绩的更多历史细节，并兼及对清政府治理新疆的讨论。

关键词：满文寄信档；永贵；舒赫德；境外哈萨克；"越界盗马案"

基金项目：本文系国家社会科学基金重点项目"从满文寄信档看清代中期回疆总理大臣对天山南路的治理与认识研究"（项目编号：21AZS004）阶段性成果。

作者简介：孙文杰，新疆师范大学文学院教授、博士研究生导师。出版古籍整理著作《和瑛集》。

清朝统一新疆后，随着明瑞、阿桂等多任伊犁将军先后持续实施屯田、商贸等一系列的措施，天山南北的经济境况得到了快速恢复与发展，再加上伊犁地区游牧环境亦胜于境外哈萨克牧场，为能在新疆经济发展中获益，境外哈萨克曾反复越界游牧，致使清政府陷入屡驱屡扰、屡扰屡驱的无限烦困之中。对此，第二任伊犁将军阿桂曾制定章程，允许境外哈萨克于冬季来境游牧，但在必须接受清政府管理的同时，亦必须照章纳税。这对

伊犁地区的经济发展乃至中国西北边境的稳定,毫无疑问,都有着积极意义①。其后,由于境外哈萨克民众蜂拥至伊犁地区游牧,又出现了清朝卡伦兵丁盗取其马匹后又反诬其盗马事。幸运的是,清廷很快查明此次事件真相,及时消除了边境隐患②。但因彼时的清政府仅仅惩处了相关当事人,而没有制定相应的章程约束相关行为,以致在随后永贵、舒赫德任职伊犁将军期间再次频繁发生类似事件,不仅致使多位边疆大臣牵涉其中,更是几乎引发中国西北边境动荡。

有关此案,《清国史》《国朝耆献类征初编》《啸亭杂录》以及新疆相关方志类文献如《西陲总统事略》《新疆图志》《伊江汇览》等,对此均无只言片语。即使是对此事描摹最为详细之《清实录》,亦仅有几则片段记载,让人不知底里。传世文献记载的缺失,以致前贤时彦有关该案的相关研究仍有待进一步发覆③。

而近年具有"与汉文文献不相重复之特点"的满文寄信档的编译出版④,则为我们提供了大量相关原始档案。这些资料的编译出版,不仅丰富了永贵、舒赫德更多的西域宦绩细节,也为当今学界研究那段历史提供了新的视角。本文拟在满文寄信档等清代稀见史料的基础上,结合《清实录》等文献,来探讨清代境外哈萨克"越界盗马案"始末,并兼及清政府对新疆的管理与认识。

一、清代境外哈萨克"越界盗马案"的发生

乾隆三十四年四月初五日,时任雅尔参赞大臣巴尔品密奏:"哈萨克鄂

---

① 孙文杰《清代对哈萨克汗国的马匹贸易与越境游牧管理——以满文寄信档中阿桂任职新疆时期为中心》,《社会科学战线》2018 年第 5 期,第 144—150 页。

② 国家清史编纂委员会编《乾隆朝满文寄信档译编》,岳麓书社 2011 年版,第 8 册,第 648 页。

③ 目前,学界前贤有关永贵的专题论著,仅有武红薇《伊犁将军永贵经营新疆事略》(《伊犁师范学院学报》2004 年第 2 期,第 19—22 页),依据《清实录》《清史稿》等探讨永贵在清政府统一新疆、开展屯田、整顿吏治等方面贡献的同时,简略论及厄鲁特兵境外哈萨克"越界盗马"事。有关舒赫德的相关研究,主要有聂红萍《舒赫德与新疆》(《西域研究》2000 年第 1 期,第 68—76 页),讨论舒赫德在平准战争、平定大小和卓叛乱和经略回部、安置土尔扈特部及经理伊犁等军政经济建设中的活动;武红薇《乾隆时期伊犁将军舒赫德新疆事迹的述评》(《石河子大学学报》2005 年第 1 期,第 14—17 页),在《清实录》等文献的基础上,探讨舒赫德在清政府统一新疆、土尔扈特东归中的贡献;竹效民《论伊犁将军舒赫德》(《西域研究》2005 年第 2 期,第 47—50 页),探讨舒赫德在办理新疆军务、伊犁回屯等方面的贡献。

④ 国家清史编纂委员会编《乾隆朝满文寄信档译编》,岳麓书社 2011 年版,第 1 册,第 4 页。

罗木拜等十几贼入卡伦伤人盗马,将其执解前来讯毕。其拒捕伙贼哈萨克鄂罗木拜等,分别拟以枷号三个月、两个月后重杖;其尚未拿获之哈萨克,行文阿布勒比斯严加治罪。"①对此,乾隆皇帝极为不满,他认为驻边官员办理涉外案件时,需严之又严方可肃清地方。况且,去年就曾出现卡伦士兵偷盗境外哈萨克人马匹事,已将涉案官兵分别正法治罪。现鄂罗木拜等人不仅越界盗马、拒捕,而且还打伤追捕兵丁,较之前清兵偷盗境外哈萨克人马之罪更重。但巴尔品仅仅给予枷号了事,殊属非是,必导致哈萨克无所敬畏,今后定将盗案不断。由于乾隆帝认为"(巴尔品)自己沽名而未杀贼,朕反而交伊等杀之耶",事已至此,只好在严厉申饬巴尔品的同时,晓谕哈萨克比阿布勒比斯今后务必约束部众,严禁再次发生偷盗事件。

乾隆三十四年七月十三日,就在清政府以为此事已了结之时,巴尔品上奏:"从前拿获盗马哈萨克鄂罗木拜等八人,枷号监禁。于六月初十日,弃枷将房后墙掏孔以出,逾越外墙,从西门登城台阶栅栏门跳入登城,从西北隅顺绳滑下逃脱,故将看守官兵揭参,交部从重治罪。"②对此,乾隆皇帝大为骇异,他认为拿获锁禁之人理应交于官兵严加看守,现鄂罗木拜等八人竟能同时全部脱枷而逃,实属不该,当即下令一面革去巴尔品副都统衔,拔去顶戴花翎,罚养廉银五分之四,仍留雅尔赎罪效力;一面命巴尔品选派官兵全力缉拿鄂罗木拜等八人。至于雅尔领队大臣扎隆阿,乾隆认为其刚到任不久,着加恩留任,但罚养廉银二年。

而戴罪立功的巴尔品或许是因为急于脱罪,为尽快缉拿鄂罗木拜等人,派官兵将逃犯鄂托里之侄玛尔噶拜、额森克勒底,杜尔伯特之妻孥及其鄂托克之阿哈拉克齐纳喇巴图、哈尔门图,巴尔哈纳之通事额色木喇特等拿解看守。乾隆皇帝认为,玛尔噶拜等皆系境外入内游牧之人,与鄂罗木拜案无关,加恩放还后命其代为捉拿鄂罗木拜等人即可。至于鄂罗木拜等八人,如果确定他们逃往哈萨克汗国境内,派人向其汗阿布勒比斯索要,抑或派兵前往捉拿均可③。

巴尔品派员与哈萨克汗阿布勒比斯交涉后,阿布勒比斯派其子卓勒齐与图衣希告知:仅能将图伯特一人交予清政府,其余七人,需待阿布勒比斯

① 国家清史编纂委员会编《乾隆朝满文寄信档译编》,岳麓书社 2011 年版,第 8 册,第 697 页。
② 国家清史编纂委员会编《乾隆朝满文寄信档译编》,岳麓书社 2011 年版,第 8 册,第 711 页。
③ 国家清史编纂委员会编《乾隆朝满文寄信档译编》,岳麓书社 2011 年版,第 8 册,第 712 页。

亲往塔尔巴哈台面谈时大臣另作商议。面对此等情形,巴尔品并未将图伯特收押,仍交卓勒齐带回。但图衣希临行前私下告称:阿布勒比斯原欲将鄂罗木拜等八人一起交还,但因多有异议,妄加争论,故才未给。据此,乾隆帝决定暂勿将玛尔噶拜等人交予哈萨克,照常看守,待阿布勒比斯将鄂罗木拜等八人遣送后再予给还①。

随后的《清实录》记载了该案僵持阶段的片段:"永贵奏,阿布勒比斯遣头目阿克塔木拜尔底前来,恳请将雅尔看守之逃犯家属等释回,伊等即跴缉逃犯解送,永贵即准其所请,随将逃犯家属交其带回。"②而满文寄信档则展现了乾隆皇帝的真实态度:"永贵柔懦,竟惧怕哈萨克。巴尔品前办虽属糊涂,其后仍有爽快办理之情。"③乾隆认为,无论是永贵还是巴尔品,均不再适合办理该案,遂命时任乌什参赞大臣舒赫德速赴伊犁专办此事。

大概是乾隆皇帝命舒赫德专门前来办案,让永贵感受到了压力,很快上奏:"哈萨克阿克塔木拜尔底言辞内,又有参赞大臣牧厂之语。"经军机大臣等查阅巴尔品奏折原件,内称"被盗者为巴尔品之马三匹、兵丁之马二十余匹"。乾隆皇帝认为,如果此事属实,则兵丁之马尚属官马;倘不属实,皆为巴尔品之马冒充兵丁之马,则断然不可,已属边界滋事,当将巴尔品从重正法治罪④。至此,境外哈萨克"越界盗马案"开始稍显端倪。深知边疆无小事的乾隆皇帝急命舒赫德务必秉公办理,不可偏袒丝毫。

二、清政府对境外哈萨克汗
"越界盗马案"的鞫办

据《清实录》所载,乾隆皇帝对该案的重视,让永贵不得不迅速据实上奏:

> 阿克塔木拜尔底禀称,因内地人由哈萨克驱马四十余匹,哈萨克等追赶夺回,逾二日,内地人驱马二十余匹,弃在哈萨克地方,第二日,

---

① 国家清史编纂委员会编《乾隆朝满文寄信档译编》,岳麓书社2011年版,第8册,第721页。
②《清实录·高宗纯皇帝实录》,中华书局2008年版,第17册,第233页。
③ 国家清史编纂委员会编《乾隆朝满文寄信档译编》,岳麓书社2011年版,第8册,第723页。
④ 国家清史编纂委员会编《乾隆朝满文寄信档译编》,岳麓书社2011年版,第8册,第725页。

又有七十余人往哈萨克驱马千余匹,经追赶始给回九百余匹。①

乾隆皇帝认为,此虽系境外哈萨克人一面之词,但边境盗案事关重大,必须彻底根究。如确系巴尔品放纵属下滋事,则应将巴尔品从重治罪。随后的满文寄信档显示,此时的乾隆皇帝仅认为也许清兵从中作弊,但境外哈萨克人盗马之事属实,便命舒赫德晓谕阿布勒比斯:务必约束属人,严禁为盗。不仅参赞大臣之马,即兵丁之马,亦不可偷盗②。但就在舒赫德、永贵次第开展查案之际,巴尔品派协领常德率官兵前往哈萨克游牧地缉拿鄂罗木拜等八人。按清制,内陆各省缉拿逃犯当下未获者,亦不过咨行查拿而已,从无派兵到处缉捕之例。此时的乾隆皇帝认为,巴尔品竟派兵深入哈萨克游牧地缉拿鄂罗木拜等八人,这一方面可能会引致边衅,另一方面若访查不获则会招致境外哈萨克人讥笑,显系巴尔品惊恐下之妄为,殊属不成事体,必须将兵丁即行撤回③。但为不致滋生边境事端,乾隆皇帝在命舒赫德会同永贵迅速办案的同时,亦命永贵向阿布勒比斯通报此事来龙去脉。

此后,乾隆皇帝愈发认为巴尔品派兵深入哈萨克游牧地缉拿逃犯殊属非是,其中必有异情:

> 哈萨克等倘从我处抢劫而去,抑或反叛,其不候旨即发兵往征均可。此八贼均系在巴尔品等处锁禁之人,系因疏懈逃逸,不过咨行阿布勒比斯查拿解来而已,断不致发兵往哈萨克游牧内查拿。④

乾隆皇帝认为:之前,永贵已奏雅尔卡伦士兵曾盗取境外哈萨克人马匹,在未能得逞后又讹赖境外哈萨克人驱马前来;此外,又有"参赞大臣牧厂"之语。此虽系境外哈萨克人一面之词,不能全信,但由于地处边境,兹事体大,需查明真相方可消除隐患。若巴尔品确有此等情弊,则应立将巴尔品从重治罪;抑或巴尔品属下滋事进而蒙骗巴尔品,亦未可定。遂命舒赫德将巴尔品有无情弊等项务必彻底查明,秉公究办。乾隆皇帝认为"巴尔品

① 《清实录·高宗纯皇帝实录》,中华书局 2008 年版,第 17 册,第 237 页。
② 国家清史编纂委员会编《乾隆朝满文寄信档译编》,岳麓书社 2011 年版,第 8 册,第 726 页。
③ 国家清史编纂委员会编《乾隆朝满文寄信档译编》,岳麓书社 2011 年版,第 8 册,第 727 页。
④ 国家清史编纂委员会编《乾隆朝满文寄信档译编》,岳麓书社 2011 年版,第 8 册,第 729 页。

自到雅尔以来,办事多谬,于边疆无益"①,无论如何,已不适合再担任雅尔参赞大臣,遂命安泰前往雅尔接任,巴尔品仍留雅尔,在笔帖式上效力赎罪。

至于此案鞫审结果,《清实录》仅有简略记载:"此案牧场人等往盗哈萨克马匹,受伤后,反将雅尔牧群驱往图赖,情殊可恶。"②而满文寄信档则保存了该案更多的历史细节与动态过程,几乎就在舒赫德会见阿布勒比斯之后准备开展查案的同时,永贵即将早已查明之该案详情上奏清廷:

> 前哈萨克等偷盗雅尔马群一案,经访查,闻有议论:巴尔品牧群人去偷哈萨克等之马匹属实。牧群人等禀报时,隐瞒被哈萨克枪击之霍托拉等二人之名。遂传讯霍托拉、杭安,据供称:起初与巴尔品牧群人鞯克等数人合伙,同去偷盗哈萨克马匹,被哈萨克等追逐相战,有人受伤,因惧怕参赞大臣知后治罪,经共商议,索性赶参赞大臣马群弃于哈萨克牧场,以讹赖哈萨克,假词谎报。随即传讯伊等同伙内数人问之,亦皆供称去盗哈萨克马匹,设计讹赖者属实。③

接奏后的乾隆皇帝才明白:雅尔卡伦士兵不仅伙同偷盗境外哈萨克人马匹,而且在事后共同设计讹赖境外哈萨克人,属实。其实,永贵早已查明真相,但为袒护巴尔品等人,一直隐瞒不报,之所以在舒赫德开始查案后才呈报真相,实出于惧怕舒赫德查出始末后疾足先得,实属不堪。至于巴尔品,乾隆皇帝认为其在办案之初即使被属下蒙骗,但在办案过程中多次与境外哈萨克人交涉,哪怕境外哈萨克人没把事情缘由陈诉清晰,也应该鞫问属下人等揆情度理,巴尔品未能预先办明,显然是偏护属下,进而讹赖境外哈萨克人。乾隆皇帝认为只要秉公办事,据实审明真相,境外哈萨克人才能心服,边疆方能安定。基于此,乾隆皇帝命舒赫德务必彻底查明真相:"牧马人等若去盗哈萨克马匹、讹赖哈萨克者属实,则即明白晓谕哈萨克等,将首犯当哈萨克人前法办示众。"④

此后,根据乾隆皇帝的指示,舒赫德、永贵、阿布勒比斯共同鞫审出结果:

---

① 《清实录·高宗纯皇帝实录》,中华书局 2008 年版,第 17 册,第 257 页。
② 《清实录·高宗纯皇帝实录》,中华书局 2008 年版,第 17 册,第 332 页。
③ 国家清史编纂委员会编《乾隆朝满文寄信档译编》,岳麓书社 2011 年版,第 9 册,第 503 页。
④ 国家清史编纂委员会编《乾隆朝满文寄信档译编》,岳麓书社 2011 年版,第 9 册,第 503 页。

　　　　巴尔品牧群人等往盗哈萨克马匹时,被哈萨克追逐相战受伤,故
　　共同商议驱巴尔品之马群,弃于哈萨克游牧讹赖等事,皆已审出无疑。
　　但哈萨克之喀喇什等何以招认盗我马匹,此情巴尔品等究竟知否之处,
　　皆应查问切实,故带应质讯之人于十月十六日启程前往塔尔巴哈台。①

至此,巴尔品属下士兵盗取境外哈萨克人马匹后受伤后又将巴尔品马群弃
于境外哈萨克之地以为讹赖,显系无疑。乾隆皇帝仍然认为,巴尔品起初
或不知情,事后偏袒属下,责以境外哈萨克人,亦无疑议。但舒赫德所称
"此情巴尔品等究竟知否之处,皆应查问切实",显系为巴尔品预留地步企
图代其开脱之言。因此,乾隆皇帝再次命令舒赫德:"到达塔尔巴哈台质审
此案时,务必秉公办理。若稍有庇护隐瞒,一旦被查出后,朕必将伊等一并
治罪。"②

　　随后,舒赫德在塔尔巴哈台查明之前会审结果均属事实。喀喇什等人
之所以愿意承认盗马,是因为阿布勒比斯父亲阿布勒班毕特新丧,境外哈
萨克人不想额外生事,故让喀喇什招认了事。而公平的审案结果,也让阿
布勒比斯心悦诚服,很快即派其子卓勒齐将鄂罗木拜等八逃犯解送至塔尔
巴哈台,交予舒赫德处置③。

　　依据满文寄信档中巴尔品、永贵、舒赫德等人的先后鞫审结果,我们可
以看到有关该案的更多历史细节与完整过程:先是,巴尔品属下霍托拉、杭
安伙同鞒克等人前往哈萨克牧地盗马四十余匹,但被境外哈萨克人发现,
在追击过程中,霍托拉、杭安二人受伤,马匹亦被境外哈萨克人追赶夺回。
但鞒克等人惧怕参赞大臣巴尔品查明后治罪,在隐瞒霍托拉等人受伤的情
形下,于二日后驱官马二十匹弃置于境外哈萨克牧场,随后又再次驱官马
千余匹弃置境外哈萨克牧场,反诬境外哈萨克人越界盗马,假词谎报。其
后,不明真相的巴尔品误以为追击霍托拉等盗马之人的鄂罗木拜等八人越
界盗马,遂将其抓获,定于枷号示众后重杖了结,并将此上奏清廷。此时的
乾隆皇帝坚信此案乃哈萨克越界盗马,尽管对处理结果不满,但事已至此,
只好在严厉申饬巴尔品的同时,晓谕哈萨克比阿布勒比斯今后务必约束部

---

① 国家清史编纂委员会编《乾隆朝满文寄信档译编》,岳麓书社2011年版,第9册,第510页。
② 国家清史编纂委员会编《乾隆朝满文寄信档译编》,岳麓书社2011年版,第9册,第511页。
③ 国家清史编纂委员会编《乾隆朝满文寄信档译编》,岳麓书社2011年版,第9册,第512页。

众,严禁再次发生越境偷盗事件①。

但就在清政府以为此事已经了结之际,鄂罗木拜等八人弃枷穿墙而逃。乾隆皇帝再次坚信境外哈萨克人越界盗马,将失职的巴尔品革职留任,命其全力缉拿鄂罗木拜等人。而戴罪立功的巴尔品为尽快抓获逃犯,将逃犯鄂托里之侄玛尔噶拜、额森克勒底,杜尔伯特之妻挐及其鄂托克之阿哈拉克齐纳喇巴图、哈尔门图,巴尔哈纳之通事额色木喇特等拿解看守。由于此后在与境外哈萨克人交涉的过程中,阿布勒比斯仅答应遣返图伯特一人,这让原本欲将无关之人遣回境外哈萨克的乾隆皇帝不满,遂决定暂扣玛尔噶拜等人。但当阿布勒比斯派阿克塔木拜尔底向时任伊犁将军永贵请求将逃犯家属释回时,早已查知巴尔品属人反诬境外哈萨克"越界盗马"真相的永贵当即准其所请。这让坚信境外哈萨克人"越界盗马"的乾隆皇帝大为不满,认为永贵过于柔懦,又命时任乌什参赞大臣的舒赫德前来伊犁专办此案。但此时阿克塔木拜尔底所言"参赞大臣牧厂"之语,让乾隆觉得巴尔品或许曾于边界滋事,要求舒赫德不得偏袒,务必秉公查办②。

舒赫德的到来,让早已查明真相的永贵感受到压力,上奏"阿克塔木拜尔底禀称,巴尔品属人盗马属实"。乾隆皇帝虽仍然认为此系哈萨克人的一面之词,但边境盗案事关重大,必须彻底根究。而此时急于摆脱罪名的巴尔品派兵深入哈萨克游牧地缉拿逃犯之举,让乾隆皇帝开始怀疑境外哈萨克"越界盗马"真伪,遂命舒赫德加紧鞫办。而这一切,均让早已明知该案真相的永贵更加紧张,随即将"巴尔品牧群人等往盗哈萨克马匹时,被哈萨克追逐相战受伤,故共同商议驱巴尔品之马群,弃于哈萨克游牧讹赖"真相上奏。

三、清政府对雅尔边兵反诬哈萨克汗国
越界盗马案的处置及其影响

该案查明后,永贵、舒赫德依据《大清律例》向朝廷提出处理建议:

> 审明牧场之兵偷盗哈萨克马匹反诬哈萨克一案,巴尔品始终被人

---

① 国家清史编纂委员会编《乾隆朝满文寄信档译编》,岳麓书社 2011 年版,第 8 册,第 725—726 页。
② 国家清史编纂委员会编《乾隆朝满文寄信档译编》,岳麓书社 2011 年版,第 8 册,第 729 页。

欺骗,随意审办,理应正法。拟将巴尔品解往伊犁候旨。扎隆阿虽到
塔尔巴哈台不久,但此一案自始至终伊皆经历,且随声附和巴尔品,请
将扎隆阿交部严加治罪。其起意偷盗哈萨克马匹之贼厄鲁特鞒克、起
谋驱马弃于哈萨克地方讹赖之察哈尔委领催罗布藏车凌已正法;跟随
罗布藏车凌之杭安等人,分别重惩发配;所逃哈萨克图伯特,已照卓勒
齐所请交其带去,由阿布勒比斯治罪。①

对此,乾隆皇帝认为将鞒克、罗布藏车凌在境外哈萨克地方正法示众,所办
甚是。但由于鄂罗木拜、图伯特等人是在雅尔拘禁时私逃,有逃逸之罪,此
时将他们交予卓勒齐,未免过于姑息,应在责惩示儆后再交卓勒齐带回。
否则,虽卓勒齐承诺带回后予以治罪,但又何以得知其返回境外哈萨克后
治罪与否?至于巴尔品,如若有意欺骗,则应正法,今审明此案,巴尔品尚
不承认有意行骗,乃为属人所欺,颟顸了事是实,着宽免正法,于伊犁地方
永行枷号,以为各地办事大臣之戒。至于塔尔巴哈台领队大臣扎隆阿,在
此案中始终逢迎巴尔品,殊属糊涂,着交部议罪。而永贵在查出此案实情
后,应一面参劾巴尔品,一面彻底查办。但其先是姑息观望不予具奏,后又
游辞巧饰以图逃罪,殊属非是,着交部严加查议。

随后的《清实录》记载了有关扎隆阿、永贵的最终处理决定:"扎隆阿着革
去副都统衔,仍留塔尔巴哈台,自备资斧,效力赎罪,永贵着降三级调用。"②但
仅在半年之后,永贵即得以重新启用:"永贵自署理伊犁将军以来,并未实心
任事,所办哈萨克马匹一案,伊明知巴尔品被人蒙蔽,乃隐忍不奏,经朕降旨
询问,始行奏闻……自应即予革职,但永贵平日尚属谨慎,不至竟当废弃。永
贵着加恩补授都察院左都御史,革职留任,效力行走,不准戴用翎顶。"③

尽管该案能得以快速查明真相,涉案官员、兵丁亦各自得到相应处置,
但由于此时的清政府没能抓住该案机遇制定相关章程,仍以内陆法律约束
新疆边兵偷盗境外马匹的行为。而哈萨克汗国此后照例于每年秋冬之季
携大量马匹至伊犁地区游牧,照章纳税,在盗马的巨大利益诱惑之下,雅尔
哨卡边兵仍不时发生盗马之行。仅在随后的乾隆三十六年十月,卓勒齐就

---

① 国家清史编纂委员会编《乾隆朝满文寄信档译编》,岳麓书社 2011 年版,第 9 册,第 518 页。
② 《清实录·高宗纯皇帝实录》,中华书局 2008 年版,第 17 册,第 360 页。
③ 《清实录·高宗纯皇帝实录》,中华书局 2008 年版,第 17 册,第 491 页。

呈报:"图尔图勒鄂托克哈萨克铁利布等丢失马三十余匹,又丢失二十余匹。又哈萨克章克希丢失马八十余匹,拜尼沿路拦截,又见百余马匹踪迹。观之,皆由马尼图察托辉卡伦交界处而入,请代为查之。"①此案后经舒赫德查明,均为雅尔城厄鲁特边兵所为。乾隆皇帝此时仍按照内陆法律将主谋之人正法,将其余盗马人按厄鲁特律"打断腿永世致残",使其不能再行盗马之事,而未能命人制定相关适宜章程,进而断绝盗马案的再次发生。

由于缺乏相应的专门法律保障,此后仍然多次发生雅尔边兵盗马案,以致境外哈萨克人不敢再与清政府贸易马匹,进而严重影响到了新疆兵丁驻防、屯田所需之马。为解决这一问题,清政府甚至于乾隆三十七年正月明令厄鲁特、土尔扈特人不得途经境外哈萨克地,但仍于事无补②。直至同治新疆民变时,雅尔边兵盗马案仍不时发生。而这一切,又均对中国西北边境的安全与稳定、经济的恢复与发展都产生了极其不利的影响,乃至对清政府在新疆治理与统治的根基都增添了诸多不稳定因素。

如前所揭,有关永贵、舒赫德在清代境外哈萨克"越界盗马案"中的历史细节,《清国史》《啸亭杂录》《西陲总统事略》《伊江汇览》等均只字未提,《清史稿·舒赫德传》《清史列传·舒赫德传》又未着一墨③,《清史稿·永贵传》对其有关此事的记载仅有"坐厄鲁特兵盗哈萨克马转诬哈萨克,办事大臣巴尔品断狱未得其实,永贵论劾"数语④。《清史列传·永贵传》只有"厄鲁特有放马兵盗哈萨克马,转诬哈萨克一案,办事大臣巴尔品为人蒙蔽,任意审断。至是,奏请治罪。上以永贵既查出此案情节,不即参奏根究,饰词卸罪,殊属取巧,交部严议"的简略描述⑤。即使是记载该案最为详细之《清实录》,亦属片段描述,让人不明所以。而通过对满文寄信档等新见史料的发掘与爬梳,不仅可以补充《清实录》《清史稿》等相关记载的缺失,纠正个别的细节错误,而且可以勾画出永贵、舒赫德任职新疆时的多维详情,并可就此扩展至清政府治理与经营新疆历史经验与教训的讨论,为当今新疆治理提供历史借鉴。

① 国家清史编纂委员会编《乾隆朝满文寄信档译编》,岳麓书社2011年版,第9册,第608页。
② 国家清史编纂委员会编《乾隆朝满文寄信档译编》,岳麓书社2011年版,第10册,第545页。
③ 赵尔巽等撰《清史稿》卷三一三《舒赫德传》,中华书局1977年版,第35册,第10682—10687页;王钟翰点校《清史列传》卷二〇《舒赫德传》,中华书局1987年版,第5册,第1516—1529页。
④ 赵尔巽等撰《清史稿》三二〇《永贵传》,中华书局1977年版,第36册,第10764页。
⑤ 王钟翰点校《清史列传》卷二一《永贵传》,中华书局1987年版,第6册,第1585页。

清末藏印英属官员视角下的
张荫棠形象研究

蔡 丹

摘要：张荫棠驻藏期间，与藏印英属官员有多有接触，后者在立场、利益、情感等各种因素的影响下，对张荫棠及其治藏措施均有着不同程度的贬低和斥责，这些负面评价却恰好还原了张荫棠在藏的真实经历，有助于构建一个更真实立体的驻藏官员形象。同时还可窥见治理藏务的艰难棘手，也可以从中折射出清政府和英国的关系以及对待西藏问题的态度。

关键词：张荫棠；西藏；藏印英属官员；清末

基金项目：本文系西藏文化传承发展协同创新中心（西藏民族大学）招标课题"古代咏藏文学与铸牢中华民族共同体意识研究"（项目号：XT－ZB202104）的阶段性成果。

作者简介：蔡丹，女，西藏民族大学文学院讲师、硕士研究生导师。出版专著《古代诗人接受〈史记〉论稿》等。

1904年英军第二次侵略西藏后，清政府意识到西藏问题的急迫性和严重性，特派对藏事颇有见地的张荫棠前往西藏查办事件，开启了他的治藏生涯。张荫棠作为受命于危难之际的实干官员，在藏期间和前后为西藏地方发展和维护国家主权筹谋奔走，与英属官员多有接触，后者因立场、利益、情感等因素的影响，对张荫棠治藏措施和他本人多有贬斥，甚至人身攻击。考察这些评价，更能从侧面凸显当时驻藏官员的艰辛和坚韧，还原真实的张荫棠驻藏经历。本文即通过考察、剖析这些针对张荫棠的消极甚至是诋毁性的评价，力图还原清末致力于西藏地方自强和维护国家主权的张

荫棠在藏真实经历,从中窥探清政府与英国政府的关系以及对待西藏问题
的态度。

一、英属官员眼中的张荫棠

　　自1904年开始主管涉藏事务的英属官员柏尔于1906年张荫棠初入藏
时,开始接触:"中国利用环境变化,派张荫棠为查办藏事大臣。一九〇
六年秋,自印度入西藏,进抵江孜、拉萨。"柏尔作为侵藏急先锋,对西藏形势
和清政府处理西藏问题的方法都十分了解,所以他意识到张荫棠入藏查办
对西藏地方带来的变化:"因西藏经一九〇四之役,积弱不振,达赖又蒙尘
在外,故彼得管理西藏,实行减削英国在藏势力之政策。而《北京条约》及
英政府之不愿干与藏事,又足以助成之……张荫棠所特别致力者,乃在防
止英国、西藏官吏之直接交涉……张荫棠在拉萨时,努力施其宗主权于尼
泊尔及布丹,此为中国在藏地位巩固,则将危及印度之朕兆。彼又以中国
将设警察保护外人为词,欲英国撤退江孜所驻五十名印度兵。"这段文字虽
是以柏尔视角叙述张荫棠入藏治藏之策略,将中国曲解为西藏地区的宗主
国,客观上却道出张荫棠治藏策略及成效。阻止英藏直接交涉,拉拢尼泊
尔、布丹等国家和地区,欲撤江孜英国驻军等,均是张荫棠任驻藏官员期间
致力于维护中国在藏主权所采取的有力措施。柏尔对张荫棠本人及驻藏
经历有着如下评价:"此最高委员所行改革,不适合拉萨大多数官吏之脾
胃,故彼等行之颇为困难而不纯熟。但西藏人大都视彼为抵抗英国侵略之
干城。彼又新立开发西藏之规画。故初甚得众心。其后计划未有结果,彼
又喜干涉旧习惯,于是众望渐减。然西藏人今日犹多敬仰此海外驻藏大臣
也。(因其由海道至加尔各塔。未经西藏东部陆道,故藏人称之为'海外驻
藏大臣'。)"此段文字是柏尔对张荫棠驻藏经历的重要评价,是以英属印度
政府官员身份表达对张荫棠治藏新政的看法和意见。柏尔认为张荫棠新
政改革是开西藏地方先河之举,既无经验可借鉴又不适合西藏,还认为张
荫棠因干涉西藏地方旧习惯被藏人非议,柏尔的这段评价较为客观,同时
承认张荫棠治藏措施较得民心的事实。而他以个人身份对张荫棠本人的
评价更从侧面凸显张荫棠治藏成就:"虽其方法有不为英人所赞许者,但要
须承认吾等之在西藏,实为彼所不喜。彼依一己之信仰,竭力为国家谋利

益,凡吾政府之政策,或当或不当,皆足为彼促进中国利益之具也。"尽管柏尔从本国利益出发,对张荫棠颇有微词,却也认可他极强的责任心和治藏改革的成效,以及他任驻藏官员时为维护清政府在藏主权所作的贡献:"新来之中国官吏,确曾减少西藏官吏所取诸贫民之贿赂。寻常不关政治事件,亦较西藏知事为公平正直。"①

荣赫鹏《英国侵略西藏史》对张荫棠本人及其驻藏经历有类似的评价,且更具体细致,荣赫鹏在该书第二十二章"对华交涉"中以张荫棠涉藏大事件为基点,将张荫棠入藏之后与英属官员交涉中的矛盾一一列出,并分析冲突的原因,主要在于张荫棠"欲肃清一切亲英派人物",试看以下几段文字:

> 首先表现中国当局之态度者厥为张荫棠之行动,时清廷以张荫棠为查办藏事大臣,甫到春丕,即与我政治委员剑白尔君以难堪。剑白尔君因熟悉中国语言习惯,故擢任斯职……张荫棠既抵春丕,剑白尔首先往谒,初则使由侧门入,旋告以本人卧病不能见客云。英方认为张氏此举,显系有意否认英在春丕驻兵权,而欲确认中国之主权。
>
> 张荫棠在江孜之行动,亦与吾人以同样之印象,即有意减削吾人之势力而不愿与吾人建立友好互助之关系,如有泰之所为……
>
> 张氏态度与政策,显欲操纵于英藏之间,且据江孜藏人之谣传,张氏行将尽逐当地欧人及印度军队,如印当局反对此举,渠将征调中国军队以武力驱逐吾人……兹者张荫棠氏之用意,除商埠范围外,更不欲英印官吏或其他欧人旅行于西藏他部之领土……
>
> 未几吾人与张氏龃龉之事日益显露,一九〇七年一月,江孜藏代表语鄂康诺云,张荫棠来藏以后,彼等办事愈感棘手,盖张氏规定嗣后英人与藏人有所商洽,须以中国官吏为中介人……三月五日鄂康诺电陈,彼与藏人关系,今已完全断绝……
>
> 自张氏来藏后,各方情况皆恶化。为余一九〇四年交涉对手之驻藏大臣有泰,据传已于一九〇七年一月受革职拿办处分,其秘书亦然。张氏为此殆欲肃清一切亲英派人物,故印度政府认为决心破坏现状并有意摧毁吾人新获得之地位,毫无疑义矣。张氏所恃而无恐者,似以

---

① 以上柏尔对张荫棠的评价,见〔英〕查尔斯·柏尔著,宫廷璋译,《西藏之过去与现在》,商务印书馆 1930 年版,第 59、60、62 页。

为《中英条约》中已正式确定中国在藏之宗主权也。①

以上为荣赫鹏所描述张荫棠入藏后与英国政府的屡次冲突,张荫棠的入藏查办在一定程度上破坏了英国政府图谋西藏的进程,张荫棠治藏的核心措施是阻止英藏直接交涉,维护中国在藏主权,而这些矛盾、冲突的描述以及荣赫鹏等人的指责都从侧面凸显张荫棠为维护中国在藏主权所作的贡献,也可以从中看出清政府对西藏问题的初步重视。除此之外,荣赫鹏还在其他牵涉到张荫棠的事件中,对其随意猜测甚至诋毁:"朱氏在候客室中守候良久,究系达赖有意慢客,抑系张某作梗,则不得而知","则派驻拉萨大臣,应选用有泰一流人物,而如张荫棠、赵尔丰辈则应在摈斥之列"②,而这些评价和冠冕堂皇的言论既暴露英人排斥张荫棠等驻藏官员的真实原因,同时也成为张荫棠治藏功绩的佐证。英国政府对张荫棠阻止英藏直接交涉行为表示了极大的不满,并通过清政府向其施压,企图罢免张荫棠,其中以当时的英国驻华公使朱尔典为代表,他多次向清政府抗议:"英藏直接交往情形,在张氏未干涉之前……并未发生过任何冲突。"③1913 年西姆拉会议在袁世凯在妥协的前提下,提议以熟悉藏事的张荫棠为中方全权代表,朱尔典立刻以张荫棠曾在 1906 年和 1908 年间给印度政府带来极大麻烦为由予以严词拒绝,公然提出不能接受张荫棠参与谈判,杜绝谈判可能出现的阻碍。

概言之,在英属官员眼中,张荫棠是个难缠的对手,是眼中钉,是需要打压的强劲对手。英国政府对张荫棠的厌恶可前溯到他初代替唐绍仪担任议约大臣之际,其强硬的外交态度和对中央政府在藏主权的坚持让英国政府非常头疼和厌恶,多方为难,继而借清政府向其施压,最终将张荫棠驱逐出驻藏官员行列。翻检涉藏档案文献和外交文献中的相关记载,分析英属官员与张荫棠驻藏期间的交涉,考察英属官员眼中的张荫棠形象,有助于进一步研究张荫棠驻藏官员形象,从中也可窥见中、英两国政府在处理

---

① 〔英〕荣赫鹏,孙熙初译《英国侵略西藏史》,西藏社会科学院资料情报研究所编印,1983 年,第 264—265 页。

② 〔英〕荣赫鹏,孙熙初译《英国侵略西藏史》,西藏社会科学院资料情报研究所编印,1983 年,第 289,317 页。

③ 〔英〕荣赫鹏,孙熙初译《英国侵略西藏史》,西藏社会科学院资料情报研究所编印,1983 年,第 265 页。

西藏问题上的策略和方式。

二、英籍亚东税务司韩德森眼中的张荫棠

清朝海关于 1894 年设置亚东关①。1899 年 1 月韩德森（V. C. Henderson）开始任职于亚东海关②，长期任职并主持亚东关税务司工作。因韩德森会说藏语，熟悉藏事，1905 年 1 月 13 日被派往加尔各答，充当唐绍仪谈判时的顾问兼翻译，负责与印度官员接洽相关事宜。韩德森与唐绍仪私交甚好，并对其人格魅力大加赞赏："其举止之魅力及老练圆滑，使他于所到之处皆受欢迎。"③其间他与唐绍仪极为欣赏之人张荫棠共事，自此两人交集始多。唐绍仪因病请辞回国，张荫棠接任议约大臣，议约举步维艰，韩德森对此曾上报赫德："韦礼敦先生在会见的全过程中毫无外交风度，污蔑张先生所表示之愿望为'胡言，一派胡言'，并宣称他甚知张先生之'小花招'不过是为了试探与争取时间，且云张先生必定达不到目的，如不立即同意在条约上签字，印度政府将马上电告英国政府谈判破裂……若海关由此需要，或因西藏问题需要，我愿告假回避，假期视情况可长可短。"④汇报内容如实再现议约情形，英印政府在西藏问题上对清政府态度蛮横，霸权主义姿态一览无遗。韩德森身为英籍亚东税务司官员，此时与张荫棠表面立场一致，私下则为英国政府利益维护者，对张荫棠持旁观者态度，两人关系暂算和睦。但随着张荫棠深度参与藏事，他对张荫棠的评价发生较大改变："张荫棠先生实在无用，他既懦弱又动摇，五天后才有所作为。如另易他人，必须是一位明智者。"⑤此评价是针对班禅赴印事而发出的，韩德

---

① 清朝海关以英国人赫德为首，由清政府总理衙门管辖，1906 年清政府成立税务处后，海关由税务处管辖。

② 韩德森，英国北爱尔兰人，1871 年出生于印度。见梁俊艳著《清末民初亚东关税务司研究》，中国藏学出版社 2017 年版，第 168 页。

③ 《韩德森为唐绍仪在印度受冷遇及费礼夏傲慢无礼等事致赫德函》，中国第二历史档案馆、中国藏学研究中心合编《西藏亚东关档案选编》（下册），中国藏学出版社 1996 年版，第 972 页。

④ 《韩德森为报韦礼敦以中断谈判威胁张荫棠在条约上签字等事致赫德函》，中国第二历史档案馆、中国藏学研究中心合编《西藏亚东关档案选编》（下册），中国藏学出版社 1996 年版，第 976 页。

⑤ 《韩德森为报班禅在印度情况及中国要保持对西藏之主权应采取的行动等事致赫德函》（1906 年 1 月 12 日），中国第二历史档案馆、中国藏学研究中心合编《西藏亚东关档案选编》（下册），中国藏学出版社 1996 年版，第 979 页。

森认为张荫棠能力不够,和其他驻藏官员如出一辙。事实上,他对清政府的作风和"畏为难安"是不够了解的。张荫棠《致外部电述英廷对藏政策及班禅来印情形》提及韩德森提供的关于班禅入藏情形:"韩探闻印政府拟令班禅请英扶藏自主,归英保护。"并表示"事机甚迫,统乞荩筹。"①在此之前张荫棠对班禅入藏事件一直密切关注、积极应对,但却因有泰的不作为和清政府的妥协退让,结果并不理想。韩德森对参与加尔各答议约的张荫棠有过这样的描述:"张先生十分绝望,需我终日不离左右。他要我伴送西藏之噶伦返回江孜助其偿付赔款,又露出认为我能在一周之内返回之意,他参加谈判已有十五个月之久,失去信心,心情沮丧可以想象。"又在 5 月 7 日的致函中说:"加之与犹豫不决优柔寡断的张先生一起工作,更使人十分厌倦困乏。"②此时的韩德森因 1906 年 4 月 27 日于北京新签订的《中英新订藏印条约》附约第九款第三条"无论何外国,皆不许派员或派代理人进入藏境"而困扰,此条款矛头直指供职于西藏亚东税务英属官员,也包括韩德森本人。本条款的制定是由英属官员内部矛盾引发的,许多英印官员极为厌恶亚东关供职的英国人,认为他们最为可恨:"有英女教士效藏妇装束,在亚东传教已廿余年,最恨巴税司。尝刊印度报纸,言英国有一种无赖,在伦敦无以自食,乃往中国充税司。此种人动以英人装束欺压华民,又以中国职官骄傲英民。既做中国官,又时以中国事私报政府,最为可恨,实为耶教罪人云。"③此言论代表了当时很多英印政府官员对亚东关供职英员的看法和态度。而准备移交亚东关工作回国的韩德森也因此失去了继续在西藏供职的热情,他迫切地想要返回亚东移交工作,但张荫棠却希望他能够留在印度继续担任顾问一职,并以外务部名义直接发函:"查韩税司熟悉该处情形,应准令随办开埠事宜,惟毋庸随同张大臣前往拉萨。"④这使得韩德森极为不高兴,他既不愿继续为张荫棠服务,又极力想赴拉萨,而张荫棠再次阻止其进入拉萨:

---

① 吴丰培编辑《清代藏事奏牍·张荫棠驻藏奏稿》,中国藏学出版社 1994 年版,第 1303 页。

② 中国第二历史档案馆、中国藏学研究中心合编《西藏亚东关档案选编》(下册),中国藏学出版社 1996 年版,第 980、982 页。

③ 何藻翔著、季垣垣、黄维忠点校《藏语》,黑龙江教育出版社 2015 年版,第 112 页。

④《邹嘉来等为准令韩德森随张荫棠前往后藏办开埠事宜事复赫德函》(1906 年 6 月 2 日),中国第二历史档案馆、中国藏学研究中心合编《西藏亚东关档案选编》(下册),中国藏学出版社 1996 年版,第 985 页。

　　张使告以奉外务电谕,不敢担此处分,幸勿造次,令我为难,韩愆愆不答。月杪,忽称奉赫德司电,唐侍郎已准我到拉萨。张使因电询唐:"藏民不欲有英人随行,恐激变,是否准韩进拉萨?速覆。"越五日,韩晨起,匆匆来言:"我亦不进拉萨,免令钦差为难。"张使云:"如此甚善。"想韩已奉电责矣。旋外部电覆,果无准韩进拉萨至说云。至江孜,韩闻英员贝尔往后藏十卡子,又请之张使,欲往札什伦布游猎。张使以埠事需人料理阻其行。韩云:"英员游历后藏十余辈,某虽英人,现做中国官,何反不准我去?疑忌我至此,既不准到拉萨,又不准到后藏,我面目何存?钦差沿途雇舆马,陪洋员午餐,背手枪、猎野鸭,乃传唤我。我不能充其贱役。"二十三晚,见张使,言:"余不问尔开埠不开埠,准十月初一日回亚东,已电禀唐、赫矣。钦差有极重大密电,并不与我商量。我不能在此久待。"愤然而去。用客卿之难,于此可见。①

　　至此,两人关系恶劣至极,于是就有了 1906 年 10 月 12 日的韩德森致函:"张荫棠阁下终于回到西藏。我们于 9 月 22 日返回此间,且一直在浪费时间。张既无能力又乏果断,各种场合下表现愚钝,实在处于不适当地位的一个不适当的人……我甚盼离开,不再为张服务。"②韩德森伪装的中国立场已被揭破,不愿意和像张荫棠这样难缠的"同事"共事。他多次强调张荫棠缺乏果断,认为其议约谈判纯属浪费时间:"张至今当然无所事事,除非他能劝使印度政府草拟新的通商章程,否则他西藏之行无非是浪费金钱和时间。"③从对待松寿的态度可以看出两人完全不同的立场,张荫棠弹劾松寿贪渎罪,视之为"实小人无耻之尤",韩德森则说:"中国边界官松寿先生很好,我认为他是我在西藏遇到的官员中比较有能力的。不过他的地位当然也很不寻常,要他做点什么工作,他总是向我求助,且以自己初来乍到对人们不了解为由,替自己辩护,他是 3 月份来的,因而这种借口不久即将失效。我从未在西藏见到任何汉官是有权威的,他们也不在乎有或没

---

① 何藻翔著,季垣垣、黄维忠点校《藏语》,黑龙江教育出版社 2015 年版,第 40 页。
② 《韩德森为张荫棠自印回藏及向印外交抗议驻春丕谷英员闹事等事致赫德半官方性函》(1906 年 10 月 12 日),中国第二历史档案馆、中国藏学研究中心合编《西藏亚东关档案选编》(下册),中国藏学出版社 1996 年版,第 986 页。
③ 《韩德森为印度政府在西藏任意建房强征饲料等事致裴式楷私函》(1907 年 3 月 23 日),中国第二历史档案馆、中国藏学研究中心合编《西藏亚东关档案选编》(下册),中国藏学出版社 1996 年版,第 1000 页。

有,因而对松寿先生之到来我并不感到失望。"松寿有无能力在英属官员看
来并不重要,他们需要的是听话、亲英的官员。这也印证了巴尔在移交亚
东工作的备忘录之言:"松寿是一位和蔼可亲的官员,而且颇为友好。"①韩
德森身为英人,从英国官方和自身立场出发,看到张荫棠为谋划收回西藏
主权的长远目光和战略性措施,尽力阻止,才有上述这些交涉记载和评价。
随着张荫棠藏事改革的逐步展开,韩德森也不得不认可张荫棠给西藏发展
带来的改变和成效:"大臣阁下之考察及建议对商业及当地事务无疑皆十
分有益。西藏各开放商埠已皆派驻中国商务委员,久未解决的一些重要难
题即将得到处理。""本年最重大之事件为钦差前往西藏查办事件大臣张荫
棠阁下的到达,张大臣提出许多有关本地行政管理上有益的改革,可能产
生许多改进之处。"②由此可见,韩德森眼中的张荫棠是一位麻烦愚钝却有
权威,优柔寡断却又能解决重要难题的中国官员,而从他对张荫棠的评语
中,可还原出张荫棠治藏过程中所涉具体情况。

三、华籍亚东税务司张玉堂眼中的张荫棠

继任韩德森职务的是张玉堂③,他是亚东关首任华人税务司,虽然是中
国人,但作为英国开设的亚东关官员,他对张荫棠的看法也在一定程度上
代表了英属官员的认识,将他置于藏印英属官员行列并非否定其中国人身
份,而是通过揭示殖民体系对驻藏官员职能的异化,凸显清末西藏治理在
列强裹挟下的复杂性与妥协性。张玉堂在西藏筹办开埠通商事宜中占据
了较为重要的角色,张荫棠对他可谓极为欣赏:"去年春,憩伯星使来藏,屡
称其人之聪明学识,为世俗所罕有。"④对其关于开埠通商的意见和建议也

---

① 《巴尔至韩德森的移交备忘录》《韩德森为英军大部分撤走委派贝尔管理春丕地区并设立邮电
   局等事致赫德半官方性函》(1904 年 11 月 6 日第 4 号),中国第二历史档案馆、中国藏学研究中
   心合编《西藏亚东关档案选编》(下册),中国藏学出版社 1996 年版,第 966、960 页。
② 《韩德森呈 1906 年(光绪三十二年)亚东口华洋贸易情形论略及统计报表》(1907 年 2 月 4 日),
   中国第二历史档案馆、中国藏学研究中心合编《西藏亚东关档案选编》(下册),中国藏学出版社
   1996 年版,第 988、990 页。
③ 张玉堂,广东香山人,名应麟,又名张福廷,1864 年生,1886 年加入中国海关,1907 年署理亚东关
   税务司,著有《藏事述要》两卷。
④ 吴丰培主编《联豫驻藏奏稿》,西藏人民出版社 1979 年版,第 192 页。

很重视。张荫棠起初对被外务部称许"人甚练达"的张玉堂抱着很大的好感和希望，他在《致外部电请选派测绘生及催税务张速到亚东》："棠所调人才，十无一应，办事之艰……韩祖英人太甚，亚东税司张请催速到，以资臂助。"①西藏形势复杂，张荫棠治藏工作异常艰难，对这位曾在海关工作多年，又精通英文的粤籍首位华人署理税务司颇多期待。俟见后，更是欣赏张玉堂的"才具明敏，熟悉洋务"，在张玉堂奉总税务司命前往江孜接受张荫棠指派的工作后，张荫棠将其安排在自己住所隔壁，既询问整顿藏务的措施，又"长时间且重复地谈论政治及私人事务"②，并且正式电奏外务部让张玉堂出任三埠总办，还奏请外务部出面转咨询税务处，希望可以让张玉堂随同出使印度，参与议约事："本大臣现赴森罗，与印度政府议定西藏商埠章程，亟需干员同往襄议。贵税务司才具明敏，熟悉洋务，拟请兼充本大臣参赞官，同往森罗襄议，以资臂助。"③可知张荫棠对其信任程度之深。

然而张玉堂却因身份、立场等因素，多次表达对张荫棠的厌烦和坏印象："他为一作风奇特之人，从不履行诺言。此外，每做一件事他必自得好处而将不愿承担的重责甩到别人背上……我了解其诡计。""驻藏大臣乘机以奇特之方式克扣高自西藏回北京之旅途津贴。"④除评价不高外，还多次质疑张荫棠人品，在履行海关专属汇报任务中，屡次指责张荫棠虚伪，又责怪张荫棠私自带走其属下四等同文供事汪曲策忍赴印度谈判⑤，认为他是"此地为任何人找麻烦者"。与同时期他在西藏所接待和拜访的外国官员态度作比较，他对张荫棠显然是极有敌意，具体体现在关于委派三埠总办工作事务安排问题上。张玉堂对其前任韩德森印象较好："我观察到韩德

---

① 吴丰培编辑《清代藏事奏牍·张荫棠驻藏奏稿》，中国藏学出版社1994年版，第1318页。

② 《张玉堂为任其三埠总办及张荫棠即将赴印度等事致裴式楷半官方性函》（1907年8月1日），中国第二历史档案馆、中国藏学研究中心合编《西藏亚东关档案选编》（下册），中国藏学出版社1996年版，第1014页。

③ 《张荫棠为请兼充参赞官随往印度襄议商埠章程事致张玉堂照会》（1907年7月17日），中国第二历史档案馆、中国藏学研究中心合编《西藏亚东关档案选编》（下册），中国藏学出版社1996年版，第1013页。

④ 《张玉堂为张荫棠已有翻译不需借调海关人员及其己见等事致裴式楷半官方性函》（1907年8月1日），《张玉堂为报张荫棠经亚东时将汪曲策忍带往新拉等事致裴式楷半官方性函》（1907年9月1日），中国第二历史档案馆、中国藏学研究中心合编《西藏亚东关档案选编》（下册），中国藏学出版社1996年版，第1018、1019页。

⑤ 此事后期张荫棠有电奏外务部转饬商借电文。《亚东关档案选编》有载，《申报》等新闻报纸也多有报道。

森先生无论在公私交往中皆平易近人,为人善良,对我热忱帮助,生活上关怀备至⋯⋯对韩德森先生离去,我实恋恋不舍⋯⋯"由此可知,张玉堂对张荫棠的先期印象和对亚东海关情况的了解都来自韩德森。在给张玉堂移交工作的备忘录中韩德森说:"本商埠无征税任务,如阁下所知,海关所在地区目前为英国军事占领,因此我们在此之地位多少有些微妙。我们的责任仅限于收集通过商埠之贸易统计资料。"①这对张玉堂影响甚大,也成为他入藏以后工作的标准。比如,在他未曾见过张荫棠之前的 1907 年 5 月 6日就已经表态:"除海关事务外,我与政治事务无关。为此我已借口目前工作过重,拒绝接受帮办大臣指派我主管三埠之商务及政治性事宜,我的唯一任务是海关事务,使各方面工作就绪,力求取得一个新上任者力所能及的最佳效果,不受其它职务的干扰。况且如果时而受召离开本职工作去处理远在我权力范围之外的三个地点的事务,无论如何是办不好的。如果张大人属下人手不够,从他处调人并不困难,远比将此重任加之于一个新来乍到之人的肩上为好。"②字里行间透露出对张荫棠让其担任三埠总办一职的不满。张玉堂从任职开始就秉持海关命令,不愿参与张荫棠主理的治藏工作,他在 1907 年 11 月 22 日《张玉堂就张荫棠虚伪报告事致裴式楷半官方性函》中力指张荫棠虚伪:"顷阅中历七月二十一日之《中外日报》,得知他收到外务部如下答复:'如张玉堂先生无暇承担双重职务,应使其照管亚东海关。他系自华员中任命为税务司之第一位,且其任命已由税务处上奏皇帝。'此评论十分公正,且似对他虚伪报告之一种温和暗示。"③张玉堂一直觉得张荫棠是用上级的命令来压他,使之为自己服务,这则书函更坐实

---

① 《张玉堂为报亚洲途中与印官交往情况及西藏新商埠将延期开办等事致裴式楷函》(1907 年 5 月 6 日吉玛)、《韩德森致署理税务司张玉堂先生备忘录》(1907 年 5 月 3 日),中国第二历史档案馆、中国藏学研究中心合编《西藏亚东关档案选编》(下册),中国藏学出版社 1996 年版,第 1006、1002 页。

② 《张玉堂为报亚洲途中与印官交往情况及西藏新商埠将延期开办等事致裴式楷函》(1907 年 5月 6 日吉玛),中国第二历史档案馆、中国藏学研究中心合编《西藏亚东关档案选编》(下册),中国藏学出版社 1996 年版,第 1006 页。

③ 同上,1024 页。另:《神州日报》1907 年 8 月 14 日《西藏要事汇志》(紧要新闻):张大臣近与英官磋议开通商埠事,以亚东、江孜本属毗连,定议将亚东关税司改为兼管川埠商务委员,以亚东为总税局,至两处之总口则亚东指定吉玛桥,江孜指定康马,设分卡于噶大克。三处派员管理,受亚东总局之节制,不复设噶大孜税局。赫总税务司可以此议为然,覆云:亚东征税是有专责,张玉堂调赴江孜商议开埠,系一时之举,未便永定为三埠委员。《外交报》:藏事纪闻:以亚东、江孜本属毗连,决以亚东关税司改为兼管三埠商务委员,以亚东为总税局。至两处总口,则亚东指定吉玛桥,江孜指定康马,设分卡于噶大克三处,派员管理。仍受总局节制,不复设江孜税局。而赫总税务司则不以此为然。1907 年 8 月 13 日,光绪三十三年七月初五日,第一百八十四期,丁未第十七号。

了他的这种想法,于公于私,他对张荫棠的印象可谓极坏。

　　作为英国人管辖范围内的清朝海关,历任亚东关税务司都秉承着只听命于总税务司赫德一人的工作原则,张玉堂虽是华人,亦不例外,他曾多次去函裴式楷表明立场,对张荫棠的敌意除若干私事外,更重要的是"为了迎合总税务司和向其表忠"①。张荫棠最初并未认识到这些,他因"藏地险远寒瘴,人才缺乏"且韩德森过分偏向英人等原因,特别惜才,所以对华员张玉堂有特别的期许,期冀可襄理藏政,可惜未能成功。后来意识到张玉堂的立场和做法,也对其有不满:"棠到江孜,张税司妄进移关吉玛桥或春丕之议,不考成案,不明权限,愚谬实甚。"②韩德森对张荫棠的印象直接影响了张玉堂,使其先入为主,工作上不愉快的经历也影响了张玉堂对张荫棠的印象,以至于细节上张玉堂对他也十分不满,比如吴梅生"因已雇佣拟带往江孜之仆役不得不自己掏钱,略受损失"事,张玉堂批张荫棠为"作风奇特之人,从不履行诺言"③。此事不排除张荫棠有不周详之处,然也因张玉堂对其成见极深所致。

　　从各类英属官员对张荫棠的评价可知,他的治藏之路非常艰辛。虽然因种种因素,新政最终也未能推行,却也在历史上留下了浓墨重彩的一笔。而英属官员眼中的张荫棠形象正是各方交战和利益冲突的折射。是以,基于清末藏印英属官员对张荫棠评价的研究,窥探英属官员眼中的张荫棠形象,为更深层次解读张荫棠驻藏官员形象提供了新的研究视角。

---

① 刘武坤编著《西藏亚东关史》,中国矿业大学出版社 1997 年版,第 166 页。
② 吴丰培编辑《清代藏事奏牍·张荫棠驻藏奏稿》,中国藏学出版社 1994 年版,第 1382 页。
③《张玉堂为张荫棠已有翻译不需借调海关人员及其己见等事致裴式楷函》(1907 年 8 月 1 日),中国第二历史档案馆、中国藏学研究中心合编《西藏亚东关档案选编》(下册),中国藏学出版社 1996 年版,第 1018 页。

吴丰培《川藏游踪汇编》的
编纂体例与文献价值

徐 洋

摘要：吴丰培先生是我国著名现代边疆史地研究专家、藏学专家、目录学专家，一生致力于我国边疆史地研究与资料收集、整理工作。《川藏游踪汇编》是他数十年整理旧稿之汇编，中央民族学院图书馆有 1981 年油印本（一函八册），四川民族出版社 1985年出版排印本。此编收录稀见入藏纪行之作二十余种，有清一代入藏游记略备于此，是西藏史地研究不可或缺的参考资料。且在文献收录方面自成体例，为突出主题，避免文字冗余，仅对作品进出西藏部分进行辑录。与此同时，还对辑录内容中的错讹、存疑之处，结合经典史志文献进行修订与考证。

关键词：《川藏游踪汇编》；吴丰培；编纂；特征；价值

作者简介：徐洋，女，黑龙江哈尔滨人，上海大学文学院博士研究生。曾发表论文《清代旅藏游记史料价值探析》等。

基金项目：本文系国家社科基金一般项目"清代西藏民族志文献整理研究"（23BMZ120）的阶段性成果。

　　中国藏学从创立伊始，历经曲折发展，直到改革开放后方渐趋繁荣，这些成就离不开以吴丰培先生为代表的一大批藏学工作者的坚守与努力。吴丰培一生著述甚丰，除《川藏游踪汇编》（以下简称《汇编》）外，其主要成果有《边疆丛书》六种、《中国民族史地资料丛刊》三十种及《西藏图籍录》《清代西藏史》《有泰驻藏日记》《清代藏事辑要续编》《清代藏事奏牍汇编》等百余部，计三千余万字。《汇编》共收书二十五种，除首篇《使吐蕃经见纪略》为唐刘元鼎之作外，余皆清人之作，各篇底本多为稀见稿本、抄本，吴丰培详加校订，并于篇末撰跋文，书末附此编所含西藏地名索引。此编不仅是研究西藏史地的重要资料，更是当下立足中国特色，构建交往交流交融视阈下民族志学科话语体系的重要基础①。探讨《汇编》的编纂缘起、编纂特征与学术价值，不仅可以使我们更充分地研究与利用这部丛书，亦有助于我们深入了解藏学发展的阶段性特点。

一、编 纂 缘 起

《汇编》的编纂，首先离不开时代的需要与国家文化政策的大力支持。中华人民共和国成立后，吴丰培转入中央民族学院（今中央民族大学）研究部工作，除分管图书资料工作以外，还兼任西藏研究室藏史研究工作，先后整理了大量边疆史地文献资料。《汇编》由四川民族出版社于1985年出版，此时正值改革开放初期，文化教育事业呈现出前所未有的大好形势，百花齐放、百家争鸣，无疑为藏学研究者提供了更为广阔的平台，党中央鼓励古籍整理与出版事业，民族典籍和边疆文献受到高度重视，《汇编》一类民族史地研究整理资料得以陆续推出。《汇编》之前，中央民族学院图书馆曾整理发行《中国民族史地资料丛刊》三十种，为相关研究工作提供了大量基础资料。在此基础上，除继续编印《中国民族史地资料丛刊》外，还进行专类文献整理丛编，以回应学术研究的迫切需要。率先编订刊行的《川藏游踪汇编》及《甘新游踪汇编》，共收集文献六十四种，其中大部分属于稿本或抄本，稀见者便有近百万字②。可见《汇编》在保留和传承边疆珍贵游记材料方面的重要文献价值。

吴丰培在藏学研究领域的不断探索及其对民族文献的高度关注是《汇编》编纂的又一动因。1934年顾颉刚创办禹贡学会，继而办《禹贡》学刊，专攻边疆史地之学，吴丰培加入学会，负责边疆史籍研究工作，并主编《禹贡》学刊"康藏专号"，这可以视为其西藏史研究之开端。此后六十余年，吴

① 关于构建交往交流交融视阈下，有中国特色的民族志学科及话语体系等问题，可参看马天祥《清代西藏民族志文献整理研究概述》，王宝红、张学海编《民族地区语言与艺术研究》（第3辑），西藏人民出版社2024年版，第329—335页。
② 吴丰培《〈川藏游踪汇编〉题记》，《中央民族学院学报》1983年第1期。

丰培辛勤耕耘,即便在战火离乱的窘困之中,仍坚持搜集整理边疆史地文献资料。编纂《汇编》之时,吴丰培已年逾古稀,依旧精研学术,笔耕不辍,《汇编》正是其对既往研究工作回顾与总结的基础之上着手编纂的。吴丰培曾慨言,《中国民族史地资料丛刊》由于分散付印,计划不周,分类次第不免凌乱,且分期出版,后来购者不易求全。每书后虽附有地名之索引,若求一地亦要遍检全书,殊为不便。因此编纂《汇编》时,先将篇目选定,按时代先后排列,将赴藏纪行之作汇为一编①。可以说,《汇编》的问世是吴丰培在藏学研究过程中不断积累、不断深入的必然结果。

二、编纂体例与特点

(一) 编纂体例

《汇编》为文献辑校之作,体例有其自身特点。是书横版排印,首为吴丰培《序》、次《编例》、次《目录》、次正文,正文后录作者《后记》,最后附《地名综合索引》。各篇篇末皆有吴丰培所撰跋文。

《汇编》之序篇幅虽短小,却将编纂目的与采择标准交代明确。序云:"考昔年入藏之途,厥分为五:一曰四川、一曰西宁、一曰云南、一曰新疆、一曰国外印度。清代官吏,习以川康大道为进藏要途,故记自川者为多,地名站程,虽多雷同,而观感自不相侔,见闻既殊,时代各异,陵谷有所变迁,交通亦有改道。今汇编此类书籍,使五路进藏之途,均可遍得,不仅秘籍得传,亦可供民族史地研究者之参用。"②由此可知全书之概略,亦可体会吴丰培编纂此书之良苦用心。

《汇编》收录二十五种入藏纪行之作,按纪事年月先后编排,依次为《使吐蕃经见纪略》《藏程纪略》《定藏纪程》《藏行纪程》《进藏纪程》《西藏往返日记》《西藏归程记》《西藏巡边记》《西招纪行诗》《丁巳秋阅吟》《桐华吟馆卫藏诗稿》《百一山房赴藏诗集》《壬午赴藏纪行诗》《西征日记》《晋藏小录》《西轺日记》《使廓纪略》《察炉道里考》《川藏哲印水陆记异》《藏轺

---

① 高增德、丁东编《世纪学人自述》第三卷《吴丰培自述》,北京十月文艺出版社 2000 年版,第368 页。

② 吴丰培辑《川藏游踪汇编》"序",四川民族出版社 1985 年版,第 1 页。

随记》《炉藏道里最新考》《三省入藏程站纪》《喀木西南纪程》《西康行军日记》《藏游日记》。除首篇为唐人之作,余皆清代驻藏官员与军旅人士所作,或记沿途道路要隘、山川名物,或述地方民风民俗、历史掌故,是研究西藏史地和风土人情不可或缺的资料。

西藏各地之地名在不同时期的表述多有不同,即便处于同一时代,汉文文献中的西藏地名亦载录不一,不仅给读者带来诸多不便,还给相关研究带来一定困难。即便历史上某些重要地区的载录,亦无办法避免不同文献载录的混乱①。《汇编》所辑入藏纪行之作中地名众多,同地异名处亦偶有出现,为便于读者检索,吴丰培编《地名综合索引》附于书后,共计四千余条,索引以地名首字笔画顺序排列,地名后均标明出处,依次是"书次""页""行",凡音同字异的地名,均另立"参见条目",足见体例之精细。

(二)编纂特点

《汇编》采择文献可谓精审。首先表现为对所收作品类型的严格限定,既为"川藏游踪",则入选者皆入藏纪行之作,题目中多含"纪略""纪程""日记""随记"字样。其次表现为对个别篇章的选裁与篇名的处理,《西藏往返日记》为果亲王允礼奉命送达赖喇嘛归藏时所作,《边疆丛书》甲集收录此书,名为《西藏日记》。记事始于雍正十二年十月,允礼由北京海淀出发;止于次年四月,允礼归京复命。然《汇编》则节选而录,记事始于雍正十二年十二月,终于次年二月二十一日,即载允礼自四川成都启程入藏,再由藏返回成都。如此节选用意颇明,是为严守《汇编》之体例,即:"一般记程,均由四川或西宁。凡由内地自川入藏者,一律起自成都。其他各地,则存全貌。"②且篇名增"往返"二字,合乎全文"自成都始,返成都止"的结构内容。又有《桐华吟馆卫藏诗稿》《百一山房赴藏诗集》两种,皆为节选并改题名之作。《桐华吟馆卫藏诗稿》为清人杨揆所撰,《四川通志·职官》载曰:"杨揆,字同叔,号荔裳,江苏金匮人,乾隆四十四年南巡召试,有《桐华吟馆

---

① 关于这一问题的产生,一方面源于边疆地区各民族语言在相互交流的过程中,受制于自身语言的发音习惯,不可避免地会产生的差异;另一方面,囿于当时的历史条件,内地馆臣书吏在文献译编、记录、编纂过程中,尚无法对民族语言人名、地名等做到有效统一。关于具体案例,可参看彭薇淇、马天祥《〈新疆南路赋〉"栋科捷径"注文考辨——兼论清代新藏克里雅道》,《新疆大学学报》2024年第3期。

② 吴丰培辑《川藏游踪汇编》"编例",四川民族出版社1985年版,第1页。

诗词》十六卷、文一卷，《卫藏纪闻》二卷行于世。"①吴丰培将其所得抄本加以删汰，取其有关于西藏之吟咏，名为《卫藏诗稿》，以实汇编。另《清史稿·艺文志》载："孙士毅撰有《百一山房诗集》十二卷。"②吴丰培辑其入藏吟咏之作入《汇编》，题名增以"赴藏"二字，以与文合。此种采择方式并非随意，而是经过深思熟虑，西藏史地资料多分散于各种典籍之中，不便翻检查阅，编者以此法将入藏纪行之作整理汇编，实是津逮后学之举。

《汇编》对所收入藏纪行文献详加考订。不仅原文中对存疑之处有考订之语，后附跋文中亦考辨作者行年与事件本末，可谓言必有据、信而可征。首先，表现为对原文所载人名的考订。文中提及主帅多有姓无名，或姓名全无，作者皆翻检典籍，加以补充，录于括号内，以区别原文。例如：

> 行至察木多，川督年（羹尧）念进藏官兵劳苦已甚，恐流离异域，特委永宁道迟（台）屯粮接济。（《藏程纪略》）③

> 至禄丰县，县令张公（远）邀宿蜀中。（《藏行纪程》）④

> 行五十里至广通，县令刘公（淑）亦邀入蜀。（《藏行纪程》）⑤

> 考热索桥，乃乾隆五十六年大将军福（康安）参赞海（兰察）四川总督惠（龄）平乱到此，受降之所也。（《使廓纪略》）⑥

此外，跋文中亦有考订之语，《川藏哲印水陆异记》乃光绪二十九年（1903）吴崇光随驻藏大臣有泰进藏时所作，于巴塘一站却载光绪三十一年（1905）三月驻藏大臣凤全及其随员在鹦哥嘴遇害一事。吴丰培整理时对此详加考订，认为此书成于1921年，鹦哥嘴之事乃追述之解，而非当时过境所记，

---

① 〔清〕常明、杨芳灿等纂修《四川通志》卷一一五《职官·政绩》，巴蜀书社1984年版，第5册，第3574页。
② 赵尔巽等撰《清史稿》卷一四八《艺文志》四，中华书局1976年版，第15册，第4389页。
③ 吴丰培辑《川藏游踪汇编》，四川民族出版社1985年版，第14页。
④ 吴丰培辑《川藏游踪汇编》，四川民族出版社1985年版，第39页。
⑤ 吴丰培辑《川藏游踪汇编》，四川民族出版社1985年版，第39页。
⑥ 吴丰培辑《川藏游踪汇编》，四川民族出版社1985年版，第309页。

疑惑顿解。又《察炉道里考》篇,原稿无名,且不著撰人,吴丰培考其沿途站地,乃自察木多起、至打箭炉止,故拟名《察炉道里考》。该篇以时间顺序记事,然首志非具体年份,只记"辛卯三月"而已。吴氏详核内容,细加考订,于"辛卯"后注"清光绪十七年",并于跋文中言:

> 首志辛卯三月,文中有记光绪十五年,并称升大臣云云。考升即驻藏大臣升泰,于十六年赴亚东与英交涉而死于该地者,则辛卯必为十七年无疑矣。①

以上案例,不胜枚举。吴氏在西藏史地文献方面的深耕细耘自不待言,对史料的考订辨疑,亦足见其治学态度之严谨。

三、《川藏游踪汇编》的文献价值

(一) 存录珍贵文献史料

《汇编》是中国藏学研究史中首部以"藏游纪程"为收录标准并出版的专门性丛书。《汇编》以前,进藏纪行之作鲜有流传,或作为撰者日记、散文、诗作中的部分内容存在,或散见于边疆史地文献资料丛书中,未经系统整理,因而鲜为学者所重视。吴丰培将其所藏稀见稿本、抄本校订整理,以时代先后为序汇编成帙,使一批稀见藏纪文献得以公之于世。《汇编》中虽部分文献曾载于个别丛书或方志合辑之中,但难于遍求,且多以稿本、抄本为底本影印,不便于阅读与使用,吴丰培亦将其采择校订,以入汇编,给读者带来了极大的便利,以飨相关领域学人,其传承文献之功自不可泯。以《喀木西南纪程》篇为例,此篇底本为吴丰培所藏抄本,舛误较多,首经整理,以入《汇编》。篇末跋云:

> 迨清光绪末季,川边大臣赵尔丰锐意经营西康,颇多建树,乃派管带程凤翔进驻此地。凤翔此作,即记当时行程,对于道里崎岖,地势险峻,均属身历之谈,固多可据。补前人之所不及,启后人调查之先声,

---

① 吴丰培辑《川藏游踪汇编》,四川民族出版社 1985 年版,第 327 页。

亦属难得资料。①

西南珞瑜一带处西藏之边区,因而此前记载西藏地理之作鲜论及此处,撰者程凤翔身履此地,详加记载,尤为珍贵,吴丰培详加考论并为之刊布,为后来之研究提供了珍贵的史料。另有《察炉道里考》篇,此篇底稿乃吴丰培所藏旧稿,本无篇名,经其整理,首次于《汇编》中与读者见面,篇末跋云:

> 戊寅仲春,书贾送来旧稿数束,文底函稿,颇为庞杂,其中最重要者,乃清光绪二十二年川边瞻对改流,与三十三年贻谷绥远垦务两案之文稿奏底多件,皆系重要史料,亟以重金购得,而此篇道里记,亦其中之一。②

此篇载察木多至打箭炉的沿途站程,逐日记载,始于光绪十七年(1891)三月十四日,止于次月二十日,为期三十六日,途经德尔格忒、霍尔、章谷、麻书等土司之地,吴丰培详考内容,以为此乃藏地粮务赴边地查勘察炉中路茶道者所记。关于此次勘查道路之原因,吴丰培亦有所考论:

> 考由川运藏之商品,以炉茶为大宗。炉茶在四川雅安……川藏金融,赖此流通。当光绪中叶,英人窥藏日急,印茶转运便利,与川茶相竞争,此其派员勘查道路之一原因欤?③

撰者勘查时多探询詹事,吴氏以为此因川边瞻对一地处在崇山环绕之中,民情强悍,时出劫掠,以阻茶运,并以为此篇虽明为勘查茶道,实则暗探詹事。其见解独到,为我们进一步探究该文献的历史背景与价值提供了思路。

(二)梳理文献版本源流

吴丰培所撰跋文皆考证作者行年、文献流传及事件始末,指其优劣是非,具有目录提要性质,采取解题、鉴别、校勘等方法,并联系历史背景加以

---

① 吴丰培辑《川藏游踪汇编》,四川民族出版社 1985 年版,第 467 页。
② 吴丰培辑《川藏游踪汇编》,四川民族出版社 1985 年版,第 327 页。
③ 吴丰培辑《川藏游踪汇编》,四川民族出版社 1985 年版,第 327 页。

阐释,细读诸篇跋文,便可清晰了解文献内容、渊源、学术价值与现实意义,亦可在目录学、版本学及校勘学等方面受到启发,便于我们进一步对文献展开研究。如《进藏纪程》之跋云:

> 是书为清王世睿撰,世睿字道存,山东章邱县人,康熙五十四年乙未科进士,官泸州知州。雍正十年(1732)奉檄入藏,往返九阅月,因成此书,以记行程。首记自四川打箭炉起程,经里塘、巴塘、江卡、乍丫、洛龙宗、硕般多、边坝、拉里、江达、墨竹工卡、得庆等处而达西藏。凡山川之形势,路途之崎岖,程站之距离,天时之寒暖,均有述及,次载风土、民俗、物产、寺庙,词简事赅,文笔瑰丽,故杨复吉称堪与《徐霞客游记》相媲,固非过誉。是书原载《昭代丛书》中,复为《小方壶斋舆地丛钞》所著录,今复辑印,以入康雍时代入藏记程之列。①

跋文简介撰者王世睿生平与此篇成书经过,概述文献内容及版本源流,进而评其叙事特点与文学特色,并谈及前人对此篇之评价,有着极大的目录学功用,是后人研究此作的重要依据。又如《西藏往返日记》之跋云:

> 《西藏往返日记》《奉使纪行记》原为稿本,不著撰人姓名,昔年余辑《边疆丛书》时,曾加整理,为之刊布。并考证为清圣祖玄烨之第十七子允礼所撰,今重加节录。②

文中短短数语,概述了文献的版本情况,并说明入《汇编》者乃节选而录。吴丰培富于收藏,广泛搜集稀见边疆史地古籍文献,又精于鉴赏,一生做了大量的文献整理研究工作。其所收藏的西藏方面的文献书籍原有一定数量,又向北京图书馆、北京大学图书馆与燕京大学图书馆等处借阅,凡关涉西藏问题之文献,他大都做了笔记,详考其内容、作者,记其版本,评其优劣得失③。其文献整理编纂工作为珍稀边疆古籍的流传作出了很大贡献,也为我们今天研究目录学与版本学提供了有价值的借鉴。

---

① 吴丰培辑《川藏游踪汇编》,四川民族出版社 1985 年版,第 77 页。
② 吴丰培辑《川藏游踪汇编》,四川民族出版社 1985 年版,第 99 页。
③ 边师《硕果累累的边疆研究者吴丰培先生》,《中国边疆史地研究》1994 年第 2 期。

四、结　　语

　　《汇编》将有清一代入藏纪行之作系统地呈现在读者面前，若没有吴丰培先生的广泛搜集与整理编纂，我们今天便难见这些文献资料。《汇编》体例得当、采择精审、考订详细，跋文独具特色，全书所辑二十余种文献，保存了大量历史与民俗资料，具有重要史料价值，是西藏史地研究的重要参考。然由于时代所限，该书也有不足之处，如体例仍不够完善，所收作品存在断句不当、标点使用有误等问题，我们在阅读与研究时应自行辨别。《汇编》出版以后，藏游纪程之作渐受学界关注，部分作品被收入《西藏学汉文文献丛书》《西藏历史汉文文献丛刊》《中国边境史料通编》《边疆史地文献初编》等丛书中，流传渐广，有关于入藏纪行文献的研究成果也日渐增多，或考论其内容，或分析其价值，为藏学研究工作增彩添色。但继《汇编》之后，至今未见再有以"藏游纪程"为收录标准的丛书出版，部分清代及民国以来的入藏纪行文献还未经系统地归类整理，期待"川藏游踪续编"的整理问世，若在此基础上有精校精注本出版，将极大有益于后来之研究。

文献整理

西 藏 赋

〔清〕和 瑛　撰

严寅春　整理

解题

《西藏赋》是清代驻藏大臣和宁（1741—1821，道光元年避宣宗讳改名和瑛）驻藏期间创作的一篇舆地大赋，也是中国文学史上唯一一篇以赋体文学形式铺陈西藏风土人情、历史文化的文学作品。《西藏赋》完成于嘉庆二年（1797）五月，全文并自注长达 29 000 余字，"于西藏之地理、历史、气候、物产、风俗等均有叙述，加以丰富之注释，中具不经见之材料甚多"①，可谓一部赋体的"西藏志"，具有鲜明的方志特征和资政作用。李光廷谓《西藏赋》"凡佛教、寺庙、官制、风物、物产、地界，无一不详"②，姚莹则称"其于藏中山川风俗制度，言之甚详，而疆域要隘，通诸外藩形势，尤为讲边务者所当留意，不仅供学人文士之披寻也"③。

《西藏赋》有署"嘉庆二年岁次丁巳五月卫藏使者太菴和宁著"的刻本传世，惜具体刊刻时地不详，学界简称"嘉庆本"。除此之外，《西藏赋》主要是收入各种丛书、类书而传世，如张丙炎《榕园丛书》、王秉恩《元尚居汇刻三赋》、黄沛翘《西藏图考》、盛昱《八旗文经》及《嘉庆四川通志》等。《〈西藏赋〉校注》《〈西藏赋〉笺证》等进行了较为深入的整理，但限于体例等，使用不便，故再次进行整理，以期呈现《西藏赋》的原貌，更便于使用与流传。此次整理，以"嘉庆本"为底本，充分吸收了诸本的校勘成果。

① 丁实存著《驻藏大臣考》，蒙藏委员会 1943 年印行，第 76 页。

②〔清〕李光廷撰《西藏赋跋》，《反约篇·西藏赋》刻本。

③〔清〕姚莹著，施培毅、徐寿凯点校《康輶纪行》卷九《〈西藏赋〉言疆域》，黄山书社 2014 年版，第 262 页。

粤坤维之奥域,实井络之南阡。西藏距京师一万三千里为前藏,由前藏至后藏又千里,由后藏至西南极边又二千余里,乃坤维极远之地。按《星经》井宿三十度,为二十八宿中度数最多者。以陕西、四川分野推之,当在井宿之南。风来阊阖,日跃虞渊。八风,西南曰阊阖风。今藏地西南风最多。若东风,非雨即雪。○《淮南子》:日在虞渊,是为黄昏。今藏地日西垂,景最长。斗杓东偃,月窟西联。四时观北斗,只见其半,人在其右。通南海、西洋各部落,西北通叶尔羌。三危地广,五竺名沿。《禹贡》:"导黑水,至于三危。"旧注:三危,山名,不知其地。今考三危者,犹中国之三省也。察木多为康,布达拉为卫,札什伦布为藏,合三地为三危,又名三藏。"窜三苗于三危",故其地皆苗种。○《南州异物志》:"天竺国地方三万里,佛道所生。"《括地志》:"天竺国有东、西、南、北、中央五天竺,大国隶属者二十一,在昆仑山南。"今考康、卫、藏在天竺之东,为东天竺。吐蕃种别,突厥流延。《唐类函》:吐蕃在吐谷浑西南,不知国之所由。或云秃发利鹿有子樊尼,其主为傉檀,为乞伏炽盘所灭。樊尼率余种依沮渠蒙逊。其后子孙西魏时为临松郡丞,其得众心。魏末招抚群羌,日以强大,遂改姓为窣勃野。始祖赞普自言天神所生,号鹘堤悉补野,因以为姓。其国都号逻娑城,雄霸西羌。隋开皇中,其主罗卜藏索赞普都牂牁西匹播城,以五十①。国西南与婆罗门接。今考前藏名拉萨藏,旧有石城,即古逻娑城也。藏布江即古赞普名也。又考青海所属七十族并四川打箭炉明正司迤西各土司至西藏附近各部落,其语言文字皆同,名唐古特。唐古特者,即唐突厥之遗种也。其名突厥者,以其先世居西域之金山,工于铁作。以金山状如兜鍪,俗呼兜鍪为突厥,因为国号。今考唐古特及青海各番,其帽状如铁釜,高屋短沿,上缀红缨,与兜鍪同,是其证也。明成化时,乌斯藏大宝法王来朝。今称卫藏,盖乌斯二字合读,与卫字合音。又前藏地名拉萨者,番语:拉,山也;萨,地也。盖山中之平地,俗云佛地也。古所云逻娑,云罗娑,云乐些者,与拉萨音相近耳。乌斯旧号,拉萨今传。其地四围皆山,南北百余里,东西百五六十里。其阳则牛魔僧格,搴云蔽天;札拉罗布,俯麓环川。前藏南面山高二百余丈,名牛魔山。连岗环抱者名僧格拉山。唐古特谓狮名僧格,以山形似狮,故名。与僧格拉相连者名札拉山,又西名

---

① 《通典》卷一九六《边防》六作"已五十年"。

罗布岭冈。藏布江绕其下西流,江北岸平野丛林,开砌池沼。达赖喇嘛岁于伏后秋初下山澡浴于此。住月余乃还山。此清凉胜境也。**其阴则浪荡色拉,精金韫其渊;根柏洞噶,神螺现其巅。**前藏北面山名浪荡山,平险参半。其东名色拉山。唐古特谓金曰色,山曰拉,以山产金,故名。又根柏山为布达拉北屏障,其西北三十里相连,名洞噶拉山,耸峭冲霄,巉岩如削,高四百余丈。唐古特谓海螺曰洞噶,以山形似海螺,故名。上旧设碉卡,为前藏西之关隘也。**左脚孜而奔巴,仰青龙于角箕之宿;**前藏东北脚孜拉山极高峻,山背建呼正寺。东南奔巴拉山,高耸群山。唐古特谓瓶曰奔巴,以山形似瓶,故名。山势起伏相连。东面东方七宿曰:角、亢、氐、房、心、尾、箕。**右登龙而聂党,伏白虎于奎觜之躔。**前藏西三十里名登龙冈,过大桥折西南名聂党山,山势陡峻,有通后藏大道。西方七宿曰:奎、娄、胃、昴、毕、参、觜。**夷庚达乎四维,羌蛮兑矣;**西南通江孜赴后藏大道,西北通羊八井草地,东北通喀喇乌苏赴西宁大道,东南通江达、拉里赴打箭炉大道。○《左传》:"以塞夷庚。"注:"往来要道也。"**铁围周乎百里,城郭天然。**四面崇山峻岭,不施草木,耸矗如城垣,故俗名铁山。○《艺林伐山》云:"铁围山,佛经所称,不知的在何处。"唐初宋昱诗云:"梵宇开金地,香龛凿铁围。"今以前藏大小招、布达拉考之,即铁围山也。**藏布衍功德之水,**布达拉南,自东而西南流,名藏布江,又名噶尔招木伦江,其源委详后山川节注。○《广舆记》:"梁番僧隐钟山,值旱,有庞眉叟谓曰:'予,山龙也,措之何难哉。'俄而一沼沸出。后有西僧至,云西域八池已失其一。其水有八功德:一清、二冷、三香、四柔、五甘、六净、七不饐、八蠲病。"**机楮涌智慧之泉。**机楮河发北山下,自东北经布达拉前,上建琉璃桥,其水澄澈紫碧,南入藏布江。唐古特谓水曰楮,一曰机,言一道河也。拉萨田苗资其灌溉。○五祖偈云:"巍巍七宝山,常出智慧泉。迴为真法味,能度诸有缘。"**池映禄康插木于后,**布达拉后有池,周约四五里,中筑高台,上建八角琉璃阁三层,中供龙王,为祈雨处。唐古特谓龙曰禄,故禄康插木名之。**峰拥磨盘笔洞于前。**布达拉西南孤峰耸出,名招拉笔洞。上住喇嘛医生。其西连冈稍低平,名磨盘山。上建关圣帝君庙。山阳建喇嘛寺,乾隆六十年赐号卫藏永安寺,为济咙胡图克图焚修之所。**普陀中突,布达名焉。**梵书言天下普陀山有三:一在额讷特克国之南海中,山上有石天官,乃观自在菩萨游舍处,此真普陀也;一在浙江定海县南海中,为善才第二十参观音菩萨处；一在图伯特之布达拉，亦观音化现处。今考图伯特即唐古特，布达与普陀音相近也。

厥维沙伽吐巴绰尔济，传写贝多；唐古特谓释迦牟尼佛曰沙伽吐巴。绰尔济，通经典之称，俗名曲结。**江来孜格陀罗尼，降摄妖魔**。唐古特谓观音菩萨曰江来孜格。陀罗尼，咒也。**泥梨速昭五戒**，《释氏要览》："泥梨，地狱也。"佛家有五戒：不杀、不偷盗、不淫邪、不妄语、不饮酒。**闻思修入三摩**。《心经注》：一切禅定摄心者皆云三摩提，译言正心行处，谓是心端正也。观音闻思修入三摩地。**聚顽石而点头，风行身毒**；《十道四蕃志》："生公，异僧竺道生也。讲经于虎邱寺，人无信者。乃聚顽石为徒，与谈至理，石皆点头。"○《后汉书·西域传论》："佛道神化地曰身毒。"《史记·大宛传》："大夏东南有身毒国。"注：《索隐》曰："身音乾，毒音笃。孟康云：天竺也。"**放屠刀而摩顶，花雨曼陀**。《果经山书》：广颖屠在涅槃会上放下屠刀，立便成佛。《法华经》云："天雨曼陀罗花。"**四十二章流传震旦**，《括地志》：王舍国有灵鹫山，山有小姑石，石上有石室，佛坐其中。天帝释以四十二事问佛，一一以指画石，其迹尚存，即《四十二章经》也。○《楼炭经》：葱岭以东名震旦，盖西域称中国之名也。又初祖达摩曰：当往震旦，设天法乐。遂泛重溟，达于南海传法。今考汉明帝时白马驮经即《四十二章经》也。**三十二相化本修罗**。《楞严经》："是名妙净三十二应入国土，身皆以三昧闻薰闻修，无作妙力，自在成就。"注："观音俱现三十二应，现十法界身而为说法也。"佛氏以修罗为经，梵语也。**遂有宗喀巴雪窦潜修，金轮忏悔**；明番僧宗喀巴名罗布藏札克巴，生于永乐十五年，幼而神异，精通佛法，号甲勒瓦宗喀巴。在大雪山修苦行。穆隆经，其所立也。穆隆经者，即今之摩罗木也。**无上空称，喇嘛缮改**。《梵书》：释子勤佛行者曰德士，又曰无上士，谓空也。唐古特谓上曰喇，谓无曰嘛也。喇嘛者，无上也。**持团堕之盔，披忍辱之铠**。释氏团堕，言食堕在钵中也。梵言傧茶波，又曰傧茶夜，华言团。团者，食团，行乞食也。今考番僧食糌粑皆手团而食之。盔，音窥，钵也。忍辱铠，袈裟也，又名离尘服，又名清瘦衣。**紫祴韬光，黄冠耀采**。宗喀巴为番众所敬信，衣紫衣。其受戒时相传染僧帽诸颜色不成，惟黄色立成，遂名为黄教。**萨迦开第一义天**，宗喀巴初出家时，学经于萨迦庙之胡图克图，乃元时帕思巴之后，为红帽教之宗,布达拉经簿载其为仁育菩萨之后人也。其教有家室,生子后坐床掌教,不复近家室矣。其始祖名昆·贡确嘉卜,通达经典,见萨迦沟之奔布山风脉佳胜,欲创建庙宇。向业主降雄固喇娃、班第仲喜纳、密酌克敦三人乞售,伊三人乃施舍其地,不取直。遂建庙,供释迦牟尼佛。附近土地、人民、庙宇、僧众皆其所属。世代相传,至今七百余年。其庙平地起阁,周墙甚固,中殿楹柱皆古树,三人合抱,高三丈余,不加雕饰,其皮节文理如生树然。又有海螺,坚白如玉,左旋纹,向明吹之,背现观音像,寺僧宝之。又有藏经数万卷,架函充栋。庙北依山,僧楼梵宇约数千间。亦有佛屠金殿,供诸佛像,皆红帽喇嘛居之。其所诵经与黄教无异。西南通拉孜大道,山南通野人国界。**拉萨涨其三昧海**。宗喀巴修行既成,其教大行,最盛于前藏。今拉萨各庙咸供奉其像。**龙象遴于沙门**,《达摩传》:"波罗提,法中龙象。"《传灯录》:"水中行,龙力大;陆中行,象力大。"负荷大法者,比之龙象。**衣钵传诸自在**。《传灯录》:释迦佛生四十九年,将金缕僧迦黎传与一祖摩诃迦叶。六祖慧能衣钵南奔岭外,有明上士追至大庾岭。《六祖传》注:传衣乃西域屈眴布,缉木棉花心织成者。**此达赖传宗,班禅分宰**。达赖喇嘛,宗喀巴之大弟子也;班禅额尔德尼,宗喀巴之二弟子也。头辈达赖喇嘛名根敦珠巴,生于明洪武二十四年辛未,在喀那木萨喀木青熙饶巴处出家,二十岁受大戒,创建札什伦布庙宇,诵《穆隆经》。其时有博洞班禅在雪地修行,闻名信附,遂号根敦珠巴为汤澈清巴,寿八十七岁。第二辈名根敦嘉木磋,生于明成化十二年丙申,创建群科尔汪庙宇。第三辈名索诺木嘉木磋,生于明嘉靖二十二年癸卯,亲赴各蒙古地方布行黄教,蒙古王等咸称为达赖喇嘛班禅杂尔达拉,明万历间封为大国师。第四辈名云丹嘉木磋,生于明万历十七年己丑,生蒙古地方敬格尔家,十五岁到藏,在噶勒丹寺坐台之桑结仁庆处出家,班禅罗卜藏曲津处受大戒,万历间封为沙布达多尔济桑结。能驱邪逐祟,曾于石上踏留足印。第五辈名阿旺罗卜藏嘉木磋,明万历四十五年生于前藏崇结萨尔合王家,其生之日时与释迦牟尼佛同,在班禅罗卜藏曲津处出家,受大戒。国朝太宗文皇帝崇德七年,达赖喇嘛同班禅喇嘛差乌巴什台吉达盛京进贡,约行善事。顺治元年,达赖喇嘛差人赴京进贡。九年入觐。世祖章皇帝赐居黄寺,封为掌天下黄教西方自在佛足墨多尔济嘉木磋喇嘛,金册十五页。第六辈名罗卜藏林沁仓洋嘉木磋,康熙二十一年生于蒙巴拉沃松地方。第七辈名罗布藏噶勒桑嘉木磋,康熙四十七年生于里塘地方,在察汉诺们罕家出家十三岁。康熙五十九年,赐达赖喇嘛名号、统领黄教敕书、金印。雍正二年,赐西方汤澈清巴巴木载达赖喇嘛掌天下释教金册金印。第八辈名罗藏丹碑旺楚克江巴尔嘉木磋,乾隆二十三年戊寅生于后藏托结地方,现住布达拉。○班禅第一辈名刻珠尼玛绰尔济伽勒布格尔,生于明正统十年乙丑。第二辈名珠拜旺曲索诺木绰尔济朗布,生年缺。第三辈名结珠拜旺曲罗布藏敦玉珠巴,生于明弘治十八年乙丑。第四辈名班禅罗卜藏绰尔济嘉勒参,生于明隆庆元年丁卯,国朝崇德七年遣使进贡。太宗文皇帝诏令班禅、达赖二人内年少者拜年长者为师,学习经典。寿九十六岁。第五辈名班禅罗布藏伊喜,生于康熙二年癸卯,五十二年圣祖赐金册、印,注明札什伦布各庙宇、地方属班禅管理。第六辈名班禅哲布尊巴勒丹伊喜,生于乾隆三年戊午,三十年赐金册,四十五年入觐,高宗纯皇帝赐四体字玉册、玉印。第七辈生于乾隆四十七年壬寅,现住札什伦布。**拟北山之二圣,化西土于千载也**。《魏书》:僧法度、法绍,游学北山,综习三藏,灵迹异事,皆得见闻于世,时号北山二圣云。

　　于是金妆宝像,玉缀珠联。示相如来,本今皆觉。《道院集》:"本觉为如,今觉为来也。"**现身菩萨,普济为缘**。《释典》:菩,普也;萨,济也,言能普济众生。**拈花仗剑之殊观,金刚救度**;金刚力士皆怒目仗剑,若救度佛母则拈花善相也。**五台二嵋之异品,曼殊普贤**。五台清凉山文殊菩萨、四川峨嵋山普贤菩萨。**德木楚克,乃阴阳之秘密**;阴阳佛也。**雅满达噶,实心性之真筌**。护法佛也。**桑堆满座**,安乐佛也。**天王接肩**。天王之像最多异品。**盖奇颜谲状,累万盈千,名不可以殚述,义不可以言传也**。

　　其寺则两招建自唐朝,丰碑矗矗;西藏番王传七世至绰尔济松赞噶木布,迎唐公主为妻,又迎巴勒布王鄂特色尔郭恰之女拜木萨为妾。唐公主带来释迦牟尼佛像,拜木萨带来墨珠多尔济佛像,藏王择地兴建大招供奉之。大招门前有唐德宗时和亲盟碑,字迹尚真,碑文载入《通志》。**万善兴于公主,古柳娟娟**。大招前有古柳二株,相传植自唐时。**填海架梁,西开梵宇**;《经簿》:拉萨地乃海子也。唐公主卜此地为妖女仰面之形,海子乃妖女心血,是为海眼,须将海眼填塞,上修庙宇如莲花形,乃得吉祥。藏王遂兴工将海子四面用石堆砌。海眼中忽现出石塔三层,用石抛击,然后用木接盖,其空隙处,熔铜淋满,海眼平涸。时有龙王献洋船式样,用石堆之,大招始成,至今一千八百四十余年。坐东向西,楼高四层,上有金殿五座,阑干瓦片皆铜胎溜金。左廊下有唐公主、藏王松赞噶木布及巴勒布王之女拜木萨之像。东南隅有甲噶尔僧拜拉木像。燃灯供奉,神灵赫奕,番人敬畏之。内藏古军器,鸟枪有长八九尺至一丈者,弓靫箭袋亦甚长大。殿内有明万历时太监杨英所立碑。庙前壁上绘唐玄奘法师取经师弟四人像。**背山起阁,东望云天。**小招在大招北半里许,地名喇木契,坐西向东,背布达拉,楼高三层,上有金殿一座,唐公主建。公主悲思中国,故东向。内供墨珠多尔济佛。或云内有塑像,乃唐公主肉身。座上书"默寂能仁"四字。**鸟革翚飞,范金作瓦**;殿上金瓦光辉夺目。**莲花地涌,罘铁为帘**。门前挂铁网以为帘。**不尽灯,铜缸酥点;无碍香,鹊尾螺煎。禅关寂寂,梵呗渊渊。佛心无漏于恒沙,奚止九百六十**;《佛书》:心窍九百六十,毛孔八万四千。**法会皈依于狮座,能容三万二千**。每年孟春集喇嘛三万余众在大招诵《摩罗木经》,名曰攒招。〇《维摩经》:"舍利佛来见,其室中无有床坐。维摩现神通力,须弥灯王遣三万二千狮子座来入维摩方丈室。"**尔乃桑鸢色拉,别蚌甘丹**。前藏四大寺也。桑鸢寺在拉萨山南行二日萨木叶地方。唐时藏王绰尔济松赞噶木布之第五世孙名绰尔济赤松特赞,欲修礼玛正桑庙,赴甲噶尔延请班第达,择地兴修,未成。复令藏地能习经咒之人赴甲噶尔请祖师巴特玛萨木巴娃降收妖邪,在萨木叶地方斩毒蛇五条,池水尽赤。乃仿照甲噶尔阿兰达苏里庙宇式样修造五顶四面八方,以象星宿。后有噶瓦拜勒孜觉啰累嘉木磋等数千人,教化大行,修立十二处大寺,安设喇嘛道士诵经,至今一千四十三年。又《旧志》载桑鸢寺楼阁经堂与大招相似,内供关圣帝君像。相传唐以前,其方多鬼怪为害,人民不安。帝君显圣除之,人始蕃息。番民奉祀,尊号曰草塞结波。〇色拉寺在拉萨北十里色拉山,宗喀巴建。因其弟子甲木庆绰尔济沙克伽伊喜明时入中国为禅师,赐物甚盛。还藏后,宗喀巴令其在色拉山建立大寺。所供佛像系旃檀香雕刻释迦牟尼佛、十八罗汉及诸佛像。其寺依山麓建金殿三座,层楼高耸。寺中供降魔杵一,长不足二尺,头如三棱铜,其上状如人头。唐古特语名多尔济,相传为飞来者。汉人呼为飞来杵。岁一出巡,番众朝礼。其寺堪布喇嘛珍之。〇别蚌寺本名布赖蚌寺,布达拉西二十里,依北山麓。宗喀巴之弟子札木洋绰尔济札什巴勒丹在聂乌地方居住,梦神人语以此地宜修寺院,赐与五千徒众,现出无量水泉数处。觉而告其师,宗喀巴乃令修寺。有聂乌富户那木喀桑布出资施建庙宇,又修郭莽等七处札仓,乃蒙古、吐蕃、西番各土司、布尔哈等处凡出世之呼毕勒罕及远近大小喇嘛初学经者皆聚处于此。〇甘丹寺本名噶勒丹寺,在拉萨东五十里噶勒丹山,其形势与布达拉略同,其经楼、佛像与大招略同,乃宗喀巴坐床之所,示寂于噶勒丹寺弥勒前,为黄教发源之地。黄教堪布主之。**垂仲神巫,木鹿经坛**。垂仲殿,一名噶玛霞寺,大招东半里许。寺内塑神像,狰狞恶煞。内居护法,喇嘛装束,仍娶妻生子,世传其术。乃中国之巫类也。每月初二、十六下神,头戴金盔,上插鸡羽,高二三尺,背插小旗五面,周身以白哈达结束,足穿虎皮靴,手执弓刀,坐法坛。番人叩问吉凶,托神言判断祸福。出则从人装束鬼怪,执旗幡、鸣鼓钹导之。亦有女人为之者。最为唐古特敬信。〇木鹿寺在大招之北,小招之东,楼高四层,又名经园。刊刷藏经,颁行各处,悉取给于此焉。**沙弥班第,尊者阿难。骈头猡狖,钉坐团圞。醍醐夕瓮,欻夐朝盘。礼雪岩之弥勒,拜海屿之旃檀。鎈锁阿閦,宝供珠龛**;鎈锁,音钩锁,千佛名,见《贤愚经》。〇阿閦,音初六切,出《字统》。《释典》:阿閦,佛名,见《释藏》。考《华严》《弥陀经》:"东方有阿閦鞞佛。"阿閦,此云无动。经云:"有国名妙喜,佛号无动。"疏云:"阿之言无,閦之言动。"又《法华经》云:"其二沙弥,东方作佛,一名阿閦,在欢喜国。"经又云:"一名须弥顶。"**玉耶阿魃,雨集云县**。《释典》:《玉耶》,佛经名。又有《阿魃经》。**莫不画花刻楮,镂蛤雕蚆;蛙噪牟尼,鳖语和南。火宅居,塞夷两两;头陀住,前后三三**。《番禺记》:"僧有室家者,名火宅僧。"《梵书》:"优婆塞,善男也;优婆夷,善女也。"〇无着问文殊众几何,曰前三三,后三三,盖九九八十一也。头陀者,抖擞也,言抖擞凡尘也。**衍六通之法**,僧肇谓:"骋六通之神骥,乘五衍之安车。"**播五印之谈**。五印度,佛国名。唐扶诗云:"沙弥去学五印度,静女来悬手足幡。"[①]**皆由创三身之偈诵**,《传灯录》:六祖曰:三身者,清净法身,汝之性也;圆满报身,汝之智也;千百亿化身,汝之行也。若悟三身即名四智。**启四大之伽蓝也**。《梵书》:《圆觉》以地、水、风、火为大,四大也。〇《释氏要览》:梵语云伽蓝摩,此云众园。园者,生植之所,佛弟子居

---

① "五印度"、"手足幡",《全唐诗》卷四八八作"五印字"、"千尺幡"。

之，取生植道木圣果之义。今考卫藏，凡喇嘛所居名伽仓。

若夫达赖之居于布达拉也，唐吐蕃王绰尔济松赞噶木布好善信佛，头顶纳塔叶佛，在拉萨山上诵《旺固尔经》，因名为布达拉。西藏番众瞻仰，每日焚香坐禅入定，不思他往。唐公主同拜木萨恐有外侮，遂修布达拉城垣，上挂刀枪，以严防御。后因藏王莽松作乱，经官兵拆毁，仅存观音堂一座。至五辈达赖喇嘛掌管佛教兼理民间事务，修立白寨。又有代办事务之桑结嘉木磋修立红寨，又内外房屋、金殿佛像。重修至今一百四十余年。平楼十三层，盘磴而上，其上有金殿三座，下有金塔五座。西殿有宗喀巴手足印。世传为达赖喇嘛坐床之所。**丰冠山之层硐，奥转螺之架阁。浩劫盘空，埤垷错落。路转千迷之道，心入摩提；**《梁书》："昙鸾见梁武帝于殿中，曲曲二十余门，一一无错。帝曰：此千迷道也，何乃一度，遂而无迷也？"○《佛书》：一切禅定摄心者，皆云三摩提，译言正心性处，谓是心端正也。**人登百丈之梯，神栖般若。**新吴百丈山怀海禅师创立清规，今禅门依此。○《梵书》："般若，智慧也。"《晋书·昙霍传》："霍持一锡杖，令人跪，曰：此波若眼。"**妙高峰顶，远著声闻；**文殊师利言：南方有国名胜乐，有山名妙高峰。**离垢幢前，近销魔恶。**有一菩萨名离垢幢，坐于道场，将威正降[①]，有恶魔前来恼乱也。**食则麦屑毡根，**糌粑、干羊。**饮则鸠盘牛酪，**茶块、酥油。**衣则黄氇紫驼，居则彩甍丹臒。优钵净瓶，玉盂金杓。三旛比以离离，百玩灿其愕愕。**孙绰《游天台赋》："泯色空以合迹，忽即有而得玄。释二名之同出，消一无于三幡。"注："色，一也；色空，二也；观，三也，言三旛虽殊，能消令为一，同归于无也。"**须菩提译语将将，**《禅门规式》：道高腊长呼"须菩提"，如曰"长老"。**阇黎耶念吽各各。**吽，音钟。张昱诗云："守内番僧日念吽。"**兜罗哈达讯檀越如何，**唐古特礼：凡宾主相见，俱手持白绢哈达，互相问慰。檀越，施主也。檀谓能施，越谓能越贫穷海也。**富珠礼翀答兰奢遮莫。**旧俗：驻藏大臣见达赖喇嘛，以佛礼瞻拜。乾隆五十八年奉旨："钦差驻藏大臣与达赖喇嘛系属平等，不必瞻礼，钦此。"以后皆宾主相接也。○元文宗时，以西僧年札克喇实为帝师，大臣俯伏进觞，帝师不为动。惟国子祭酒富珠礼翀举觞立进，曰："帝师，释迦之徒，天下僧人师也；予，孔子之徒，天下儒人师也，请各不为礼。"

---

① 《华严经》作"将成正觉"。

帝师笑而起,举觞卒饮。众为之凛然。**山无蜂子投窗,**《高僧传》:"古灵行脚回,参受业师。师窗有经,适有蜂子投窗求出。古灵曰:世界如许阔,不肯出,钻他故纸。"**塔有孟婆振铎。**孟婆,风神也。**鹿野华池,鸡园花萼。浴象游鱼,语鹦舞鹤。静观抚序,顽空即是真空**;《梵书》贵真空,不贵顽空。顽空者,木石是也。惟真空乃不坏。**与物皆春,行乐岂如胜乐。**《梵书》:乐行不如苦住,富客不如贫主。○南方胜乐国。

　　班禅之居于札什伦布也,招提结蟹螯之穴,祖山依龙背之阳。拉藏西南行九日,乃后藏也,寺名札什伦布,头辈达赖喇嘛根敦珠巴所建。其寺依山麓起阁,山形如蟹螯夹抱。其后山自西北来,蜿蜒隆突,如蜀栈之龙洞背也。楼高四层,上有金殿三座,亦系金瓦,宏敞壮丽,为班禅额尔德尼坐床之所。其外来瞻礼布施者,与布达拉同。僧规谨严,戒律清净,番僧必于此山朝礼,为受大戒。**沙明远岸,**其地平敞旷达,南北六七十里,东西百余里,远山为岸也。**雪冒连冈,**其北大山后又有崇岩峻岭,冬夏积雪不消。**智水环流,浪纤徐而练净**;其东有大江,自南北流,入东北山后。**幻峰围野,形峛崺以绵长。**其西山势远亘,西北达彭楚岭,西南入萨迦沟。**金刹青鸳,占仍仲宁翁之脉**;《旧志》:此寺名仍仲宁翁结巴寺。**石门宝塔,韫额尔德尼之光。**其下有地穴,前数辈班禅圆寂金塔列其中,最为华丽。**月昼隐而故躔留,寸丝不挂**;前辈班禅乾隆庚子示寂于京师。○苏东坡题佛灭度吴画,诗云:"隐如寒月堕清昼,空有孤光留故躔。"注:"月堕清昼以譬佛之灭度,光留故躔以譬佛之虽寂灭而犹在,如月之昼隐也。"○《传灯录》:"南泉师问陆宣大夫:十二时中作甚么生? 陆曰:寸丝不挂。师云:犹是阶下汉。"**树秋凋而真实在,拳枣应尝。**《涅槃经》:娑罗林中有一树,一百年其树皮肤枝叶悉皆脱落,惟真实在。《魏书·释老志》:"诸佛法身有二种义,一者真实,二者权应,此言佛生非实生,灭非实灭耳。"○《高僧传》:洛阳香山寺镜空游钱塘,至孤山寺西,夜馁甚,因临流出涕。有梵僧顾空笑曰:颇忆讲法华于同德寺否? 僧又曰:子应为饥火所烧,不暇忆故事。乃探囊出一枣,大如拳,曰:吾国所常产,食之者,上智知过去未来事,下智止知前生事耳。空因啖枣,枕石而卧,乃悟同德寺讲《法华经》如昨日事。**既无生而无灭,爰非寿而非殇。怀琏焚乎龙脑,圆泽识夫锦裆。**苏东坡《宸奎阁碑》:庐山僧怀琏持律甚严,上尝赐以龙脑钵,琏对使焚之,曰:吾法以瓦铁食,此钵非法也。〇《僧圆泽传》:李源居洛惠林寺,与圆泽游甚密。一日相约游青城、峨嵋。至南浦,见妇人锦裆负罂而汲者。泽望而泣曰:"吾当为此妇人子。孕三岁矣,今既见,无可逃者。后十二年中秋夜月,杭州天竺寺外当与公相见。"至暮泽亡而妇乳。后十二年,源自洛至吴赴其约。闻葛洪川有牧童扣牛角而歌,乃圆泽也。源问泽:"公健否?"答曰:"李公真信士,然俗缘未尽,慎勿相近也。"〇现在班禅于乾隆四十七年壬寅四月八日生于后藏囊吉雄地方,今十六岁,聪颖秀异,端重不佻,初无童心也,僧众悦服。**肩浮戒衲之绦,事非悠谬**;《高僧传》:天竺辨才,姓徐氏,名元汉,字无象,杭之于潜人。生而左肩肉起袈裟绦,八十一日乃灭。十岁出家,二十五岁赐紫衣。师终实八十一岁。**掌握明珠之衬,说岂荒唐**。《传灯录》:廿四祖师比邱。有长者引一子,曰:此子生当便觉拳左手,愿闻宿因。师以手接曰:还我珠来。童子遽开手奉珠。师曰:吾前生有童子名婆舍,吾赴西海斋受衬珠,付之,今见还矣。遂为法嗣。**刀剑一挥,禅座讵伤乎法济;金衣两设,邪人何畏乎初昌**。乾隆五十六年辛亥,廓尔喀犯顺,扰后藏边界。七月,占据聂拉木、济咙。八月,班禅移住前藏。九月,贼入札什伦布,掠财物以归。〇《高僧传》:法济大师名洪諲,姓吴,乌程人。遇黄巢之乱,偏师领卒千人而见,师晏坐不起。以剑挥禅座者再,师神思湛然。乃异之,献金宝,再拜而去。今禅座尚在,二剑迹犹存。〇六祖传衣,为天下所宗,有张初昌受嘱,潜怀刀入室,将欲加害。置金衣两于方丈,张挥刀者三,都无所损。祖曰:正剑不邪,邪剑不正,只负汝金,不负汝命。张惊仆,久乃苏,求哀。祖与金乃去。**法嗣横枝,声传绝幕**。《传灯录》:禅宗谓之法嗣,而禅家旁出谓之横枝。黄梅谓道信师云死后横出一枝法是也。**大师还竺,辉生道场**。乾隆五十七年壬子五月,班禅额尔德尼仍还札什伦布住锡。〇苏子由《辨才塔碑》云:沈公遘治杭,以师住天竺。灵感观音院有僧灵捷者,利其富,倚权贵人夺而有之,迁师于下天竺,又逐师于潜。逾年而捷败,复以上天竺与师。捷之在天竺也,岩石草木为之索然,及师之复山中也,草木皆有喜色。赵公抃亲见而赞之曰:"师去天竺,山空鬼哭;天竺师归,道场光辉。"**刍尼子之孟年,已具食牛之量**;野鹊子。《传灯录》:二十四祖母梦吞明暗二珠而孕。一罗汉曰当生二子,一即祖,二即刍尼。昔如来在雪山修炼,刍尼巢于顶上。佛成道,刍尼受报为那提国王。《佛记》曰:汝后与圣同脱。今不爽矣。**迦陵仙之妙**

韵,定知吞象之王。《楞严经》:"迦陵仙言遍。"迦陵,水界仙禽,在鸟卵壳中,鸣音已压众鸟。佛法音亦如之。《法华经·偈颂》:"圣主天中王,迦陵频迦声。"注:"迦陵频迦,妙音鸟也,鸟未出鷇时,即音微妙,一切天人声皆不及,惟佛音类之,故以取名也。"

至于牙简书名,根尘寂静;金瓶选佛,意想空无。自达赖喇嘛、班禅额尔德尼、大小胡图克图、沙布咙等,凡转世初生幼童,皆曰呼毕勒罕,神异之称也。喇嘛旧俗,凡呼毕勒罕出世,悉凭垂仲降神指认,遂致贿弊百出。乾隆五十八年钦颁金奔巴瓶一具,牙签六枝,安放大招宗喀巴前供奉。如有呈报呼毕勒罕者,将小儿数名生辰书签,入瓶掣定,永远遵行。**赤子征祥字阿练,曰呼毕勒罕**;《冥祥记·晋王珉》:有番僧及门曰:若我后生得为此人子,足矣。倾之,僧病卒,珉生一子。始能言,便解外语及识外国珠。故珉字之曰阿练云。**修因智果号荵刍,曰胡图克图。**《善觉要览》:僧曰荵刍。注:荵刍,草名,体性柔软,引蔓旁布,馨香远闻,不借日光,故以喻出家人,又名比邱。今唐古特语名格隆,盖戒僧也。今考西藏所属大胡图克图九名,小胡图克图十名。**名冠元班,练心掾影;学通神讲,续祖希卢。诺们罕转全藏之秘奥,**蒙古语:诺们,经也;罕,王也。盖通经典之称。**沙布咙达一度之迷途。**修行未深,初转一两辈者。**文咱特,鸟鷇音洪,牛呼牟而驼鸣曷;**诵经声音最洪大者。**温都逊,石屏咒现,山入芥而海成酥。**精通梵咒者。《广舆记》:僧惠崇谒径山钦法师,自谓诵观音咒,功无比。师曰:吾坐后石屏能咒之令破否?曰:可。遂叱之,石屏裂为三片,今名喝石岩。**堪布掌赤华佛事,**如内地汉僧之方丈。**托音充香界浮图。**喇嘛弟子通称。**乃有岁瑃、森本巢释门之鸠鹊,**岁瑃,近侍之最大者,森本次之。**曲瑃、孜仲结法侣之鸳鸿。**曲瑃,司经卷,作佛事。孜仲,服役及奉差委各庙宇作佛会。**卓尼尔效茶斋之奔走,**司商上用度者。**罗藏娃司喉舌之异同。**达赖喇嘛前通传译语者。**此皆持瓶竖子,捧钵财童,侍维摩于七宝,等善觉之二空者也。**《鹤林玉露》:裴休访谭州善觉禅师,问:侍者有否?师曰:有一两个。乃唤大空、小空。二虎自庵后出。师曰:有客且去。

尔其伏腊岁时,演甘露化城之会;《涅槃经》:诸大比邱等于晨朝日初出,离常住处,嚼杨枝,遇佛光明,疾速嗽口澡手。《华严经·行品》:

手执杨枝,当愿众生,皆得妙法,究得清净。《释典》:手把杨枝,遍洒甘露水。○法华导师多诸方便,于险道中化作一城,是时疲极之士众前入化城中,生已度想,生安稳想。云见《法华经》。**普门佛顶,会瞿摩行像之期。**《元史·世祖纪》:"作佛顶金轮会。"○《佛国记》:僧伽蓝名瞿摩帝,是大乘学,王所敬重。最先行像,四月一日为始,作四轮车,如行殿,其中菩萨诸天神侍从,散花烧香,至十四日行像乃讫,王及夫人乃还宫也。**天神降而山鬼藏,穷野人之伎俩**;《传灯录》:道寿禅师在寿州,三峰山有一野人作佛形及罗汉、菩萨等天仙形。师告众曰:野人作多色伎俩惑人,只消老人不见不闻,伊伎俩有尽,吾不闻不见无尽。**冈洞鸣而巴陵送,夸幻术之离奇**。洞嘎,海螺也,佐以铙、鼓、长号。冈洞,人胫骨也,吹之以驱鬼祟。巴陵者,以酥油和面为之,高四尺,如火焰形。除夕前一日,布达拉众喇嘛妆诸天神佛及二十八宿像,旋转诵经。又为人皮形,铺天井中央,神鹿、五鬼及护法神往捉之。末则排兵甲、幡幢,用火枪送出布达山下,以除一岁之邪。达赖喇嘛御楼以观,四面环睹者男女万人。**此除夕之跳布札也**。此即古方相氏黄金四目大傩之遗意也。

　　履端肇瑞,方丈延师。展金渠之榻,开花蘤之帷。幢悬幔折,袡卷尘离。罗阇粥、傧茶波,烂盈钷器;菴摩果、伊蒲馔,粲设雕榹。排舍卫之笼官,魁头膜拜;进犁轩之喗末,合掌思维。擿干莲而唵葡萄,感骍乳猊糖之惠;啖牢丸而嚊粗粄,答狸奴白牯之施。腥瓯腻碗,羊脊牛腿。麋鬻大嚼,掬溢归遗。吹頖人之云箫,声喧兜率;舞侲童之月斧,乐奏侏傡。此元旦之宴众番也。

　　乃有挺身縋险,撒手飞绳。正月二日作飞绳戏,从布达拉最高楼上系长绳四条,斜坠至山下,钉桩栓固。一人在楼角,手执白旗二,唱番歌毕,骑绳俯身直下。如是者三。绳长三十余丈。后藏花寨子番民专习此技。岁应一差,免其余徭。内地缘竿踏绳不足观也。**落风鸢之一线,搏霜鹊于千层。百尺竿头,谁进无穷之步;九重天上,今超最上之乘。复有平原驰骋,角力争能。狪狍花骢喜与驽骀争道,渥洼名产肯输款段骁腾**。正月下旬,达赖喇嘛及噶布伦、公、台吉等各遣所属唐古特在大招前拍马驰骋,先到者为胜。**抵戏翘关,五指之神狮出现**;又番人举重石。又裸衣扑跌以角胜。○《涅槃经》:阿阇王令醉象蹴佛,佛以慈善根力舒其五指,遂为五狮子儿,醉象惶惧而退。**御风追日,万回之脚马先登**。又番人于七八里外争以步行跑远,以先到大招者为胜。〇《传灯录》:万回法云者,虢州人也,俗姓张,啸傲如狂。唐武则天时赐万回和尚锦袍玉带,八九岁始能言。其兄戍安西,师持信朝往夕返万余里,故号万回云。

厥惟元夕,竟尚燃灯。煎万户之馋膏,星流月偃;耀百华之宝树,霞蔚云蒸。青鸾彩凤,灵鹫仙鹏。法象吼狮,神光夜炳;木牛泥马,业火宵兴。琉璃世界,点长明大千活佛;坚固庵罗,传不昧十万高僧。烟煤彻于重霄,云间沃雪;灰烬余于微道,地上销冰。此则太乙祠坛之伊始,金吾弛禁之明征也。《七修类稿》云:"上元张灯,诸书以为沿汉祀太乙,自昏至明,今其遗事。《容斋三笔》既辩《史记》无此文,尚未得其实。《事物纪元》又引《僧史略》,以西域十二月三十日乃汉正月望日,彼地谓之大神变,故汉明帝令烧灯表佛。夫事既无据,时日又非,不足信也。《春明退朝录》以为梁简文帝有《列灯赋》、陈后主有《山灯》诗,以为起自南朝……《唐书·严挺传》云:'睿宗好音律,先天二年正月望日,胡人婆陀请燃千灯,因弛门禁。帝御安福门纵观,昼夜不息。'韦述《两京新记》:'正月十五夜,敕金吾弛禁,前后各一日看灯。'则是始于睿宗,成于玄宗无疑。宋乾德五年正月,诏以朝廷无事,区宇乂安,令开封府更增十七、十八两夕,五夜之俗因此也。今以十三易十八者,闻太祖初建南都,盛为彩楼,招徕天下富商以实国本,元宵放灯多至十余日,后约中定为五日耳。"今考《史记·乐书》云:汉帝以正月上辛祀太乙、甘泉,以昏时祀到明。徐坚谓今人正月望夜观灯是其遗事。又《刘向外传》云:上元夜,人皆游赏,向独在家读书,太乙神燃青藜以照向。盖因汉武祭五畤,通夜设燎,取周礼司爟烧燎照祭。后世沿以为佛事耳。且上元张灯不独京师为然,如广陵观灯、西凉灯影,罗公远掷杖化桥或以为潞州,或以为西川,则是天下同风,相沿已久。是知元宵放灯始于汉,盛于唐宋,其原本于西域。郎仁宝以为起自南朝,始于唐睿宗,成于玄宗,皆非也。予谓本于西域者,何也?今考卫藏每岁正月十五夜,达赖喇嘛及各胡呼图克图、噶布伦、公、台吉等于大招四面各设彩灯,以青稞面捻成佛仙之像及鸟兽花卉各种供品,燃以酥油,照以松炬,火光烛天,如不夜城。男女数万,纵游彻晓。其灯架高至二三丈,番僧团坐诵经其下。是《僧史略》所言不为无据。仁宝以为不足信,过矣。惟《僧史》以西域十二月晦为汉之正月望,则失于考证。何也?今考卫藏时宪名朱尔亥,与内地正朔不同者,只以置闰不置闰相差一月,朔望则无不同者,何至以晦为望耶。盖除夕前一日则止于送祟,名曰跳布札,并不燃灯也。至于三日、五日之不同,则唐宋以后事耳。

盖自孟春初吉,卜达赖而启行;长住晨离,望大招而爰处。先期戒事,步马之鼓节雍容;继踵望尘,塞巷之人群延伫。前驱伍陌,备戋骰锽钺之仪;但马旄头,夹旌节幡麾之侣。翠葆远翔,孔雀降自天台;黄伞高耀,金轮诣于佛所。则有绛韝赤帻,白帢朱缨,貂珥鹭纕,毳衣蟒褚。盼僲从之如云,映晨晖而若炬。亦有悄头帕腹,露顶披肩,犹老羌童,竇男媒女。口洒洒而噤寒,手林林而高举。俯地讶似伏章,叩额连如舂黍。乞食于沙瓶国,托钵如斯;饱众于舍卫城,共犍若许。雁堂信宿,桑门之法供频加;鸟道由旬,须达之布施可茹。夥够十方之众,千偈伽陀;糜粲四梵之天,一钱投予。宾头卢之遍赴,比户逢春;白脚僧之高闲,阿谁缚汝。**此波罗蜜之译自古经,摩罗木之讹于番语也。**孟春上旬,达赖喇嘛下山赴大招住锡,齐集远近大小喇嘛于大招各经堂诵经,约三万余众。摩罗木,唐古特语也,汉人谓为攒招,即宗喀巴之穆隆经会,佛书之波罗蜜也。○《番书》:六波罗蜜,一布施,二持戒,三忍辱,四精进,五禅定,六智慧。《头陀寺碑》:波罗密者,犹言到彼人也。《字典》:波罗蜜,果名,梵语也。因此果味甘,故借喻之。

于焉毗卢会罢,玛尼功成,托度于肉真人,金绳觉路;求福于木居士,宝辇行城。迈达装严,螺发偏单而磊落;垂忠作态,兜鍪比甲而峥嵘。雷门鼟鼟其逸响,铜角呜呜其长鸣。哱啰杂吼,梵贝喧声。杜多拍钹,衲子敲钲。干松吐瑞于凭霄,辟邪称贺;方帛纷披于拉木,大壤群赓。**攒招佛事毕则出大小喇嘛。迈达尔佛即弥勒佛,载以四轮车,数百人曳之,垂仲装束为之先导,绕大招一匝,番人争挂哈达。汉名转寺。**

乃有克马魔王,厥号罗公甲布。鲜毒龙之技,角抵触而虚骄;乏醉象之能,鼻拗转而不悟。弃田庐之讹寝,欲登摩竭之城;逞狼虎之鸱张,思斫菩提之树。昧羊跪之生全,《陈书·王固传》:"清虚寡欲,居丧以孝闻。又崇信佛法。及丁所生母忧,遂终身蔬食,夜则坐禅,昼则诵佛经,兼习《成实论》义,而于元言非所长。尝聘于西魏,因宴飨之际,请停杀一羊,羊于固前跪拜。"**枉鹿趋之保护**。《梁书·何允传》:"至吴,居虎邱西寺讲经论学,复随之。东境守宰经途者,莫不毕至。允尝禁杀,有虞人逐鹿,鹿径来趋允,伏而不动。"**鸡卵呼大士之音**,《宣室志》:唐文宗"命有司诏中外,罢缁徒说佛书义。又有请斥其不修教者。诏命将行,会尚食厨吏修御膳,以鼎烹鸡卵。方燃火于其下,忽闻鼎中有声,极微,如人言。迫而听之,乃群卵呼观世音菩萨也。吏异之,具以闻。翼日,敕尚食吏无以鸡卵为膳。因颁诏州郡,各于精舍中塑观世音菩萨像。"**鹊巢避金刚之塑**。《洛阳伽蓝记》:"修梵寺有金刚像,鸠鸽不入,鸟鹊不巢。菩提达摩云:得其真相也。"**投之六花皆赤,卓锡如飞;答以再掷全么,输山不住**。二月下旬,送罗公甲布。相传牛魔王作祟,与达赖喇嘛争布达拉。是日,一人扮作达赖喇嘛坐于大招门前,一人扮作牛魔王,众喇嘛扮诸佛,环跳诵经。牛魔王服羊裘,反衣作不服状,乃与达赖喇嘛赌掷骰子。达赖喇嘛一掷成六,牛魔王一掷成么,再掷又么,为输却布达拉乃逃走。**观者齐手揶揄,力者合声攫捕。无患之棒若林**,《古今注》:"拾榼木,一名无槵木,昔有神巫名宝眊,能符劾百鬼,得鬼以此棒杀之。世人以此木为鬼所畏,故名无患也。"**无孔之椎如注**。《语录》:古禅师曰无心即是道,如寒灰死火,枯木石头,又似一个无孔铁椎,始得,莫学佛法,但是休心。**雷轰轰兮火炮冲霄,尘塺塺兮童山隐雾**。于是雷公驱逐牛魔王,喇嘛诵经,施放鸟枪,番众随之送过藏河,逃至南山乃止。

尔乃香阜清宁,苍生安稳。挂三禅之绣佛,日慧云慈;现十丈之金身,风行草偃。陈宝丛林,献花翠巘。毕切齐,能书记者。**滴金壶之墨,纪胜会于龙华;朱尔亥**,晓时宪者。**衍玉氎之文,卜法游于鹿苑**。三月初一日,布达拉悬挂大佛二轴,悉以彩缎堆成者,长十余丈。又尽出大招库贮、宝供、乐器、幡幢,奇形怪状,鼓吹绕行布达拉,谓之亮宝。一春佛事乃毕也。

爰修祓禊,厥兆初秋。南依江涘,北望山陬。担夯行脚,芻合前驺。拂庐星布,支炷云稠。盈箱麦豆,比栉维娄。严更夜警,称娖外游。祇园精舍,大士瀛洲;帛和挂锡,乞士巢鸠。霞天绣幄,锦地花沟。清凉入榭,大愿维舟。意树心花,岁进佛桑之供;《异名记》：佛桑其花丹，重敷柔泽，叶如桑，花五六出，大如蜀葵，有蕊一条，长如花叶，上缀金屑，日光所烁，凝为焰，朝生暮落。**喜园忍草，人欣衣影之留**。《伽蓝记》："水东有佛晒衣石。初，如来在乌场国行化，龙王瞋怒，兴大风雨。佛僧迦梨表里通湿。雨止，佛在石下东面而坐，晒袈裟。年岁虽久，彪炳若新，其影非直条缝明见，至于细缕亦彰。假令剖削，其文转明真也。"**即此悟因，处泥滓而不染**；《楞严经》十六开士白佛，言我等于浴僧时忽悟水因，既不洗尘，亦不洗体，中间安然，得无所有。**本来无垢，入浊水以何求**。襄州鹫岭善本禅师，因入浴室，有僧问：和尚是离垢人，为甚么却洗？师曰：空水莹然彻，浴此无垢人。苏东坡《海会寺僧浴堂》诗云："本来无垢洗更轻。"**一指头禅灌顶心，则渊源彻底**；《高僧传》：有僧过天龙，天龙竖一指，僧大悟。后示寂曰：吾得天龙一指头禅，一生受用不尽。**四大海水入毛孔，则宇宙浮沤**。《维摩经》：以四大海水入一毛孔中，不挠鱼鳖，而彼本相大海如故。○唐古特俗，夏秋之交，无论男女，群浴于藏布江之汜，以祓除疠疫，乃古所谓秋禊也。布达拉西南十五里名罗卜岭冈，藏布江北岸，密树周阿，绿苔曲径，中有方池石甃，引江水注之。达赖喇嘛每岁下山澡浴于此，群僧诵经于外。居然一元阴池也。又有平楼敞榭，画舫花台。信宿约二十余日，始还山。

　　其设官也，商上统僧众之宗，布达拉一切收纳、度支、办事之公所名曰商上。**噶厦驭蛮疆之广**。噶布伦等办理通藏事务公所名曰噶厦。**噶布伦领四方之政治，权居岳牧之尊**；噶布伦四名，总理通藏。钱谷、刑名、兵马及升调大小番目悉禀于钦差衙门，以定行止。乾隆五十八年《钦定章程》：内外番目议给三品至七品顶戴。噶布伦系三品衔，岁支俸银、缎匹，由京理藩院按年支领。**仓储巴综五库之藏储，职等金仓之掌**。商卓特巴俗名仓储巴，系四品衔，管理商上及大招库藏。**希约第巴秸粟征科**，即硕第巴，系五品衔，管理地方征收钱粮，其办事之公所名曰硕里。**业尔仓巴廪糈给养**。亦系五品衔，管理支给各僧众口粮。**浪孜辖稽市井之奇邪**，亦系五品衔，管理拉萨地面及刑名。**协尔邦听闾阎之直枉**。亦系五品衔，听番民词讼。**卓尼奔走，凫侣维勤**；系六品衔，供杂职事。**孜瑃会要，漆书无爽**。系四品衔，掌库藏出纳簿籍。**密本司版户之登**，系五品衔，掌番民户口册。**达本任马闲之长**。系六品衔，管理马厩。**第巴**

分治于外寨,**厥品维三**;分管各寨落地方事务,即营官也,分大、中、小三等缺。大第巴五品,中第巴六品,小第巴七品,俱依次升调。**中译书记于公衙,其阶有两**。司书写计算者,大中译六品衔,小中译七品衔。

其治兵也,古创轨里连乡之制,今有戴如甲定之名。**壮獠科头,团三千之劲旅;瞎巴嚆矢,分五百之屯营**。习之以步伐齐止,表之以旗旐旌旌。**刃锻矛砺,干比戈称。射侯破的,长垛飞堋。一鼓两甄,江涛卷浪;五花九子,火阵连城。奈国提陀作一夫当关之气,仁祠菩萨备百年不用之兵**。乾隆五十八年《钦定章程》:戴琫四品,管兵五百名;如琫五品,管兵二百五十名;甲琫六品,管兵一百二十五名;定琫七品,管兵二十五名。共额设番兵三千名。前藏驻扎一千,后藏驻扎一千,江孜五百,定日五百,俱隶绿营。将备随时,一律操演。

其人民疆域之殊也,**图伯特其旧名,唐古特其今号**。地辟坤兑之隅,疆拓西南之奥。**其西锅拉纳、都毕纳,石菌森森**;自札什伦布西行,由拉孜、协噶尔、定日、宗喀、萨喀通狭巴岭山、锅拉纳山、都毕纳山一带,均设立鄂博,此内为唐古特境,此外为洛敏汤、作木朗二部落境。**热索桥、铁索桥,江流澳澳**。自宗喀通济咙,至热索桥设立鄂博,此内为唐古特境,此外为廓尔喀境。自定日通聂拉木,至铁索桥设立鄂博,此内为唐古特境,此外为廓尔喀境也。**丈结雅纳之巅,波底羊玛之陬**。自甘坝至丈结山顶,设立鄂博,此内为唐古特境,此外为哲孟雄境。自拉孜至绒辖,通坡底山顶,设立鄂博,此内为唐古特境,此外为哲孟雄境。自定结至萨热喀山一带,羊玛山顶设立鄂博,此内为唐古特境,此外为哲孟雄境也。**臧猛谷,帕里独经;日纳宗,竹巴同好**。帕克里俗名帕里,自帕克里至支木山一带,臧猛谷、日纳宗官寨,此内为唐古特境,此外为哲孟雄境。其东为布噜克巴境,俗名竹巴云。**其西南帕尔、结隆、业朗,鸟道难通**;西南至布噜克巴、廓尔喀二部落为界。一由纳格尔行八日至帕尔,与布噜克巴交界,山川险阻,难以出入;一由业尔奇木样纳山业朗地方至结隆,与哲孟雄宗里口交界;一由业尔斯卡禄纳山业朗塞尔交廓尔喀界,亦甚险阻。**咱义、阿布、澜沧,人烟可到**。西南又自怒江北咱义、桑昂却宗、澜沧各处至阿布拉,通南墩大道。**其南猓猶茹巴,食人犵猪;札拉噶押,天险怒江**。南至猓猶、茹巴、怒江为界,又名老卡契,番名罗喀卜占。由前藏南行一日,过锅噶拉大山至松布堡,过宋噶拉大山至押噶,交藏江至怒江,其地广阔无垠,不能悉载。怒江之水不知其源,江阔数里,两岸石壁峭立,中流湍急,不可以舟楫。其地名工布。**其东南春奔边卡,古树金塘**。东南由前藏朗陆山转出达克孜,经珠贡寺及沙金塘草地、古树边卡,至春奔色,入类伍齐,番部境内可通察木多大道。**其东南墩分界,宁静朝阳**。东至巴塘之南墩宁静山为界。雍正三年,松潘镇总兵官周瑛堪定界址,于南墩宁静山岭上建立界碑。自前藏至南墩,跬步皆山,崎岖险仄,计行程二千五百里。**其东北南称巴延之边,西宁草地;木鲁乌苏之渡,玉树冰岗**。东北至西宁所属之那木称、巴延番族为界。由前藏北行十五里,向色拉山之东,过锅拉山至浪荡,由隆竹松过彭多河,有铁索桥由脚孜拉山呼正寺僧顶工至木鲁乌苏,通青海西宁大道。又由玉树接西宁、松潘、泰宁三处大道。又通洛隆宗、类伍齐。**其北羊八井、噶勒丹、噶尔藏骨垒,乃青海属番之界;**前藏西北行出羊八井口,至新桥平川,西通后藏,东接噶勒丹,北行草地至木鲁乌苏、噶尔藏骨垒,交青海界。**其西北克里野、纳克产、腾格里诺尔,乃达木游牧之场**。西北俱系草地,有克里野大山、纳克产隘口,北通哈真得卜特尔,其东接玉树界。又由羊八井至桑托罗海,越红塔尔小山,过拉纳根山即腾格里诺尔,蒙古语天池也,乃达木蒙古游牧之处。又由吉札布至僧格物角隘口,东北至噶勒藏骨垒、阿勒坦诺尔一带皆塔斯头难行。经沙雅尔小回城,过木苏尔达巴罕,通准噶尔境。又由后藏西北至阿里城,交拉达克罕库努特外番界,可通和阗及叶尔羌、新疆,其路有半月,戈壁,无水草。**左通准噶尔,西达叶尔羌也**。以上总叙西藏所属八方界址。

　　其风俗政令之殊也,减凶辰而闰日,戤历真奇;藏中朱尔亥如初一、初二、初三,初二日凶,则减去初二日,闰初三日,故无小建。○《十六国春秋》有赵戤传,河西燉煌人,善天文算数,据云传自西域。**别正朔以为年,梵书考最**。其正朔与中国不同,止有八大节。其交节之日亦前后差数日。三年置闰,亦与中国异。考旧说西藏用地支而不用天干,非也。今见藏中纪年,如甲子年则云木鼠,乙丑年则云木牛,丙寅火虎,丁卯火兔,戊辰土龙,己巳土蛇,庚午铁马,辛未铁羊,壬申水猴,癸酉水鸡,以此推之,亦六十甲子,仍用天干也。**理绝人区,事由天外。贵少贱老,沿成罗汉之名;**《赤雅》:"贵少贱老,染发剃须,喜作罗汉。罗汉者,恶少之称也。"**厌死轻生,误堕尸陀之害**。西藏人死,弃尸不埋。佛经有尸陀林,又名寒林,今其遗俗。**出家则荼毗成灰,**喇嘛死,用火焚烧,砌石塔藏之。荼毗,烧也。东坡诗云:"荼毗一个僧。"烧,又名阇维。**在家则碎剐成脍。**藏地俗,人死则负尸于野,以刀碎刮其肉,以喂鹰,名曰天葬。以杵捣其骨,以喂犬,名曰地葬。延喇嘛诵经,作好事。无力者弃于水,以为不幸。其俗相沿已久。乾隆五十九年出示严禁之,并刻石于大招前,教之葬埋,其风稍息也。**畏天花而弃子如遗,**藏地小儿向不出痘,近岁传染甚盛。遇有出痘者,遂弃之荒山僻野,冻馁而死,其俗甚惨。自乾隆五十九年劝谕达赖喇嘛捐资,于离藏幽僻处所建盖房间,供给糌粑、酥茶,以资抚养。又派妥干番目经理。如此数年来,全活甚众,藏风稍变。其札什伦布暨察木多照此行之,有效。**信乌鬼而妖言如绘。**唐古特俗,多信鬼神诅咒镇厌之术。**三男共女,罔有后先;**弟兄三人共娶一女为妻,为其和也。关中语谓妯娌为先后,见昌黎诗。**十户养僧,势难沙汰。**古人云:十户不能养一僧。此就中国而言耳,若藏地,民户不过十万,喇嘛则有三十万也。**饮食不识烹饪,疾病不亲萧艾。优婆夷之锦绣金银,优婆塞之璎珠赆贝。生之年,愿干没于僧牢;死之日,尽输将于佛会也。且头会箕敛,累及牛驴;屋粟口钱,祸延妇子。布帛、粟米、力役,扑地齐征;垗土、雁户、凶年,弥天追比。**藏地赋纳既烦,差徭又重,民多逃散,皆营官、第巴剥削重征所致。乾隆六十年,严明立禁,革除重赋,裁减科徭,招集流亡,俾纾耕作。商上僧众浮食冗费亦量加删节,非不足用也。**税及鹅卵杨花,**《见闻录》:李主国用不足,民间鹅卵生双子、柳条结絮,皆取税钱。**波逮月华雨水。**唐李茂贞在凤翔榷油,城门禁纳松明,以其可为炬。或曰:请并明月禁断尤好。○《江表志》:"申渐高尝与曲宴,因天久无雨,烈祖曰:四郊之外皆言雨足,惟都城百里之地亢旱,何也?渐高曰:雨怕抽税,不敢入城。异日,市征之令咸有损除。"○藏地旧俗,扫地割草乌拉折钱征比,岁辄数万。嘉庆元年概予删减。**乃有别蚌行商,缠头居市。**此两部落番回,常川赴藏贸易,藏中亦有安家室者。**货则珊瑚松石,蜜蜡青金,蠙珠之奇;采玉文贝,琉璃玛瑙,象牙之美。氀氈毹毲之精,金线花球之绮。毛罽氍毹,罿布麻枲。茶块充闬,银钱遍里。**藏地行使银钱,向由廓尔喀铸造,贩运至藏,易银而往。乾隆五十八年《钦定章程》令达赖喇嘛自行铸造乾隆宝藏钱文,由四川省派文员监铸。

　　其物产则天藏女池,盐晶泻卤;藏西北阿里地方有盐池,达木蒙古地方亦有盐池。仙山宝矿,金屑流华。金矿在阿里地方。色拉山亦有之,今封闭。藏香贵盛安贡恰,盛安贡恰,后藏所属地名。此处所制红黄香最沈速。木碗重札木札鸦。此木纹理坚细,能解毒,故重之。铜铁铅锡,有自云南来,有自甲噶尔来者。硫磺硇砂。工布产硫磺,巴勒布产硇砂,以色赤者为佳。须磁瓶封贮,风吹即飞。松脂檀末,苦库唵巴。苦库,黑香也;唵巴,白香也,皆松脂所为,类芸香。草则吉祥书带,吉祥草如菁草而多细权,直上如穗,深黄色,名曰藏草。蒙古人以之供佛。紫茜红花。马蔺牛舌,羊草芦葭。木则松柏珍贵,西则济咙,东则工布,多松柏树,他处不植。杨柳杈枒。杨柳最盛,种类不一。胡桃结核,火榴绽葩。山南帕克里多有之。花则牡丹傲雪,牡丹惟白色者甚香。五月开亦有紫色者。桃杏铺霞。色拉寺、别蚌寺山沟中花最盛。剪秋罗幽芳露滴,色浅紫,瓣如锯齿,香如桂,番人名缠头花。虞美人妙舞风斜。此花最盛,有黄、白、红、紫色。罂粟盘盛玉盂之云子,万寿菊披金粟之袈裟。黄色,自五六月开至十月,京师六月菊也。石竹映文章之草,紫、白色俱有,大如钱,五出。蜀葵开旌节之花。花大如盘,茎七八尺高,黄色,结子可食,又名向日莲。又有二种,大小、紫色如旌节者,蜀葵也。又有金盏花,黄色,与内地同。果则长生竞掬,形如小螺,生地中,绛色,番名角玛,汉名长生。蒸熟拌糖,食之甚甘。达赖喇嘛以此果相饷。百合纷拏。似薤头而甘,色白,与内地无异。番人初不知可食,今方掘售焉。毛桃流液,酸橘软牙。蘋婆似卵,哀梨比櫄。谷则青稞大麦,糌粑俱以青稞面为之,故多种。籼稻香粳。稻米产布鲁克巴,山南亦可种。麻乌米扁,芝麻多黑色者,山南种之。扁米出廓尔喀。蚕绿豌赪。蔬则菠薐夏脆,菘叶秋荣。王瓜架缀,莴苣畦盈。葱挺蒜抱,韭带荾英。芹钗茴穗,茄赘芫瑛。辣冰莱菔,甜玉蔓菁。禽则曲水宿鸿,前藏西南行二日,地名曲水,多暖,雁于冬月在此处避寒。南山翔鹤。前藏东四十里南山凹多白鹤。羊卓鹅凫,过巴则岭即羊卓雍错海子,其中多天鹅野鸭。济咙雕鹗。济咙山中多鹰鹗。寺住黄鸳,似鸭而大,色黄,能高飞,必双翔,水食楼栖,俗名喇嘛鸳鸯。顶巢鸠鹊。乌鬼号空,大嘴老乌最多。**鸽王栖阁**。鸽不避人，以其不打牲也。**洋鸡味朱，**形如小鸟，深青扬赤色，绿胫，长距，朱喙，生泽中。**雪鸡羽皬**。鸡大如鹅，白羽如雪，可食，味似野鸡。**象鼻鹰裙，**象鼻鸡，五色羽，形如斗鸡，其鼻连冠，长五六寸，如肉鼻，时紫，时赤，时白。○鱼鹰扁喙黑羽，纹如鱼鳞，尾如裙，俗名皂裙娘。**雉头鸭脚**。雉小而嫩，名半翅子，冬月可食。鸭惟山南帕克里能乳。**蛰燕遁藏，**燕灰色，早秋即蛰于藏江南土崖中。**雄鸡劣弱**。雄鸡育卵，西南以阳微阴盛也。**鹦鹉蛮声，**山南工布一带多有之，但能蛮语耳。**鹈鴂客恶**。自四五月飞鸣，至八月止。**林杪听鸠，门前罗雀**。**兽则猭羊猁犬，蕃马牦牛**。**骑驴禅觅，**《传灯录》：参禅有二病，一是骑驴觅驴，一是骑驴不肯下。注：不解即心是佛，真是骑驴觅驴也。**跨骡神留**。藏中护法骡子天王最称灵验。**狼豹为贽，鹿豕与游**。**獐狍猎获，猞猁生囚**。**野饶狐兔，家畜猫猴**。**狮闻风于西海，象负法于神州**。狮子出西海外，未之见也。象本甲噶尔所产，廓尔喀两贡于京师。达赖喇嘛、班禅亦各畜其二。**鱼则慈音喷浪，白小随流**。土鱼如鲇鱼，白鱼似细鳞。**虫则蜻蜓闹夏，斑毛卜秋**。土俗，斑毛虫来者多，岁则大熟。

　　其部落五百余户之蒙古，驻自丹津；青海蒙古王于五辈达赖喇嘛时带领官兵赴藏护卫，留驻五百三十八户在达木地游牧。协领八员，佐领八员，骁骑校八员，听驻藏大臣调遣。丹津，蒙古王之名也。**三十九族之吐蕃，分从青海**。那木称、巴延等处番民共七十九族。其地为吐蕃之旧属，居四川、西宁、西藏之间，昔为青海奴隶。自罗卜藏变乱之后，渐次招抚。雍正九年堪定界址，近西宁者四十族，归西宁都统管辖；近西藏者三十九族，归驻藏大臣管辖，设总百户、散百长，岁纳贡马银两。**其西阿咱游手于边陲，**小西天一部落，名阿咱拉，其喇嘛亦赴藏朝佛。**卡契精心于买卖**。西域回部名克什米尔，又名缠头，又名卡契，以白布缠头，精于贸易。在藏住者有头目三人弹压之。**布延业楞库木，巴勒布之三罕；**藏西南行计程月余，其部名巴勒布，俗名别蚌子，又名白布，其地和暖，产稻谷。本分三部：一曰布延罕，一曰业楞罕，一曰库库木罕。雍正十二年进表贡一次，后为廓尔喀所并。今巴勒布在藏贸易有成家室，住数辈者。头目二名管辖。**噶毕诺彦林亲，布噜巴之两解**。藏南行月余，其部布噜克巴，其长名诺彦林亲，乃红帽教之传。天气和暖，物产与中国相似。再南行月余即南天竺交界也。唐时赐与册印,其文曰"唐师国宝之印"六字。又有噶毕一族,为诺彦林亲所分者,日久势渐昌大。后诺彦林亲之呼毕勒罕楚克赖那木札勒至噶毕地方,噶毕羁留不放归。由是两家成隙,互相仇杀。经驻藏大臣遣人和解,雍正十三年噶毕束噜布喇嘛卒,于是土地人民仍归诺彦亲管辖。呈进奏书贡物。乾隆元年赐与额尔德尼第巴印信。今考布噜克巴为红教喇嘛之地,其掌教札尔萨立布噜克谷济呼毕勒罕与额尔德尼第巴诺彦林亲类拉布齐俱住布噜克巴蚌汤德庆城内,辖百姓四万余户,大小城五十处,寺庙一百二十座,共喇嘛二万五千余众。其界址东至绰啰乌噜克图部落,计程八日;正南至额讷特克国为界,计程十日;正西至巴木岭钟为界,计程十日;正北至帕克里城为界,乃西藏属地。**额讷克横行,梵字之源**;额讷特克国,西南海中,大西天也。《楞严经咒》乃额讷特克字译为唐古特文也。**甲噶尔平写,翻经之楷**。甲噶尔部落在南海。贝叶经皆平头垂露文,译出唐古特字也。其地能织金银丝纱缎,产孔雀。明成化时乩思兰国进贡,即此地也。乩音伽,又名乩马天国。**拜木戎,赛尔之一线才通**;《旧志》:由前藏至后藏赛尔地方,紧走十日,系白木戎交界。由赛尔向西南紧走十八日,到宗里口子,有一崖,高约十五丈,以木搭梯往来行走,马不能通。由宗里紧走八日,到白木戎住处。其王所居屋名曰劳丁宰,俱在山上。其先之王名义多朗结,生一子名局密朗结,承袭所属。百姓种类不一,有一种名曰总依,生子,幼时即五色涂面,成花面;一种名曰纳昂,无论男女俱不穿衣服,下以白布缠之;一种名曰蒙身,穿布衣,不遵佛教,不行善事;一种名曰仍撒,男子止穿中衣,不穿上衣。惟白木戎本地人民皆披藏绸偏单。有大寺二座,一名白马杨青,一名札什顶。小寺十五座。所管地方七处。其方亦呼为小西天也。与布噜克巴连界,中隔大江,名曰巴隆江。南至歪物子,西至巴勒布,北至后藏日喀孜。由白木戎再行十日到小西天布尔雅王子住处。从此上船行半月,由海中至大西天矣。相传汉张骞曾至其地。今考西南外番并无白木戎之名。乃知白布缠身者,作木朗也。披藏绸偏单者,巴勒布也。通宗里口子者,哲孟雄也。**哲孟雄,藏曲之千家尚骇**。后藏西南边外一小部落。其地今为廓尔喀所侵,尚有藏曲大河北岸迤东三处寨落也。**作木朗唇亡齿寒**,后藏西边外一小部落,在哲孟北界,亦为廓尔喀所并。今与唐古特以热索桥为界。**洛敏汤皮存毛在**。作木朗北一小部落,其地为廓尔喀所并。**库努屏藩**,在藏,属阿里地方之西界,其地与甲噶尔、廓尔喀两部落交界。其部长名热咱乌尔古,生嘉庆元年二月,遣人赴藏通好。**拉达邑宰**。阿里之西小部落,名拉达克罕。**第里巴察,人隔重洋**;西南徼外一大国也。曰噶里噶达,曰柀楞,曰阿咱拉,皆其所属。乾隆五十七年,廓尔喀侵犯藏境,求伊助兵。该部长果尔那尔覆云:我国人常在广东作买卖,蒙大皇帝看待,恩典甚厚,岂肯帮汝与唐古特打仗,得罪天朝。词严义正。曾通信与达赖喇嘛。**噶里噶达,道通近载**。自布噜克巴取道,通各部落,约百日可到。**惟廓尔喀之投诚,乃唐古特之乐恺**。后藏西南边外,其地名阳布,乃廓尔喀所并巴勒布之旧城也。天气和暖,产稻谷花果。其王名拉特纳巴都尔。自乾隆五十七年经大将军福康安、参赞大臣海兰察等统师进剿,深入其境。震慑天威,投诚恭顺,每五年一次,遣噶箕头人等赴京,贡进表贡。**其东工布、达布、江达,险凭隘口**;前藏东南七百四十里,名工布、达布二隘口,原隶藏属。准噶尔扰藏,时工布人民坚壁防守,敌不能入。康熙五十八年,大兵进取西藏,总统抚绥。工布一带番民始通,酋长帅所属迎师就抚,向导进藏。雍正四年会堪地界,将江达地方仍隶西藏,委第巴二名管辖其地。去成都五千七百三十五里。东至拉里四百五十里。凭山依谷,地气温暖,守险要区也。**波密、拉里、边坝,隶属西招**。工布、江达东南行十五日名上波密,系甘南木第巴管辖;下波密系由藏派营官管辖,乃现在济咙呼图克图之本籍也。拉里在达隆宗西北七百三十里,原隶西藏,委堪布喇嘛掌管寺院兼第巴事务。自准噶尔彻凌敦多布侵占西藏,该处黑帽喇嘛附逆助谋,伪称河州喇嘛,迎师向导,阴遣番人截邀军粮。康熙五十八年,定西将军噶勒弼计擒黑帽喇嘛,即行正法,另委堪布管理。其地两山危峻,三水会同,气候恶劣,民情悍野。北通三十九族番部。边坝在硕板多之南二百九十里。自拉里大山根至其地,二山横跨,四水环襟,藏东辽阔之区也。**硕板多之么膺,宰桑就获**;准噶尔占据西藏,遣陀陀宰桑至硕板多一带剥削僧俗。康熙五十八年,定西将军统师进剿,陀陀宰桑潜回藏。遣外委等追索马郎,擒获送京。雍正四年,将硕板多仍归西藏管理。其地则四山环绕,二水合襟,进藏之要路也。**洛隆宗之孔道,第巴输徭**。类伍齐之西南,原隶西藏,东至察木多五百九十里。其地二山对峙,两水合流。**类伍齐红帽之流,土城寺建**;察木多西北草地,进藏之路也。筑土为城,周二百余丈。内建大寺一座,佛像经堂,巍焕整齐。红帽胡图克图居之。雍正年间颁给印信,其印文曰:协理黄教诺们罕之印。乃清字、蒙古字、唐古特字三译篆文。类伍齐亦供应差徭。

察木多三藏之一,喀木名遥。西至类伍齐二百二十里,南至结党,北至隆庆。昔属阐教胡图克图掌管。康熙五十八年颁给帕克巴拉胡图克图诺们罕之印,亦系三译篆文。其印文曰:阐讲黄教额尔德尼第巴诺们罕之印。其二胡图克图号锡瓦拉,其三胡图克图号甲喇克。大小寺院五十座,喇嘛四千五百名,百姓七千六百余户。其俗崇信浮屠,生子半为喇嘛。其地则层峦叠嶂,怪岫奇峰,乃西藏之门户。古所云康云喀木者,即此。合前后卫藏为三藏,俗名昌都也。其投诚番地隶之者二十处。**乍丫多盗**,察木多东五百里,昔为阐教正副胡图克图掌管。康熙五十八年颁给印信,住持乍丫大寺。其地三山环逼,二水交腾,穷僻荒凉。其俗乐劫好斗,婚姻多不由礼。**桑艾为枭**。阿足塘东北江卡塘,正北名桑艾巴,番部,其人凶狠,好劫夺行旅,俗名夹坝云。**巴塘授宣抚之司,二山界定**;西为藏界,旧属拉藏罕,有大喇嘛寺一座。达赖喇嘛委大堪布一名,掌管黄教;拉藏罕委第巴二名,管束地方百姓。康熙五十七年,护军统领温普带领官兵入境宣布圣朝德威。兵至大朔地方,该第巴等赴营投见,愿附版图。五十八年,呈开地方寨落三十三处,头人二十九名,百姓六千九百户,大小喇嘛二千一百名,纳粮承应差徭。五十九年,定西将军至巴塘,番民竭力争趋,随军转运。至雍正四年,会堪界址,分归滇归川归藏疆界。南墩适中有宁静山,于山顶建立界牌。又喜松工山与达拉山两界,山顶亦立界石。山以内均为巴塘所属,山以外为西藏所属。雍正七年,将巴塘土官札什彭楚克授为宣抚司,大头人阿旺林沁授为副。土官颁给印信号纸。有土目二十五名,大小头人四百二十六名,百姓二万八千一百五十户,喇嘛九千四百八十名。每年上纳折银三千二百两零。所管辖安抚司十一名,长官司七名。**里塘属营官之长,五寨尘消**。打箭炉之西,六百五十里;西至巴塘,五百二十里;东至雅隆江,交明正司界;西至诺噶里、布察多,交瓦述土司界;南至唾杓竹,交云南中甸界;北至雄热泥,交瞻对界。昔隶青海岱庆和硕齐部属。该处喇嘛寺一座,堪布一名掌管。康熙五十八年,大兵道经里塘,青海差人阴谋把持名达瓦蓝占巴,里塘营官遂有逆意。前锋都统法喇诱达瓦蓝占巴营官二名至营,擒以斩之,革去堪布。头人、百姓等咸凛军威。令其各举所知素所悦服之人,议立堪布一名,专立黄教;设立正副营官,董率大小寨堡十五处,头人二十名,百姓五千三百二十户,大小喇嘛寺四十五座,喇嘛三千二百七十余名。附近里塘之瓦述崇喜、毛丫、毛茂丫、长坦、曲登五处酋长各呈户口，上纳粮马。雍正七年，颁给正副营官印信，安奔授为宣抚司，康确嘉木磋授为副。土官瓦述崇喜、毛丫、毛茂丫、长坦、曲登授为土百户，世代承袭，各给印信号纸，其户口六千五百二十九户，喇嘛三千八百四十九名，岁输贡赋。其管辖地方大小三十六处。**近瞻对之族，**上、中、下三瞻对，夹坝多出于此。**达中甸之苗。**通中甸、云南丽江府，属苗。**打箭炉雪嶂重开，严四川之门户；明正司衣冠内附，树六诏之风标。**昔为南诏地，去成都西南一千二十里，东西径六百四十里，南北径八百三十里。东至泸定桥，交冷边土司界，一百二十里；西至瞻对，抵热泥塘界，五百二十里；南至雅隆江中渡，交里塘界，二百八十里；北至小金川界，五百五十里；东南至冕宁县，五百里；西南至喇滚，抵澜沧江界，四百八十里。自后汉诸葛武侯征孟获时，遣将郭达在此造箭，故名打箭炉。旧属青海部落，明永乐五年，土目阿旺甲木参向化归诚，授为长河西、鱼通、宁远军民宣慰使司，颁给印信号纸，世代承袭。国朝因之。至康熙三十九年，藏差营官昌策集烈等戕害占据其地。四川提督唐希顺克复河西之猴子坡、扯索咱威杵泥子、牛磨、威杵坝咱里土司烹坝等处，昌策集烈调聚乍丫、工布番兵啸聚牛磨西面大岗处，恃险负嵋，御拒官兵。提督唐希顺大破之，杀昌策集烈，安抚被害汉、土人民。已故宣抚司奢札察巴乏嗣，其妻工喀承袭，即今甲勒参达尔结之外祖母也。管辖十三锅庄番民，约束新附土司及土千、百户五十六员。上纳贡马，征解杂粮。其明正宣慰使司管辖安抚司六，土千户一，土百户四十八名。

　　其山川，冈底斯郁其岩峣兮，西条山之祖脉；冈底斯者，阿里东北大雪山也。周一百四十余里，峰峦陡绝，积雪如悬崖，千年不消。山顶百泉聚流，至山麓仍入地中。乃诸山之祖脉。梵书所谓阿耨达山也。远近番民悉以朝礼此山为幸。不能登也。**阿耨达淼其滥漫兮，南干水之真源。**阿耨达池相传即王母瑶池也。梵书所云四大水者，此其源也。**达木珠而朗卜切兮，象与马之番语；**冈底斯之东有泉流出，名达木珠喀巴普。达木珠者，马王也。喀者，口也。巴普者，盛糌粑木盒也。以山形似马口，故名。冈底斯之南有泉流出，名朗卜切喀巴普。朗卜切者，象也。以山形似象，故名。此东南二大水之源也。**僧格喀而玛卜伽兮，狮孔雀其译言。**冈底斯之北有泉流出，名僧格喀巴普。僧格者，狮子也，以山形似狮名也。冈底斯之西有泉流出，名玛卜伽喀巴普。玛卜伽者，孔雀，以山形似孔雀名也。此西北二大水之源也。**通拉之罡风烈烈兮，弥勒之神通具现**；第里浪古又名定日，后藏西南行十二日。又自定日西行二十余里，上通拉大山。其山巅风劲异常，怪石陡崖，偏坡溜沙，长百余里。相传弥勒与达摩在此山绝顶斗法。**帕甲之石洞杳杳兮，达摩之骭迹犹存**。通拉山迤西，聂拉木境内名帕甲岭，有喇嘛寺，寺旁有石洞，洞上一隙透光，内有达摩坐像，乃面壁处也。**紫日、彭楚，经协噶尔而环绕**；紫日山、彭楚河在协噶尔。**达结、佳纳，窝聂拉木而洄桓**。达尔结岭、佳纳山俱在聂拉木。**纳汝克喀亵其连冈兮，维定日之保障**；定日沿边山名纳汝克卡。**杏撒热卡嵌其叠嶂兮，乃定结之屏藩**。自定结通杏撒热卡山，此外为哲孟雄境。**甘坝登洛纳而雪消兮**，定日之南名甘坝，通洛纳山，地气稍暖，亦哲孟雄境。**帕里上支木而日暄**。甘坝之东名帕克里，天和地暖，产稻谷花果，通支木山藏猛谷，此外亦哲孟雄境。**擦木卡之煦妪兮，暖谷人烟簇簇**；滚达、卓党适中之地有卡名擦木，有长桥三座，为藏界保障。由此西行，山明水秀，其瀑布更胜于打箭炉之头道水，林木参天，直抵济咙。天时温暖，稻畦遍野，一岁再熟。由济咙西南行计程十日，可抵廓尔喀之阳布城也。**甲错岭之浑泼兮，炎天雪瘴昏昏**。过拉孜一站至甲错岭，五六月间，重裘寒噤，雹雪时至，风尤劲烈，瘴烟偪气，令人作喘。约百二十里，东望积雪插空，忽闻雷声，乃雪块消落也。**巩汤、萨尔、江纳、常桑之迤逦兮，由宗喀之元仗**；巩汤拉山在宗喀，萨尔山赴萨迦沟大道，江纳山在汤谷，常桑山在常桑。**浪卡、日蚌、拉古、硕布之络绎兮，周后藏之四垠**。札什伦布之西及北有浪卡山、日蚌山、拉古隆古山、硕布巴拉山，皆围后藏也。**冈坚兮天王剑跃**，冈坚山由札什伦布西行一日，山阳有冈坚寺，内供骡子天王像。相传天王除藏中妖贼时，手剑一挥，千人头尽落，成神于此，至今奉为护法。**拉耳兮罗汉经翻**。札什伦布西行三十里，山根有拉耳塘寺，内供弥勒佛、十八罗汉像，收贮全藏经板。又有小铜塔，内藏舍利，斜长寸许，如牙黄色。又有古铜钵，径尺余，以手摩之，声如长号。又有水晶挂杖、罗汉履，云古罗汉所遗。又刻罗汉足印，以金妆之。**札什纳雅之踔踔兮，彭错岭之险奇鹦鹉**；札什冈、纳雅山，赴彭错岭大道，岭极险峻，逼仄临河。有名鹦鹉嘴者，五处尤险。**札洞日洞之拱伏兮，甘布拉之名著昆仑**。札克洞山、日洞山，赴巴则岭大道，曲水过河，上甘布拉，古称西昆仑。**噶如路转于宜椒兮，望多尔济帕姆之寺**；噶如山，出宜椒东沟口。望多尔济帕姆宫，在海子东岸山麓，世有女胡图克图居之。其海子名曰洋卓雍错海。**甘坝岭逾于巴则兮，直洋卓雍错海之门**。此海本名雅木鲁克玉木楚海，广四百五六十里，周岸行四十八日。其中有三大山：一曰密纳巴，一曰鸦波士，一曰桑里。其水时白时黑，或成五彩。过甘布拉岭，沿海岸经白地亚喜、浪噶孜始进宜椒山口二百余里，仅其西北角耳。**嘛里噶布之拗折兮**，聂党之西，山极峭峻，江水环流其下。**巴图鄂色之高扪**。登龙冈之西，为前藏西屏。**墨羽拉兮雪窖**，前藏之西，积雪冬夏不消。**克里野兮沙屯**。前藏西北，途长淤沙积雪，烟瘴逼人。由羊巴井至草地，过巴延图河，皆大山难行。克里野者，乌雅也，蒙古语。其地多大觜乌鸦，故名。**沙羽克冈兮，连喇根拉之北障**；皆前藏北大山。**乳牛郎路兮，接噶勒丹而东奔**。乳牛山、郎路山，皆前藏东北山也。噶勒丹山俗名甘丹山，前藏正东噶勒丹寺之后山也。**札洋宗兮札古**，前藏山南行二日，山名札洋宗，上建多尔济札古寺。附近桑鸢寺在札羊宗山顶，寺内有洞高二千余丈，梯木而上。洞内有石莲花佛座，座前有石几，盒内有白土，可食，味如糌粑，次日复生。其洞须燃火可入。座后有一大海。唐古特人云作恶之人至此，必失足堕海中。由是僧俗畏惮。**锅噶拉兮奈园**。前藏南山，在桑鸢寺背后，南路要道。**盐池兮浩浩**，阿里、达木，两处皆有。**陆海兮沄沄**。自札什伦布西至阿里，夏月随地皆水，故俗曰陆海。**澎湃澄泓兮凹渟海淀**，唐古特凡渟水处皆曰海子，凡泉皆曰海眼。一曰洋卓雍错海，在甘布拉南；一曰纳错海，过定日一站；一曰补泥海，在宗喀赴萨迦沟大道；一曰甲木海，在热咙；一曰廓拉海，在星克宗；一曰春艮诺尔，在前藏北九日。**氤氲沸燠兮野突泉温**。唐古特谓温泉曰热水塘。一在前藏山南，一在羊八井，一在拉孜东南萨迦沟之咱拉普，一在热咙，一在拉里，一在巴塘东。惟里塘之温泉有三：一在里塘西十里，一在里塘南二十里，一在喇嘛丫热水塘汛。三泉之水，四时常温。内有红虫，长二三寸。有患疮疾者，浴之即愈。彼处番人珍重之。一在打箭炉东南五十里榆林工地方，水性温暖，能除积疾。**尔其卓书特之西鄙兮，大金沙之神泷，衍达木楚克之派兮，成雅鲁藏布之江**。旧卓书特部落在阿里北。大金沙江，唐古特名雅鲁藏布江，源出冈底斯，即达木珠喀巴普也。受库木冈前山水、受伽木苏拉水、受查尔河水、受阿拉楮河水、受那乌克藏布河水、受郭雍河水、受尼雅陆冈前山水、受萨楮河水、受雍楮河水、受式尔底河之水、受满楮藏布河水、受冈里洼甘山水、受牛拉岭水、受萨噶藏布河水、受嘉木磋池水、受爪查岭水、受雅噶鲁山水、受隆左池、受莽噶拉河水、受钟里山水、受鄂尼楮河水、受婆色那木山水、受特楮河水、受达克碑彭楚河水、受萨布河水，东经日喀则城，在拉萨西南班禅之所住也。又东受年楮河水、受商河水、受乌两克河水、受龙前河水、受聂木河水、受噶尔招木伦江水、受噶勒丹庙德庆西水，曲曲流拉萨南。至西南，又受羊八井河水。经萨木陀庙布东城，受巴楮河水。经桑里城、野尔库城、鄂克达城，受亭里麻楮河水。经察木哈庙，受萨木陆岭水。经森达麻庙，南流入罗喀布占国，会冈布藏江、彭楚藏布江，西南流入额讷特克国，归南海。**受东西南北之源源兮，会冈布彭楚之双双**。冈布藏江自拉里庙会察拉岭水、努工拉岭水、章阿拉山水、尼楮河水、牛楮河水，经地雅尔山，入冈布部落，俗名康巴也。又受博藏布河水，又呼为噶克布河。经贡拉冈里山，南入罗喀布占国界，入雅鲁藏布江。○彭楚藏布江在萨喀东南，有三源，一西出舒尔穆藏拉山，一东出锡尔仲麻，一东出爪查岭。又受罗楮河、罗卜藏河、牛楮藏布河、帕克里藏布河、札木珠河水，东南经珠拉来部落，入额讷特克国界，入雅鲁藏布江。**绕班禅之法座兮，环达赖之禅幢。纳百川兮经罗喀布占之界，入南海兮由额讷特克之邦**。雅鲁藏布江自达木楚克环回往复，达前后藏，几及万里而入南海。**有冈噶之潨濒兮，出阿里之崆嵷。发达赖而浮湍兮，合麻楮而始泽。乃达克喇之分支兮，经作木朗而流淙**。冈噶江源出冈底斯山东南，名朗布切喀巴普山，汇诸水为玛木匹达赖池。池南北百五十里，东西百里，受狼楮河水，又受拉楮河水。拉楮河者，乃僧格喀巴普山所出也。又受西北大雪山所出水。又西南经毕底城，为阿里极西界。又受玛楮河水。玛楮河者，乃玛布伽喀巴普山所出。会狼河，又会拉河、玛河。水势盛大，名冈噶江也。江水东南流出阿里界，经玛木巴、作木朗部落至额讷特克国，入南海。今考此河至作木朗南流，应即为藏曲大河，为卫藏边界之西条水也。**喀喇乌苏兮，流沙之黑水；布哈鄂模兮，雍望之嘉湖**。喀喇乌苏自前藏东北行十日，皮船可渡，乃蒙古语黑水。《禹贡》"导黑水至于三危"，即此。为潞江上游。番名鄂尼尔楮。其源出萨喀，北有巨泽，名布哈鄂模，在流沙之东，广二百余里。其西南隔山即腾格里诺尔，乃蒙古语天池也。布哈鄂模，布哈者，鹿也。其水东南流,又成一泽,曰额尔济根鄂模,广百余里。东南流,又成一泽,曰伊达鄂模,广亦百余里。又东南为喀喇池,广百二十里,其水色黑,即古雍望之嘉湖也。又受布伦河水、喀拉河水、鱼克河水,又受骇拉河水、沙克河水、布克河水、库兰河水。东北始入察木多境,受索克占旦索河水,东南得索克萨玛木桥,又东南折西南流,始名鄂尼尔楮河也。其经洛隆宗东南,得札木雅萨木巴桥,东南经喀朔图庙,西又受鄂楮河水。又东南经密纳隆境。又东南入怒夷界,名曰怒江。又南流入云南丽江府界,名曰潞江也。

溯澜沧之上游兮,古鹿石之名区;会鄂木楮而水盛兮,绕察木多而流纡。澜沧江番名杂楮河。有二源,一出察木多之杂坐里冈城西北格尔噶那山,即古和甸之鹿石也,其水东南受库克噶巴山水,又受大小三池水,始名杂楮河,东南折苏噶莽城,西南经察木多庙东境,又西南而与鄂木楮河水会。二水既合,统名杂楮河也。至察木多庙,名墨楮河。西南得札什达克咱木桥,乃喀木地方之大桥也。又受孜楮河水。又南得札什达萨玛桥。又西南经察哈罗巴西。又受雅尔玛山水,又受噶塔噶里布岭水。东南经曲崇第滚庙,经蒙番怒夷界,又东南至云南塔城关,入丽江境,曰澜沧江。此察木多境由北向东南流之大川也。**金沙兮木鲁乌苏,色楮兮俄隆拜图。**金沙江,番名色楮河,亦名犁牛河,古丽江也。番名木鲁乌苏,蒙古语也。源出巴萨通拉木山东麓,山形高广,形似犁牛,故名。其西麓水名雅尔嘉藏布河,西流入卡契国者是也。东麓水为金沙江,亦曰布伦楮河,亦曰色楮河。东北流与西北源合,其水出巴萨通拉木山之数百里。又东北与南源合,其水出拜图岭,曰拜图河。三源既合水,受阿克达木河,又受托克托乃乌兰木伦河。自此山绵亘而东,绕木鲁乌苏之北,数千里皆称巴延喀喇山。其阴乃黄河重源也。江水北折而东,受波罗河水,又受洞布伦山水。又东,经那木唐隆山、古尔般波罗吉山,受图虎河水,东南受乌聂河水,又受那木齐图乌兰木伦河水。又东,受库库乌苏河水。又南,经殷得勒图西勒图山及特们乌珠山之西南麓,受古尔般托罗海山水。又南流,受伊克库库色河水。又东南,受巴罕库库色河水。又东南,受尼林哈喇乌苏水。又东,受齐齐尔哈纳库库乌苏水,又受特墨图水。又南,受足兰达租山水。又东南,受杂巴延喀喇山水。此水隔山,东北即雅龙江之源也。又南,受角克池水。又东南,入察木多境,始名布伦楮河也。又东,经仲果庙。又西南折流,至里木山西南,受拉都格巴水。折西南,至巴塘西境。江水至此亦有巴塘河之称也。东南,又受敦楮、马楮、索楮三河水。江水又东南,入云南丽江府西北塔城关,名曰金沙江。今考《旧志》言金沙江源出俄隆拜图,乃鄂伦巴都尔山也,流数千里至巴塘琫孜勒,入丽江,历宁番、凉山,会雅龙江,总汇于四川叙州府。大江出夔州府巫峡,为三江之上游。其巴塘渡口名竹巴笼,乃通西藏之大道也。**雅龙之三渡兮,中渡界乎川炉;叙府之大江兮,宁番入于马湖**。《旧志》载雅龙江在里塘,源出青海之酿磋地方,流入霍尔咱地方,用牛皮船渡,通林聪安抚司。至甘孜,用木船渡,通德尔格部落,直达察木多。至上、中、下闸坝,亦用皮船渡,通里塘,通会盐营之木里土司及云南中甸地。由宁番会金沙江,入马湖,历叙州府,归川江。今考:金沙江,《汉书·地理志》之绳水也,雅龙江则若水也。源出巴延喀喇山,其山在里塘西北,杂佛洛巴延喀喇山之东南,有东西二源:一曰杂楮河,一曰齐齐尔哈那河。又东南受巴延图呼木达巴罕山水。又受玛木齐齐尔哈那河水。又南受协楮河水。又折西南。又西南受鄂楚尔古河水。折西又受噶义格拉岭水。又西南济渡曰伊尔玛珠苏木渡,即中渡也,在打箭炉西界二百余里,通里塘、巴塘、察木多大道。自此而南,江东为四川境,江西为西番境也。**若夫喇里险滑**,喇里大山在大寺西,上下五十里,极险滑,积雪四时不消。北接玉树,乃通青海要道。**濯拉峥嵘**。瓦子山,番人呼为濯拉山,层层石片,状如瓦,故名。上下五十里,积雪崎岖。距江塘二日程。**鲁工雪顶**,多洞塘率水浒而上,大山雪凌险滑,长百余里,东与沙贡拉相连,去拉里一日。**丹达冰城**。本名沙贡拉。由边坝至丹达塘六十里,上丹达山,颇侧难行,俯临雪窖,西望峭壁摩空,门通一线,乃冰雪堆成也。行人蜿蜒而上,过阎王编,凛冽刺肌夺目,无风乃可过也。丹达塘有丹达神庙,相传云南某参军于康熙年间押解军饷至此,没于雪窖中,屡著灵异,土人祀焉。过此山者须虔诚礼祷,乃得平稳云。**朔马风烈**,巴里郎进沟三十里,上赛瓦合山。《通志》作朔马拉山。边风猎猎,乱山皆童。二十五里至索马郎寨,又四十五里至拉孜。多溜沙,足却难行。**铁凹霄撑**。洛隆宗漫坡上山,陡险。九十里过铁凹大山,二十里至曲齿,又名紫驼。**鼻奔足窘**,嘉裕桥西南行,上得贡拉山,山势陡峻,上下约二十五里。过桥至鼻奔山根。**瓦合魂惊**。恩达寨西二十里过恩达塘,二十里过喇贡山,二十里至牛粪沟,过瓦合山,高峻百折,上有海子,雪瘴迷离。设望竿堆三百六十,合周天度数,至大雪时借以向导。过此,戒勿出声,违则雪雹立至。山中鸟兽不栖止,四时严寒。上下百九十里,无炊烟草木。过肟膊岭,至瓦合塘。下山又二十里,至瓦合寨,有类伍齐番目供役。**乍丫雨撒,寒瘴交并**;洛隆宗沿沟而上,傍山狭侧,多偏桥。四十里至俄伦多,又四十里至乍丫庙,石径梗塞,过大雪山,甚陡险,积雪如银。烟岚瘴气,中人往往作病。**阿足石板,夹坝狰狞**。石板沟过雪山二座,八十里至阿足。其地多劫盗,番名夹坝也。**黎树江卡,恶站吞声**;江卡西四十里至渌河,又十里上大雪山,又七十里至黎树沟。番民犷悍,勾通夹坝。**古树莽里,毒阱岩坑**。莽里过新龙山,春夏积雪不消。八十里至南墩,又四十里至古树,云雾四垂,亦多瘴疠。四十里至普拉宿。**大朔鬼哭,三坝山鸣**。大朔山即古度朔山,其地多鬼。进沟三十里,上大雪山,巅峭异常,冷瘴弥漫。踉跄而下,至琫擦木。又立登三坝,乱石如林,风雪博空,瑟瑟有声,不闻鸟雀。五十里至松林口,则万树参天,千崖蔽日。又五十里至大朔塘。**阿拉柏桑,银海迷盲**。里塘西南行三十里,过大桥,上阿拉柏桑山,雪日射目,须用青丝罩眼。二十里至厄凹奔松。**折多提茹,药气如醒**。打箭炉出南门十里,至贡竹卡。四十里,至折多山麓。药瘴逼人,气候殊常,令人喘哽。五十里至提茹山,大黄熏塞尤甚,过此山顶,回首望,成云海。下山,坡水尽西流。**飞越穿云,筇笮悬霙**。飞越岭,雅州府属。唐置飞越县,旋废。山势陡峭,懒云下垂,内地第一险阻也。筇笮山名相公岭,诸葛武侯屯军于此,故名。山顶冰澌木介如兜罗绵,冬夏不消,极称险滑也。○以上自成都至藏,奇险怪俗,不能殚述也。**此皆赴三藏之要路,骇孤旅之前旌。一自鱼凫通鹿马,万重山里万重程也。**

时嘉庆二年岁次丁巳五月,卫藏使者太菴和宁著。

会议信息

第二届中国边疆文献整理与研究论坛
在西藏民族大学召开

2024 年 10 月 19 日,第二届中国边疆文献整理与研究论坛在西藏民族大学召开。来自全国各地的 60 余名专家学者齐聚一堂,围绕边疆文献整理与研究等主题展开讨论,深入挖掘各民族交往交流交融的历史史实,不断铸牢中华民族共同体意识。论坛由西藏民族大学文学院、边疆文献整理与研究中心承办。西藏民族大学党委常委、副校长焦忠武,西北大学中国文化研究中心主任、中国唐代文学研究会会长李浩教授,复旦大学查屏球教授等出席开幕式并致辞,上海古籍出版社文学编辑室副主任戎默博士介绍了合作出版学术集刊的有关事宜。开幕式由西藏民族大学文学院院长王军君教授主持。

焦忠武代表西藏民族大学党委、行政对论坛的召开表示祝贺,对与会的专家学者表示欢迎。他强调,边疆文献整理与研究是西藏民族大学积淀深厚的特色研究方向,老一辈学者吴逢箴教授开创的唐代涉蕃诗文研究,顾祖成教授完成的明清实录西藏史料整理成果,奠定了该方向的研究基础和学术传承。2022 年,西藏民族大学筹建边疆文献整理与研究中心,整合力量,搭建平台,在传承本校学术精神的同时,积极开展有组织的科学研究,推动该研究方向的深入发展。他希望边疆文献整理与研究中心传承传统,创新发展,在服务西藏长治久安和高质量发展的历史进程中再创佳绩。

李浩教授向论坛的召开表示热烈祝贺,并发表了自己的最新研究成果《薄东垂而指西极——一个唐代军人的边塞书写》,对新出《姜义墓志》进行细读,将新材料中对个体的简短书写与传世文献往复对读。作者指出:对古代战争的书写,既要关注功成名就的大人物,也不应忽略其间的小人物,多声部配合,才能构成完整的历史交响乐。查屏球教授肯定了西藏民族大学发展边疆文献整理研究的学术构想和扎实的举措,又向与会学者交流了自己阅读新见回纥王子墓志的一篇新作。文史结合,令人耳目一新。

论坛分为主题发言和分组讨论两个环节,西北民族大学多洛肯教授、内蒙古民族大学郝青云教授、兰州大学魏宏远教授、西北师范大学侯冬教授、安徽省社会科学院王树森研究员、新疆师范大学孙文杰教授以及西藏民族大学袁书会教授、刘凤强教授、严寅春教授等分别作了主题发言,与会学者分为三组进行深入讨论交流。大家围绕边疆文献整理与研究、边疆作家作品研究等众多话题进行了深入交流和热烈讨论。

闭幕式上,各小组汇报了交流情况,袁书会教授作总结并发出再次相聚论道的邀请。

《同文学刊》征稿启事

　　本刊是由西藏民族大学边疆文献整理与研究中心主办,上海古籍出版社出版,旨在反映中国边疆文献整理与研究现状及其前沿动态的专业学术辑刊,拟每年出版两辑。设有文献整理、文献研究、前沿综述、会议纪要、项目动态、学术书评等栏目。现特向学界同仁征稿,恳请惠赐佳作。

　　征稿具体事项如下:

　　一、来稿可长可短,通常字数不低于5 000字。

　　二、来稿选题不拘一格,以边疆文献整理与研究为主,兼顾中国古代文学、古代历史、文献学等学科。

　　三、本刊不接受已经发表的稿件,仅刊发原创论文。若涉及知识产权等问题,应由作者本人负责。

　　四、来稿须使用国家通用语言文字,并提供电子版文档;为便于编辑,非必要不标注民族文字。

　　五、为节省编辑人力,请勿一稿多投;来稿两个月内未接到用稿通知,可自行处理。

　　六、来稿一律采用匿名评审,聘请相关领域资深专家进行评审,评审周期一般在一个月内。

　　七、来稿请注明作者姓名、工作单位、联系方式等,以便联系沟通以及寄送样刊。

　　八、编辑部地址与联系方式:陕西省咸阳市文汇东路6号西藏民族大学文学院《同文学刊》编辑部,邮编:712082。

　　电子邮件:tongwenxuekan@163.com。

　　联系电话:13991017566。

西藏民族大学边疆文献整理与研究中心

《同文学刊》编辑部

《同文学刊》撰稿格式

一、文　稿　要　素

须包括标题、作者姓名、摘要、关键词、基金项目(若无项目依托可不提供)、作者简介、正文等内容。

(一)标题：宋体,小三字号,一般不超过 20 个字。

(二)作者姓名：楷体,小四字号;多名作者署名时一般不超过三人,作者姓名用空格隔开。

(三)摘要：仿宋体,小四字号,"摘要"二字**加粗**;限 300 字以内,摘录文章主要观点。示例：

摘要：清代边疆重臣永贵、舒赫德任职新疆期间,曾参与境外哈萨克"越界盗马案"的鞠办,但传统的清代新疆地方文献对此多未着墨,仅存之《清史稿》《清实录》的片段记载又让人不知所从。本文通过对乾隆朝满文寄信档等稀见史料的爬梳,探讨该案的发生、清政府的鞠办及处置措施的影响,不仅可以厘清该案真相,亦能丰富永贵、舒赫德新疆宦绩的更多历史细节,并兼及对清政府治理新疆的讨论。

(四)关键词：仿宋体,小四字号,"关键词"三字**加粗**;限 3—5 个,应是词或词组,不能是短语。示例：

关键词：永贵;舒赫德;境外哈萨克;越界盗马案

(五)基金项目：仿宋体,小四字号,"基金项目"四字**加粗**;一般只列一个项目。国家或省部级单位名称应按照项目正式文件使用的名称著录,不随意使用简称,如"国家社会科学基金"不简称为"国家社科基金"。示例：

基金项目：本文系国家社会科学基金重点项目"从满文寄信档看清代中期回疆总理大臣对天山南路的治理与认识研究"(项目编号：21AZS004)阶段性成果。

（六）作者简介：仿宋体，小四字号，"作者简介"四字**加粗**；包括姓名、工作单位、职称(在读学生可注"博士研究生"或"硕士研究生")、代表作等。女性宜注明性别。多个单位时，一般保留一个。代表作保留一个，介绍论文时称"发表过论文……等"，介绍专著时称"出版过专著……等"。示例：

作者简介：＊＊＊,女,＊＊＊＊教授。出版过专著《＊＊＊＊＊》等。

作者简介：＊＊＊,＊＊＊＊研究员。发表过论文《＊＊＊＊＊》等。

（七）正文：宋体，小四字号，单倍行距；论文层级一般为三级，采用"一、(一)、1"的形式依次标识，标题加粗。

二、引 文

（一）独立引文：楷体，小四字号；首行空四格，第二行开始空两格；上下与正文各空一行；诗歌等整齐句式可通过整体居中等方式标识引文。独立引文无需通过双引号等方式标识引文。

（二）随文引文：需要通过双引号来标识引文，无需变换字体、字号等，但要注意引文结束时可能出现的逗号、句号等标点符号。句内引文，引文结束时的逗号等标点符号一般在双引号外；句外引文，一般需要冒号引起，引文结束时的句号等标点符号在双引号内。示例：

大历六年(771),崔汉衡第一次出使吐蕃,"副和吐蕃使、谏议大夫吴损"。《旧唐书》本传："大历六年,拜检校礼部员外郎,为和吐蕃副使。"

三、注 释

（一）作者来稿一律用当页脚注，宋体，小五字号，序号用阿拉伯数字①②③等标识，每页单独排序。建议通过电子文档"插入脚注"功能，自动生成脚注格式。

（二）注释著作时要素应该齐全,一般包括作者、著作名称、出版单位、出版时间、页码等。各要素之间用逗号隔开,各要素内有多个信息时用顿号隔开。

1. 作者:包括撰著者、编者、译者、整理者等姓名以及朝代、国别(地区)等完整信息。现当代学人不需要标注朝代,中华人民共和国公民不需要标注国别。

2. 著作名称:以版权页为准,主、副标题要齐备,注意副标题是用冒号还是破折号引领;诗文集中的分集书名,可注在总书名后面,用分隔号隔开,如"白居易《白居易集·白氏长庆集》卷三九,中华书局1979年版"。

3. 古籍卷次:用简式汉字,如"卷一〇三";整理本古籍、模仿古籍分卷形式的现代著作,亦要注明卷次,如"《唐五代诗全编》卷二三"。

4. 古籍篇题:史书篇题尽可能按原书形态使用全称,如《史记》中的《刘敬叔孙通列传》不应写成《叔孙通列传》;笔记、诗话等分条编纂的古籍,可注为"'某某'条"。

5. 出版单位:以版权页为准,不使用简称,不省略信息;外国出版单位须加国名;台港澳出版单位不需要加"台湾""香港""澳门"等;中国台湾地区出版单位如与中国大陆地区出版单位存在同名情况,须加地名及引号以区别,如"台湾'商务印书馆'"。

6. 出版年份:古籍和民国线装书用年号纪年,现代装帧统一用公元纪年。多次再版的书籍,以版权页标识版次时间为准;多次印刷的书籍,以版权页标识的版次时间为准,而不是具体的印刷时间。

7. 册次:分册书籍须注明册次,并注意原书是用"上""中""下"还是用数字,如用数字,则脚注中统一用阿拉伯数字注明;古籍原件一般不需要注明册次。

8. 页码:古籍原件注当卷页码,用a、b注明正反面,用"叶"不用"页"。

示例:

〔汉〕司马迁撰《史记》卷四七《孔子世家》,中华书局1959年版,第6册,第1921页。

〔宋〕彭百川著《太平治迹统类》卷六,《丛书集成续编》,新文丰出版公司1989年版,第275册,第313页。

〔南朝〕王俭《春日家园诗》,逯钦立编《先秦汉魏晋南北朝诗》,中华书局1983年版,中册,第1379页。

（三）注释内容若是间接引用、转述介绍、详细解说或表格说明等，可用"参见"字样。

（四）图书"增订本""修订本""补订本"之类的信息一般加括号后放在书名号外面，如《追忆王国维》（增订本）；多部书合刊本，只写有关者，其余的加括号说明即可，如王先谦《庄子集解》（与刘武著，沈啸寰点校《庄子集解内篇补正》合刊）。

（五）著者、校点者、译者等信息，统一放置在书名前面。著作者之后用逗号，多名著作者之间用顿号，多名译者或笺注者等之间也用顿号；著者、注者、疏者并列时，三者之间用逗号；同时著录作者、译者、笺注者时，"纂辑""编著""笺注""主编""辑录"等仍按原书著录。示例：

〔宋〕苏轼著，王文诰辑注《苏轼诗集》，中华书局 1982 年版，第 5 册，第 1400 页。

〔美〕爱德华·希尔斯著，傅铿、吕乐译《论传统》，上海人民出版社 2009 年版，第 153 页。

（六）一本书的序言、附录出注，"序言""附录"等词要加引号，但如果"附录"二字后有具体标题，则"附录"二字不加引号。示例：

《戴良集》附录《戴九灵公年谱》，第 402 页。

鲁迅《中国小说史略》"序言"，东方出版社 1996 年版，第 1 页。

（七）引用古籍之稿本、钞本、孤本、稀见本一般应注明收藏单位。示例：

《卫藏和声集》，广东省立中山图书馆藏清钞本。

（八）引用外文文献，应使用该语种通行的引证方式。

（九）引用杂志、期刊：注明作者、题名、杂志（期刊）名称与刊期，年份、卷数、期数等信息应齐全，不标页码。示例：

刘跃进《秦汉文学史研究的困境与出路》，《文学遗产》2003 年第 6 期。

徐中舒《木兰歌再考》，《东方杂志》1925 年第 22 卷第 14 期。

（十）引用未正式出版文献：

1. 学位论文，应注明作者、题名、所在单位、提交年份与论文性质（硕士或博士论文）、页码。示例：

傅刚《陆机诗歌简论》，上海师范大学 1986 年硕士论文，第 28 页。

2. 会议论文集，应注明作者、篇名、论文集名称、论文集印制年份、页码。示例：

　　杜桂萍《尤侗〈钧天乐〉传奇与明末才子汤传楹》,《中国戏剧史国际学术研讨会暨中国古代戏曲学会 2014 年年会论文集》(上),2014 年,第 221 页。

　　(十一) 引用报纸,应注明作者、题名、报纸名称、日期、版次。示例:

　　王树森《崔颢诗歌的盛唐特质》,《人民日报》2024 年 10 月 21 日第 13 版。

　　(十二) 引用电子文献(含以数码方式记录的所有文献),应注明作者、作品、发布日期、访问路径、引用日期。示例:

　　扬之水《两宋茶诗与茶事》,《文学遗产通讯》(网络版试刊)2006 年第 1 期,http://www.literature.org.cn/Article.asp? ID=199,2007 年 9 月 13 日。

四、数 字 使 用

(一) 时间

　　1. 干支纪年、农历月日、历史朝代纪年及其他传统上采用汉字形式的非公历纪年等等,应采用汉字数字。非公历年份后面,应用阿拉伯数字注出公元纪年。公元前纪年,应完整写"公元前"三字,不能只写"前"。括号中的公元纪年后面不再加"年"字。示例:

　　腊月二十三　　　正月初五　　　八月十五日

　　秦文公四十四年(公元前 722)

　　清咸丰十年(1860)九月二十日

　　藏历木龙年(2024)

　　日本庆应三年(1867)

　　2. 若农历年底已进入公历新年,则要在农历纪年的年月日后统一括注公元纪年的年月日。示例:

　　光绪二十六年十二月十五日(1901 年 2 月 3 日)

　　3. 1949 年之后一般只用公历纪年。

(二) 统计数据

　　1. 较大或较复杂的统计数据用阿拉伯数字,较小且较简单的统计数据仍用汉字,示例:

《汉书·贾谊传》,全文共 10 055 字(此数据包括标点,下同),其中叙述传主生平的文字仅有 1 355 字,颜师古所征引之东汉注释仅有两条五十九字,平均每千字包含注释 1.48 条,注文 43.54 字。

2. 表格中的统计数据,用阿拉伯数字表示。

(三) 卷数、页码

1. 现代著作及现代整理出版的古籍,其现代装帧形式中的册数有时以"卷"称之,写作"第某卷",用阿拉伯数字表示;古籍原先卷数,写作"卷某",用简式汉字表示,阿拉伯数字中的"0"对应的汉字是"〇",不是"零"。示例:

《王国维全集》,浙江教育出版社、广东教育出版社 2010 年版,第 1 卷

《全唐诗》卷六〇五　　《明史》卷一〇〇

2. 册数用阿拉伯数字表示,写作"第某册",示例:

《春秋左传注》,中华书局 1990 年版,第 1 册。

3. 著作(含古籍)页码一般写作"第某页",用阿拉伯数字表示,示例:

〔清〕刘宝楠著《论语正义》卷一,中华书局 1990 年版,第 1 页。

〔清〕恽珠著《国朝闺秀正始集》卷一,清刻本,第 1a 叶。